过云楼第一代主人顾文彬云:"书画之于人,子瞻氏目为烟云过眼者也。"

　　苏轼,字子瞻。

　　烟云过眼,意出自苏轼著《宝绘堂记》"烟云之过眼,百鸟之感耳"之句。

　　又,南宋周公谨著《云烟过眼录》。

　　过云楼由此得名。

范云精于一代文翰之作。梁钟嵘《诗品》云："范诗清便宛转，如流风回雪。"

范云，字彦龙。

范云故里，意出自范梈著《金銮堂记》"范云故里，百直德之句。"

又，南宋周公谨著《范云故里录》。

范云精由此得名。

"十三五"国家重点图书
"过眼烟云——过云楼历代主人手书精粹"丛书

過雲樓書畫錄再草

（清）顾承 / 著

苏州市档案馆　苏州市过云楼文化研究会 / 编

文匯出版社

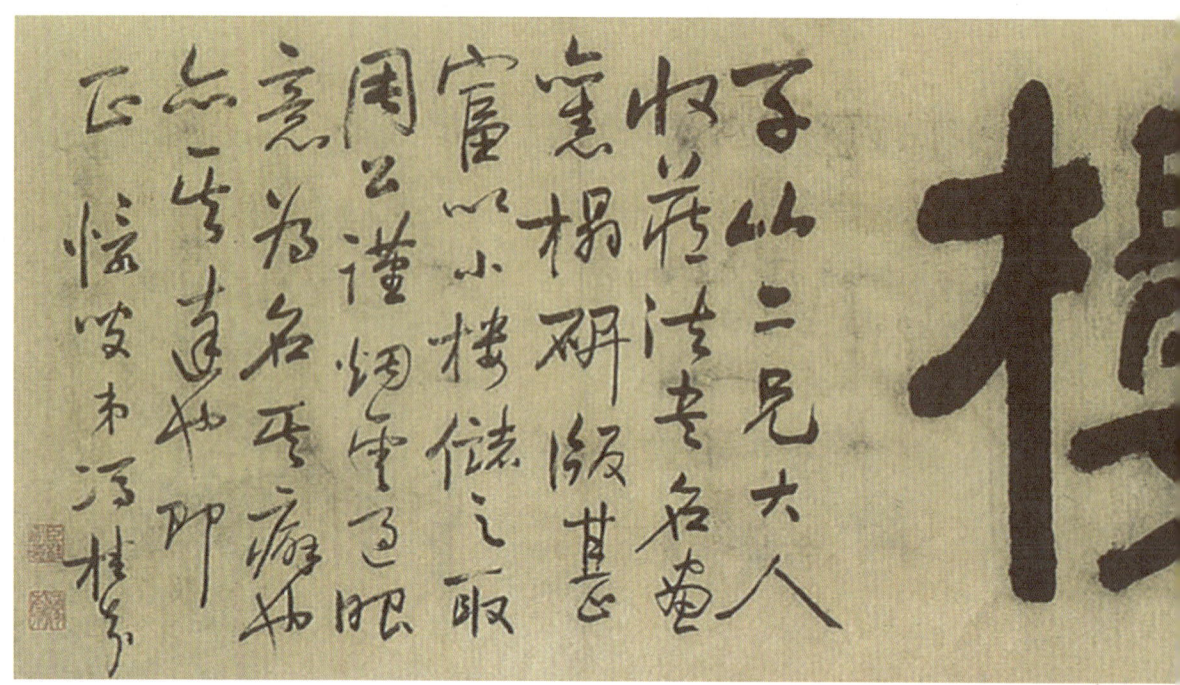

冯桂芬书"过云楼"

子山二兄大人收藏法书名画、旧拓碑版甚富,以小楼储之,取周公谨烟云过眼意为名,其癖也,亦其达也。即正。怀叟弟冯桂芬。

過雲樓者余收藏書畫之所也蓄意欲構此樓十餘年矣塵事牽率卒卒未果乙亥夏余移疾歸里樓適落成乃集辛幼安詞句題之時方有書畫錄之輯故次聯云爾

一枝粗穩三徑初成
商略遺編且題醉墨

艮菴顧文彬識并書

顧文彬晚年书"艮庵对联"

过云楼者,余收藏书画之所也。蓄意欲构此楼十余年矣,尘事牵率,卒卒未果。乙亥夏,余移疾归里,楼适落成,乃集辛幼安词句题之。时方有书画录之辑,故次联云尔。

丛书总序

苏州顾氏过云楼是江南最著名的藏画楼。该藏画楼建成于清同治十二年（1873），以书画名迹兼善本古籍收藏及文人雅士文化活动而驰名于世。素有"宁波天一阁，苏州过云楼"之称，为中国雅文化的一代经典和吴越士文化的最后高峰；据此一隅，可放眼整个大变革时代中的江南文脉之延续。

苏州望族顾氏传人，依托过云楼的藏品，以怡园为中心，云集名流，挥毫泼墨，国画、国学、诗词、古琴、昆曲、西画乃至摄影等无不切磋琢磨。《吴县志》云，怡园水木清华，"遂为有清一代艺苑传人之殿"。时至今日，昆曲与古琴艺术已被联合国教科文组织列入世界非物质文化遗产名录。绝世清音，生生不息。

由于战乱、"文革"、城市变迁等诸多因素，这座江南著名藏画楼曾一度湮没，并淡出公众视野。值得庆幸的是，顾氏后人几经周折尽力保存先人遗泽，方使此楼过半数之藏画、藏书至今完好无损。

藏书藏画之外，自清同光年间至民国时代，更有过云楼历代主人将过云楼本身的社会活动、文化交往、曲折经历手书成册。这些顾氏后人艰辛珍藏的私家版文献，乃过云楼四代主人之荟萃。从第一代顾文彬、第二代顾承、第三代顾麟士，到第四代顾公硕之代表性手书典籍，包括日记、家书、友朋信札、笔记、书画创作与私家法帖等，内容极其丰富，全面反映过云楼创建以来的发展历程与历史时期的文化风貌，诚为不可多得的历史文献。对过云楼历史容有不同的认识，但对其留存下来的历史文献价值当有目共睹。

这些文献作为家藏秘珍，绝少为外人所知。顾文彬的玄孙顾笃璜先生将珍藏的《顾文彬日记》《宦游鸿雪》《顾文彬手订年谱》《顾承书信》《顾公柔日记》等有关过云楼历代主人的珍贵文献无偿捐献给苏州市档案局（馆），为研究顾氏家族和过云楼文化提供了重要的第一手资料。档案文献不仅要妥善保管好，更要开发利用好，为此，苏州市档案局（馆）携手苏州市文广新局、苏州过云楼文化研究会、文汇出版社等相关单位精心策划，周详安排，组织专家团队编辑，集为"过眼烟云——过云楼历代主人手书精粹"丛书，作为"十三五"国家重点图书予以推出。此举洵称文坛盛事、学界美谈，故乐以为之小序云尔。

周振鹤

2016年10月于复旦大学光华楼

"过眼烟云——过云楼历代主人手书精粹"丛书编纂委员会

顾　　问：顾笃璜
主　　任：钱　斌　李　杰
主　　编：周振鹤
执行主编：钱　斌
编　　委：徐国保　顾其正　沈慧瑛　卜鉴民　虞爱国
　　　　　俞　菁　金德政　许晓霞　孙中旺

本册《过云楼书画录再笔》编纂委员会

主　　任：钱　斌
委　　员：钱　斌　沈慧瑛　卜鉴民　虞爱国　施　开
　　　　　王仁斌　贾　莉　林忠华　谈　隽　张小明
　　　　　谢　静　俞　菁　陈　亮　刘凤伟　陈进锋
　　　　　孙勤康　陈　亮（大）

主　　编：沈慧瑛
编　　务：俞　菁　毛鹏鹏　倪嘉琪
封面题签：郦　方
特邀篆刻（过眼烟云）：童衍方

过云楼第二代传人之一顾承小像　吴昌硕绘　上海博物馆藏

　　顾承（1833—1882），顾文彬第三子，初名廷烈，改名承，字承之，别号骏叔，又号乐泉（乐全）。幼慧而体弱，自幼学画，精于鉴别书画古籍。收藏家。

　　他为人天性孝友，顾文彬倚之如左右手。顾文彬出任浙江宁绍台道时，顾承随侍左右。因两兄早逝，家中事务全由顾承打理，抚育诸侄教养一如己出。顾承主持怡园和过云楼的建造，构造设计多出其手。生性爱好古董字画，鉴别书画之真伪百无一失，过云楼中藏品多为其收购收集。

　　编著有《过云楼随笔》《画余盦印谱》《过云楼丛帖》，并为顾文彬校勘编订《过云楼书画记》。

图书在版编目（CIP）数据

过云楼书画录再笔 /（清）顾承著；苏州市档案馆，苏州市过云楼文化研究会编. — 上海：文汇出版社，2019.11
（过眼烟云：过云楼历代主人手书精粹 / 周振鹤主编）
ISBN 978-7-5496-3054-7

Ⅰ.①过… Ⅱ.①顾… ②苏… ③苏… Ⅲ.①中国文学－古典文学－作品综合集－清代 Ⅳ.①I214.92

中国版本图书馆CIP数据核字（2019）第255729号

过云楼书画录再笔

著　　者 /（清）顾承
编　　者 / 苏州市档案馆　苏州市过云楼文化研究会

丛书策划 / 陈雪春
丛书主编 / 周振鹤
责任编辑 / 吴　斐
装帧设计 / 周　丹
责任校对 / 章新明

出版发行 / 文汇出版社
　　　　　上海市威海路755号
　　　　　（邮政编码200041）
印刷装订 / 苏州市大元印务有限公司
版　　次 / 2019年11月第1版
印　　次 / 2019年11月第1次印刷
开　　本 / 787×1092　1/16
字　　数 / 250千
印　　张 / 25.25

ISBN 978-7-5496-3054-7
定　　价 / 126.00元

目录

上篇

董文敏临洞庭力命玉润三帖	001
陈白阳玉楼春色卷	002
沈启南有竹庄图	003
王麓台仿黄子久山水卷	004
吴渔山白傅滋江图卷	005
石涛僧蚪峰草堂图千字大人颂合卷	006
吴渔山补王石谷小像卷	008
王烟客松壑高士图轴	010
王麓台仿高尚书云山罨画卷	010
王麓台水墨山水卷	011
冷启敬蓬莱仙弈图卷	011
仇实父临冷启敬蓬莱仙弈图卷	013
王廉州仿赵文敏九夏松风图轴	017
王奉常山水轴	017
王耕烟仿北苑夏山图轴	017
沈石田云冈小隐卷	017

王圆照仿董巨山水卷	019
王石谷临黄鹤山樵卷	019
董文敏山水卷	020
唐子畏风木图卷	021
王廉州仿倪高士山水轴	026
吴墨井水墨山水小幅	026
朱泽民临江贯道千岩万壑图卷	026
王奉常仿董北苑夏口待渡图卷	028
沈石田梅竹轩图卷	029
沈石田墨牡丹轴	030
陈白阳瓶莲图轴	030
吴渔山仿古巨册	031
沈石田有竹邻居图	032
恽南田丛兰图	033
王叔明高逸图轴	034
文徵明溪堂宴别图卷	034
沈周牧牛图卷	039
倪元镇筠石乔柯图轴	039
董文敏烟江叠嶂图真迹卷	040
石涛僧雨中赠送图轴	041
王耕烟仿古山水册	042
陈白阳淡墨写生卷	042
吴渔山仿古山水册	042
恽南田王石谷范艺园渔隐图册	043
恽南田王石谷山水合册	051
王麓台夏峰叠翠图卷	052
吴渔山吊默公禅友卷	052
董文敏仿三赵山水轴	054
王烟客仿大痴秋山晚霁图轴	054
王耕烟设色山水轴	054

沈石田江程泛舟图轴	055
石谷题麓台黄王合作图轴	055
黄鹤山樵葛宏移居图轴	055
沈石田水村山坞图卷	057
王烟客恽南田题王石谷临山樵轴	057
恽南田山水册	058
董文敏水墨山水卷	059
王耕烟仿巨然渔村夕照图卷	060
石涛僧江上新绿图卷	060
董文敏自书敕诰真迹	061
沈石田墨花卷	062
王石谷山水册	062
唐子畏溪桥杖履图轴	063
张尔唯诗画合卷	063
倪云林幽篁小石图立帧	064
王麓台山水卷	065
董宗伯峒关蒲雪图轴	065
查梅壑山水袖卷	065

下篇

沈石田送行图卷	067
沈石田吴山草堂图卷	068
文衡山西爽草堂图卷	069
文徵明岁寒三友图卷	069
沈石田山水卷	070
文衡山为王履约补杨铁崖花游图咏卷	071
米元章行书真迹卷	075
王孟端孝行图卷	076
王廉州仿古山水册	080
王西庐仿古山水册	081
王孟端幽居图卷	081
祝京兆真草合璧卷	082
仇实父方竹图卷	084
恽南田水墨小景四帧	085
仇实父临贯休罗汉卷	085
唐子畏春山伴侣图轴	086
项孔彰招隐图卷	086
沈石田江云溪月图卷	091
程松圆观鱼图轴	091
钱舜举山居图卷	091
董文敏绿天庵图轴	097
仇实父试茗图卷	098
恽南田丛菊图轴	098
石涛僧写翁屈子诗意册	099
董文敏琵琶行图卷	099
唐子畏匡庐看瀑图	100
王吴碎景册	100

文彦可米庵图卷	102
徐天池花卉卷	104
文文水、钱叔宝、朱子朗、石民望合作药草山房图卷	108
明贤合作药草山房一卷	111
笪江上烟林萧寺图卷	111
文衡山兰竹轴	112
王奉常仿古山水册	112
宋夏禹玉烟江叠嶂图卷	113
王孟端松石图卷	114
文衡山蓉江图卷	114
王石谷山水册	116
王石谷江山卧游卷	116
王石谷江山胜览卷	117
王麓台仿古山水册	117
董思翁山水册	117
沈子居山水卷	118
董文敏临米书	118
唐六如复生图卷	119
方士庶忆临董北苑夏山烟霭图卷	120
董文敏临东坡、叔党父子书册	122
吴渔山琵琶行图卷	123
陈糜公梅花书画册	123
黄端木寻亲图册	125
文文水苏台十景图册	127

上篇

董文敏临洞庭力命玉润三帖
（玉版纸，高五寸余，阔三寸，十三页，高江村另题纸，与本身纸接裱处有钤缝印。）

洞庭力命帖（文不录）

晋时王廙专师钟书，及右军出，乃夺其名，所谓"小儿不爱家鸡，唯好野鹜"者然。右军虽变钟法，不若世将之专门钟法中。故元时吾衍于阁帖只取四帖，谓王世将二表及皇象、张芝章草二帖，右军父子不与也。昔人精鉴如此。董其昌

董尚书临钟太傅二帖与《官奴帖》俱刻玉烟堂，笔法遒媚，较平时所书尤觉精采。康熙庚午十一月，余往虎林，携此二册自随，蓬窗朝夕观览，似有会心。惜余多病杜门，未得浮家泛宅于五湖烟水间，尚愧米家书画船也。时霜清气肃，黄叶满林，舟行谢村道中书。抱瓮翁高士奇。

玉润帖（文不录）

此帖在《淳熙秘阁续刻》，米元章所谓绝似《兰亭叙》。昔年见之南都，曾记其笔法于米帖，曰："字字骞翥，势奇而反正，藏锋裹铁，遒劲萧远，庶几为之传神。"已闻为海上潘方伯所得，又复归王元美，王以贻余坐师新安许文穆公，文穆传之少子胄君。一武弁借观，因转售之，今为吴太学用卿所藏。顷于吴门出示余，快余二十余年积想，遂临此本云。抑余二十余年时书此帖，兹对真迹，豁然有会，盖渐修顿证，非一朝夕。假令当时力能致之，不经苦心悬念，未必契真。怀素有言，"豁焉心胸，顿释凝滞"，今日之谓也。时戊申十月十有三日，舟行朱泾道中。其昌

文敏公临玉润帖，笔力圆秀，深得晋人奥妙。其自跋云"二十余年积想临此"，又云"不经苦心悬念，未必契真"，前贤成名良不易也。高士奇，康熙庚午仲冬九日，舟行塘西道中。

陈白阳玉楼春色卷
（纸本，设色，高八寸余，长七尺七寸余，前六家诗题本身花上。）

道复复甫作

玉楼春色（隶书）王穉登

沉香亭上管弦催，一曲清平酒数回。
为语司花好遮护，莫教山下鹿衔来。
——张凤翼题

雕槛特藏春，瑶台倚太真。
香车倾一顾，惊动洛阳尘。
——周天球

含雾含烟态不同，洛阳春色玉楼中。
紫丝行障青丝骑，马首飞尘十里红。
——王穉登

云作衣裳霞作人，沉香亭北晓妆新。
含风醉日娇无力，酷似微酣杨太真。
——薛明益题

春深湖石薜萝房，西子盈盈正晚妆。
不是沉香亭畔色，酒酣新宴侍君王。
——强存仁题

一枝倾国色,摇曳洛阳城。

携酒临轩赏,香霞照眼明。

——张梦锡

春风万里到天涯,三月江城见洛花。

一种玉楼真国色,不须黄紫论名家。

——吾乡白阳先生妙于写生,此卷尤其得意之笔,漫题于后,以识景仰。杜大中。

兴庆池头艳,沉香亭北妆。

清平有佳调,永夜侍君王。

——杜大绶

春事时正殷,庭墀斗红紫。

弄笔写花香,聊尔得形似。

——文从光

绿叶丛中舞艳妆,婵娟佳态不胜裳。

假令当日明王见,未必凝眸问海棠。

——张梦锡

沈启南有竹庄图
（纸本,高八寸,长三尺八寸余。）

我园我辟,尽东其亩。地埒气和,草木杂糅。既作既息,复以事酒。为食乃旨,为力敢后。生斯乐斯,此外奚有?

——沈周

君家有芳园,乃在家之阳。

古木满生色,嘉花来天香。

朝暾益暄妍，夕阴得清凉。
怀哉商山人，千春同相羊。
——戊申夏至，祝允明。

王麓台仿黄子久山水卷
（纸本，水墨，高八寸余，长一丈四尺三寸余，凡三接。）

庚午初秋，为松一道长兄仿黄子久笔，王原祁。

古人有云"一日相思，千里命驾"，此交道之厚也。余与松一赵兄交甚厚，于余之入都也，渡江涉淮送余及清江浦而返，此亦古人千里命驾之意也。夫余无以为情，舟次作长卷以赠之。凡耳目所见闻，胸怀之郁旷，皆得之心而寓之笔也。余往矣，松一倘念余携此卷而为长安之游，不无后望焉。是卷始于五月十八日，成于七月十七日，凡两阅月。麓台祁再识。

题王麓台画卷后 昔乡先生吴遁庵之守叙州也，沈石田先生为作《京江送远图》以赠之，延陵世宝，至今传为美谈，尚矣！王麓台给谏与予为研席交，于其入都也，自愧拙劣无以赠，其行千里，追送及清淮而返，聊以尽吾情也。麓台乃为搜箧，出二丈笺，图山水长幅以赠余，取古人之意而反之，情滋厚矣。麓台曰："余画矣，子不可以无诗。"亦异时之美谈也，因赋此而书诸卷后。
　　长江之水清弥弥，画鹢横飞渡江水。
　　太原给谏玄朝天，风帆吹向碧霄里。
　　故人追送邗江湄，火云照路征尘飞。
　　欲别未别重携手，为写青山赠别离。
　　麓台山水妙天下，肯与时人竞声价。
　　人徒肖古不肖心，灵奇哪得标神化？
　　唯君染翰见心裁，嬉笑泼墨烟云开。
　　平沙漠漠渺无际，千峰劈面如飞来。
　　天池石壁纵奇险，石磴盘纡苍点点。
　　下瞰烟芜失远村，回峦势压松云䬃。

长岭横陂陡绝看，山山缥缈隔云端。

此中亦有逃名者，不向人歌行路难。

羡君爱画得画髓，下笔真能见山水。

倪迂秀洁大痴豪，君两得之兼两美。

曩时乡达去吾乡，石田长卷生辉光。

惭余送别难为赠，把君图画情何长。

山嶙峋兮水沧溁，入手江山气为爽。

画意交情两足珍，风流遗作千秋赏。

——庚午初冬，赵贞松一题。

道光三十年八月既望，海昌许槤观于南沙粮署之实事求是斋。（篆书）

吴渔山白傅浔江图卷

（纸本，水墨，高八寸八分，长六尺，右上角横书"白傅浔江图"，左上角缀一诗款，"逐臣送客本多伤，不待琵琶已断肠。堪叹青衫几许泪，今人写得笔凄凉"。梅雨初晴，写此并题，吴历。　偶捡□笥得此图，以寄青屿老先生，稍慰云树之思。辛酉七月，吴历。）

琵琶行（文不录）　容斋洪氏谓白傅《琵琶行》一篇，直欲摅写天涯沦落之恨耳，非真为长安故倡作也。东坡谪黄州，赋定惠海棠亦同此意。余观昔人于歌词书画类，非无故而作。无故而作者，必不工，则不能传远而感动人，以是知洪氏之言不诬也。吴子渔山与青屿许先生游最久，康熙辛酉秋七月还常熟后，画《白傅浔江图》一幅寄赠先生。先生以名进士官御史，未竟其用，罢归，夙性恬静，放浪诗酒丘壑，无纤豪迁谪意。渔山去时，决不作离别可怜之色，而渔山于先生，独有耿耿不能自已于中者，写此以宣其郁结，今七十余年矣。视其图之烟水苍茫，枫荻萧瑟，悲凉气象，正不必听琵琶声而青衫泪湿也。先生曾孙方亨出素纸，命录白傅诗附其后，爰识数语左方。乾隆岁次辛未夏六月，京口张迪拜题。

石涛僧蚪峰草堂图千字大人颂合卷

（俱纸本，画高九寸余，长二尺七寸余，设色。颂高七寸余，长三尺二寸，乌丝栏，小楷书。）

　　眼中山色耳边韵，已入梦回昨夜情。
　　更觅先生行乐处，无弦琴上和无声。
　　——辛巳九月，梦访蚪峰年长兄先生草堂处，绘图请博笑。清湘弟大涤子济。

　　辛巳九月既望，大涤子梦游一山。青壁斗绝，涧水环之，寻径而入，林木葱翠，如雨初过然。忽闻琴声泠泠，乍高乍低，韵动泉壑，心甚悦之。前进数武，见一双髻童子立于谷口，如有所待。大涤子问曰："仙家耶？隐君子耶？"童子答曰："李蚪峰先生草堂也。"方欲再问，而童子忽不见矣。复前进，进数武，茂林丛石间，草堂出焉。门启不闭，坐石榻上，面横一琴，无弦，手拊之，类蚪峰，其首俯而不能尽睹其貌，呼之应焉。大涤子喜，步而入，蚪峰下阶揖。大涤子上，并坐谈笑，移晷而别，蚪峰送出门而大涤子循旧径行。所见悉如初，心疑蚪峰草堂在郭之外，数相过从，初无山而兹何以然也？且行且讶，忽而寤矣。侵晨，图之于扇，题一绝句其上予赠焉。噫，异矣哉！忆予生之初，有一道人，霜髯垂膺，突入中堂，群婢逐之，忽不知所在。越翌日昧爽，一幼婢持烛入，见道人蹲几下，惊呼，道人忽又不知所在，而予生矣。山中草堂无乃道人旧居？而大涤子或亦道人山中旧侣耶？虽然予亦尝有梦矣，梦入一小园，园有堂，堂设石榻，卧一儒衣冠人，其上一童子侍其侧，指语予曰："此先生前身也。"则予固儒者也，即大涤子所见之。琴无弦，亦渊明之琴也。德不百年，污我诗书，逝然不顾，被褐幽居，非渊明述史语乎？诗曰："高山仰止，景行行止。"予虽不敢以隐君子自居，窃志渊明之志矣，而仙非吾所学也。蚪峰骥记。

　　千字大人颂（隶书）　余尝道："周兴嗣《千字文》不佳，当取其原本，另翦裂而缝缀之。"徐野君颔予言而去，未几文就。沈不倾闻之，曰："前代有作此想者矣，顾挠于人，言谓'枇杷'二字未易离却，竟沉吟而止。今野君其谓之何？"余谓枇之为棘桑枇也，杷之为田器也。见于经子甚明，所苦者"飘飖""逍遥"等字耳，虽野君皆未之离，余请得而离之。于是闭门七日作颂以示野君，野君击节称"三长"焉：盖周句法多牵率，此独自然，一也；周语意忽彼忽此，断续不成章，此一气呵成，万变而不出吾宗，二也；周转韵处多寡不均，平仄不相间，此四平四仄，无或紊者，三也。虽然，余实自愧其一短，则以余之七日不敌周之一夜耳。野君曰："是有二辨。彼以君命临之，其意迫；此以游戏行之，其神暇，彼作始者苟然而已。此踵其事，既欲过之，又欲事事易其故位，是安可同日而语？且夫七日而千字，孰与夫十稔而三都乎？枚生敏捷，司马淹迟。子之于周，合则双美。"余慨然曰："淹迟则诚淹迟矣，顾谁为读大人赋而叹凌云者？"因篇首有"大人"二字，遂名《大人颂》。詹文德撰。

　　大人御天，君子名世。立千秋基，兴诸夏利。高文起家，建景闰帝。二百余年，我皇陟位。河澄宝出，凤举毛从。虞云两旦，汉日再中。群黎作乂，列州攸同。往收故土，入坐新宫。铭盘学汤，设鼓遵禹。仰因法规，俯欲絜矩。动缘尺衡，啸合钟吕。手植四维，目亲九府。云温其色，曰俊厥声。定刑敕政，过化存神。姿仪岂弟，升黜威明。池鲲跃海，谷驹鸣庭。振顿流弊，矫端仕俗。宅洛周详，营田赵独。足践籍亩，情驰冥漠。郁尊黄金，膳枇素木。内捕秦虢，外斩莽操。謦笑自悚，毁誉空劳。伏龙縻组，悲雁止号。岳伯分佐，岁精可招。恭己无为，敬身有道。所求忠贞，务倡慈孝。惟写及画，闲居雅好。草圣张工，诗王杜妙。泾渭朗若，玉石磨焉。心光并映，意指更坚。拜皋稷训，习孔轲传。晋瞻昼接，随用晦眠。物皆率真，念匪满假。问贱师愚，谦孤让寡。炤乎隐翳，辨乃上下。老安友信，并怀少者。背城克贼，面壁图治。礼犹节也，乐则和之。稼垂霜饫，兰抽露施。华实等茂，根叶交资。京多淑卿，县具良牧。廉畏见知，退思遣辱。泰阶既平，禅碣将续。束稿饭骡，市剑驱犊。姑妇任绩，夫男秉杷。辎车适迕，珍驾游遐。给助饥困，重以劭嘉。夕晖催辇，哉魄曜沙。行养衣玄，飞章羽赤。灵禽引仙，彩燕感嫡。几察宰官，改制音律。陛奏表疏，场修论策。粮非增益，军罔枝梧。民庆陋宇，羌来钜都。贡珠盈寸，舍矢五扶。散发据地，刻碑载途。辞臣咏侈，正史赞极。月临谢庄，星聚陈实。桐岫释钓，竹溪离逸。甚慕冠弁，弗耽艺稿。彼东野孟，与归园陶。处寂而莫，谓逍且遥。璧沉鉴覆，璇委玑飘。投渊洁耳，何伤盛朝。阜林环丹，亭水逼翠。鱼鳞不惊，乌鹊成对。澹剪鞠裳，奰持荷盖。长笙短歌，忘富薄贵。侠宾射兽，妍女倾杯。弦会琴瑟，语寓优徘。佳儿员俶，异士方回。饱餐巨笋，恬寐凉槐。承祐获康，钧赖英主。转宿移辰，回冬干暑。执要观烦，理丝得楚。浮靡每诛，敦笃斯取。顾是宠命，勉兹伦常。烹阿封即，沛禄发棠。帐染墨迹，帷集书囊。庙貌敢玩，路骸使藏。充于万厢，劝此八口。惠贻农商，税答父母。特致羊羔，愿奉黍酒。造门曲躬，登堂稽首。祀能济漆，贤必秪庸。经筵时幸，易义最通。纨绮诚丽，器量本洪。审罪矜恻，闻言纳容。严性比姜，旷赐勿芥。叛盗骇惶，旧戚欢爱。息纷象廊，静事鸡塞。蓝果绛房，墙条青带。寻嵇叔夜，约阮嗣宗。简笺历落，被服蒙戎。川渠浴垢，冈领摩松。驴颠李白，觞竞次公。食糠亦肥，尝菜颇美。寒恃曦阳，热解巾履。雨密楼阴，飙吹户启。巧笔如丸，弱罗似纸。武功称甲，吉运始丁。德馨潜达，善气翔蒸。竟省机纺，殊卑殿楹。诚推韩毂，令赏终缨。悬想磻伊，默索岩传。调捭咸欣，早晚恐惧。甘咸别宜，步眺腾豫。陪隶谨微，床旁慎庶。悦听唐典，诮讥霸盟。亏祸受福，远耻近荣。厌聆左右，洞烛直横。荒亡谁奈，疑殆孰形。妾恶抗凌，兄当结睦。往生说超，丙相才凤。银勒南骧，的颡西逐。累牒布宣，桓猷拱属。席绥广宙，扇清轻霄。紫垣杳邈，魏阙虚寥。积仁在熟，读古去糟。壹志守国，肆丘伐辽。吊祭坟邙，宇育郡邑。虑切谈深，体疲力竭。侍奄尽凋，箴尹效职。昆岱永宁，火薪难灭。连绵后昆，煌炜初业。

——友人不知何处得此《大人颂》，出此卷，命清湘半个汉书之，半个汉书罢，仰首笑云："半个何在？有书无人，岂不愧哉？"

吴渔山补王石谷小像卷

（纸本，高九寸二分，长三尺，设色，徐南村写照。）

泉声鸣淙淙，抚琴山欲响。

坐爱松风多，弥漫云初上。

——吴历补图

石谷子传

石谷子，姓王氏，名翚，石谷其字。先世居虞山之乡曰白茆。高曾五叶以来，皆善绘事。大父某游于虞庠，徙而城居。石谷生于虞山之麓。虞山为虞仲采药地，奇峰秀壑，甲于吴中。从唐宋来，以丹青擅名者，董、巨之后，称元四大家，而玉振金声，莫若黄公望子久。子久游历所到，特爱虞山，常扁舟绋缅，坐卧其下，自谓平生粉本得之山灵者为多。垂三百年，而遂发其祥于石谷。石谷幼具凤慧，初就塾师，好弄纸笔，随意点缀便成山水。时钜公善画，海内所希辇鞯跽望而走者，为娄东二王先生，一太原奉常烟客，一琅琊廉州太守元照，并世卿景冑，袁杨王谢，门荫高华，翰墨品题，咸推第一。会廉州薄游拂水，适石谷遗有断素于坏壁间，顾见大惊，以为异人。亟物色得之，甫胜冠也。归言之奉常，奉常具舟楫，饬使命迎诸其家。至则下榻授馆，每遇濡染，一破墨辄惊叹叫绝。如廉州因尽出先后所藏名迹与观，石谷鉴赏精覈，冲口轩轾，悉中肯綮，由是益服其能，乐与之俱。间或辞归，则信使书尺相望于道，推重汲引，拳拳溢于齿辅，不啻逢人为说项斯矣。先朝至神、熹二庙，承平几数十年。江左世族风雅相尚，同时称收藏者毗陵则有唐氏，而孝廉云客尤以博古好士闻，亦因缘奉常，交欢石谷。石谷益得纵观唐宋元明诸秘本，藉为师承，探微雕荣，愈臻神化。奉常曾属遍摹昔贤杰作，几尽拔其帜，非止乱真也。娄中故有狙侩，时时窃仿其尺幅，持入都市，动获高估；或缓急投诸质库，亦必厌其欲以去。虽中郎虎贲有识自能辨之，而人情冀遇其真，恒恐误，失之交臂，以故宁受欺不悔，其为天下所爱重如此。石谷仪观瑰玮而气度冲抑，与之交蔼然如饮醇酎，又性狷洁，不苟去就，然诺风义著于久要。往者廉州云亡，石谷来赴，哭极哀。后闻奉常岱游，重跰百里，解橐金，营祭房，烝笾豆，殽核维旅。既奠爵，以头触棺而恸，呼抢知己，如不欲生。僮客皆泣下沾巾，不能仰视。咸谓古道至性，非近今所易得也。成侍中颙若以相国冢君起家甲第，雅嗜书画玩好，开邸舍，通宾客，心慕石谷，度不能致，则走书币过江，以其意属大府。大府折简招石谷，且檄有司劝驾。石谷不得已强起，从两门生至白下，通谒于军门。大府喜，立为办严，大治裘马、明驼、辎重，杂以邮骑、腰刀、帕首者护之而驰。比达芦沟，则侍中已前殁。三事大夫知石谷者，争发使遮逆，以石谷之先后至为荣辱，劳苦燕飨，疲于奔命。或谓石谷侍中相君所钟爱，试一往唁，必且得其欢心。石谷谢曰："山林之人于侍中非有宿昔，向者特以名求我尔。即往，于古礼吊生哭死之义何居？"竟不行。物论尤高之，趣戒归装，朝贵援止之不得，相与设供张祖道，汉阳赓庵相国、吴门健庵学士赋诗最先成。诸公卿皆属而和，缄縢束之牛腰者累百轴。观者谓本朝四十年来饯送投赠之盛，未之有也。石谷既反里居，萧然环堵，却扫杜应接，独不能嗘心。于娄东念廉州，既如次公泉明，虽有后人，不复知琴书手泽。幸奉常燕诒深厚，多才子文孙，皆工诗能文章，且踵接取科第，或侍讲幄职大谏，称天子贵近臣。而黄门麓台更用王宰能事，绳其祖武，二王世谊，耿耿勿释。故岁一至娄，拜两先生于祠堂，退与太原群子弟游处，皆令出其法书名画所受分于奉常者，次第摩挲之，信宿池馆之间，乃去东陂。野史曰："奉常于余，本通门诸父，特以投分见引为小友。"廉州在世讲则属雁行，时时过从，得窃闻其绪论，谓石谷之画正入神品，置之董、巨及一峰诸大家间。所谓兄事袁盎，弟畜灌夫，恨董宗伯不及见之，相与撑眉共赏耳。两公世推翰林冰鉴，其称许如此，宜乎，石谷有知己之感也。娄东通家眷弟周铧顿首拜撰并书。

南归诗奉和都门诸老

跨鹤高风绩□才，仙人原合恋蓬莱。
客边羔雁时时满，枕上云山夜夜来。
只说中郎能倒屣，岂知郭隗倦登台。
荷衣幸染缁尘浅，卷向烟波誓不回。
——嘉禾学幕次吴赓庵相公韵，赠石谷道兄。

沧涟辋水接沧浪，图入浯溪十丈长。
绛蜡尽销欣赏罢，满庭霜白月苍凉。
——弟铧具草

王烟客松壑高士图轴
（纸本，高二尺三寸，阔一尺四寸，水墨。）

松壑高士图（隶书）辛丑秋日为耿庵社长先生六十初度寿，弟王时敏。

王麓台仿高尚书云山罨画卷
（纸本，水墨，高七寸五分，长四尺六寸。）

云山罨画，仿高尚书。

房山笔全学二米，笔墨有泼有和，中间体裁亦本董、巨，故与松雪齐名为四家源流。先辈松来，将为楚游，出侧理索画，写此入奚囊中，《潇湘夜雨》与湖南山水恰有关会，出以房山法，更见元人佳趣耳。康熙甲午三月望日，仿高尚书笔于双藤书屋并题，王原祁，年七十有三。

王麓台水墨山水卷
（纸本，高九寸二分，长八尺五寸，题另纸，高同，长一尺。）

麓台仿古

余读《诗》至《抑》之篇，卫武公耄而好学，年至期颐，人称"睿圣"。始知学无止境，好之者未有不臻绝诣者也。紫崖先生年八十矣，而好学不厌，画道尤为精深，独于余有嗜痂之癖，晨夕过谈，弥日忘倦。至于古人妙境，尤寤寐羹墙，所云"切磋琢磨，庶几有焉"。以年如此，以学如此，岂非六法中之卫武耶？此卷侧理颇佳，先生索余笔，藏弆箧中三年，今值大寿之辰，写此进祝冈陵，并引卫武以广先生之画。先生见之，当亦辗然一笑乎？谨识。时康熙己巳畅月长至后五日，王原祁画并题。

笔参三昧

麓台能于画理伐毛洗髓，得其神奇，至摹仿大痴，传自家学，而更加超诣。此卷磊落不群，睥睨千古，笔墨间又能以萧散之致相为变化，非得画家三昧，未易臻此妙境也。紫崖年翁精于绘事，故麓台作此赠之。余展玩再三，深为叹绝，因题于首。忍庵黄与坚。

古人论画，以气韵为主。气韵胜者，自有一种天趣超乎笔墨之外。若徒规摹往迹，专尚精能，虽工力甚深，终类作家，殊少士气，非善画者所尚也。家侄茂京素工绘事，其高逸之致原从神骨中带来，而于宋元诸家冥心默契，遂能得其三昧。此卷为紫崖先生作，运笔苍莽，洒墨淋漓，浓淡疏密之间奕奕生动，似不拘绳尺而自然合法，似不经模拟而意外出奇，极空阔处益见浑厚，极稠密处益见疏朗，纵横变化，固非丹青家所知，盖以紫翁画学精髓，耄耋之年沉酣于此。茂京日夕讲论，实有水乳之合，故不惜全力写成此卷，以质识者，宜其珍爱，不忍释手也。余不知画，漫题数语，以识叹赏云尔。辛未九秋下浣，随庵王撰书。

冷启敬蓬莱仙弈图卷
（绢本，高八寸余，长二尺八寸。）

龙阳冷启敬画

《蓬莱仙弈图》卷乃龙阳子湖湘冷君所作。君武陵人，名启敬，龙阳则其号也。中统初，同邢台刘秉忠仲晦，少从沙门海云，书无不读，尤邃于《易》及邵氏《经世书》，天文、地理、律历以至众伎多通之。至元间，秉忠入拜太保，参预中书省事。君乃弃释业儒，从游于雪川，与故宋司户参军赵孟𫖯子昂于四明史卫王弥远府睹唐李思训将军之画，倾然发之胸臆而遂效之。不月余，其山水、人物、窠石等无异将军之笔。其笔法、傅彩与将军由加纤细，神品幻出，由此以丹青鸣于当时。隶淮扬，遇异人，授中黄大丹，出示平叔悟真之指，颖然而悟，如己作之。至正间，则百数岁矣，其绿发童颜，如方壮不惑之年，时值红巾之暴，君避于金陵，日以济人利物，方药如神。天朝维新，君有画鹤之诬，隐壁仙逝，则君之墨本绝迹，未尝见矣。此卷乃至元六年五月五日为予作也。吾珍藏若连城之璧，未曾轻与人看。予将访冷君于十洲三岛，恐后人不知冷君胸中丘壑，三昧之妙，不识其奇仙异笔，混之凡流，故识此，特奉遗元老太师。淇国丘公览此卷，则神清气爽，飘然意在蓬瀛之中也。幸珍袭之，且以为后会云。时永乐壬辰孟春三月，三丰遁老书。

蓬莱之山在溟渤，方丈瀛洲鼎足立。
上与蜃气分有无，下与鲛宫同出没。
欲往寻之风引船，由来此山与世隔。
秦皇空见巨鱼来，汉帝徒观大人迹。
何如狂生得神游，六尺生绡见仙弈。
仙人对弈谁为传，能传仙弈人亦仙。
仙本无心尔何苦，纵横局上犹纷然。
却怪手谈谈不歇，哪知坐隐隐谁边。
樵客旁观亦难老，斧柯欲烂无昏晓。
垂杨不凋舞青鸾，红莲长芳覆瑶草。
蟠桃已实桂女携，桃花落地芝童扫。
龙阳冷君紫府卿，玉皇香案标香名。
偶然兴发欲玩世，遨游赤县投帝庭。
三丰张老欣相得，倾盖清都心莫逆。
为言蓬莱俱旧游，因之绎思挥彩笔。
倏忽变幻殊景收，分明五城十二楼。

龙阳隐壁作蝉蜕，三丰遁老从此逝。
白云黄鹤相后先，独留仙迹人间世。
晴窗展玩开心颜，鼎湖龙髯不用攀。
我将持为长命箓，身骖青龙叩天关。
前邀冷君一执手，后呼张老笑拍肩。
锦囊盛之悬肘后，何用十万矜腰缠。
——张凤翼

  此卷即《孤树裒谈》所载也，正德初，从伯祖得之京师，嘉靖间始归先君，时仲父台州公当家食，见而爱之，请仇实父临摹，吴中始有赝本，然惟仇本近似仲父，命予手摹张跋祝诗于后，仍归程中舍。篆书于前，装潢成卷，以为优孟可当叔敖也。隆庆中，则此卷归广陵好事家，彼固宝燕砆而十袭之矣。予恐其乱真，故既为长篇题之，而复识颠末，俾后之览者知所镜云。万历庚寅十月朔，凤翼。

仇实父临冷启敬蓬莱仙弈图卷
（纸本，高七寸一分，长三尺五寸，设色，无款，右下角有"仇英之印""实父"二印。）

蓬莱仙弈（隶书）徵明

  《蓬莱仙弈图》卷乃龙阳子湖湘冷君所作。君武陵人，名启敬，龙阳则其号也。中统初，同邢台刘秉忠仲晦，少从沙门海云，书无不读，尤邃于《易》及邵氏《经世书》，天文、地理、律历以至众伎多通之。至元间，秉忠入拜太保，参预中书省事。君乃弃释业儒，从游于雪川，与故宋司户参军赵孟頫子昂于四明史卫王弥远府睹唐李思训将军之画，顷然发之胸臆而遂效之。不月余，其山水、人物、窠石等无异将军之笔。其笔法傅彩与将军由加纤细，神品幻出，由此以丹青鸣于当时。隶淮扬，遇异人，授中黄大丹，出示平叔悟真之指，颖然而悟，如己作之。至正间，则百数岁矣，其绿发童颜，如方壮不惑之年。时值红巾之暴，君避于金陵，日以济人利物，方药如神。天朝维新，君有画鹤之诬，隐壁仙逝，则君之墨本绝迹未尝见矣。此卷乃至元六年五月五日为予作也。吾珍藏若连城之璧，未曾轻与人看。予将访冷君于十洲三岛，恐后人不知冷君胸中丘壑，三昧之妙，不识其奇仙异笔，混之凡流，故识此。

特奉遗元老太师，淇国丘公览此卷，则神清气爽，飘然意在蓬瀛之中也。幸珍袭之，且以为后会云。时永乐壬辰孟春三月，三丰遁老书。（文彭之印　文寿承印）

红尘不与此山通，一局千年万事空。
知白知玄无象妙，为生为死不言功。
兴亡刘项山河外，聚散吕印草木中。
满眼羊肠无妙著，此机何处问仙翁。
——祝允明（文嘉）

曩华秋官过予，观《仙弈图》，爱玩不忍去手，因出澄心堂纸，倩仇实父临之，复托二文先生摹其跋，与诗装潢成卷，乃请太史公题其端，自以为得叔敖于优孟，面中郎于虎贲矣。去今三十年而遥不知卷已易主，阅间不无今昔之感。因为识之，并系旧所作长句云：蓬莱之山在溟渤，方丈瀛洲鼎足立。上与蜃气分有无，下与鲛宫同出没。欲往寻之风引船，由来此山与世隔。秦皇空见巨鱼来，汉帝徒观大人迹。何如狂生得神游，六尺生绡见仙弈。仙人对弈谁为传，能传仙弈人亦仙。仙本无心尔何苦，纵横局上犹纷然。却怪手谭谭不歇，哪知坐隐隐谁边。樵客旁观亦难老，斧柯欲烂无昏晓。垂杨不凋舞青鸾，红莲长芳覆瑶草。蟠桃已实桂女携，桃花落地芝童扫。龙阳冷君紫府卿，玉皇香案标香名。偶然兴发欲玩世，遨游赤县投帝廷。三丰张老欣相得，倾盖清都心莫逆。为言蓬莱俱旧游，因之绎思挥彩笔。倏忽变幻殊景收，分明五城十二楼。龙阳隐壁作蝉蜕，三丰遁老从此逝。白云黄鹤相后先，独留仙迹人间世。晴窗展玩开心颜，鼎湖龙髯不用攀。我将持为长命箓，身骖青龙叩天关。前邀冷君一执手，后呼张老笑拍肩。锦囊盛之悬肘后，何用十万夸腰缠。万历壬午五月六日，长洲张凤翼。

发少侍先太史过云楼张先生。先生今伯起尊人也，好文而侠，其行谊奇卓，与顾玉山相类，故以布素获交当世钜人长者。又多蓄古彝器、法笔、名染，庋架间琅函、薤轴，不啻书画舫也。记其出以索鉴于太史，中有冷朝阳《仙弈图》为太史所独赏。当其时，发尚幼骏无识，未谛玩也，今此卷已不可得见。得见仇实父氏摹本，若真见楚大夫于章华之台，不覃似人之喜而已，特为识此。若其仙迹颠末与副墨流传之故已备邈邈所述，并伯起跋语，兹不复缀云。万历庚子孟秋十日，清凉居士文元发书，时年七十有二。

冷启敬《蓬莱仙弈图》，余往岁曾睹真迹于张伯起先生家，此卷则仇实父所摹，文太史题其首，两博士摹其跋与诗，无锡华秋官剑光阁中物也。华见冷迹，不胜欣赏，遂倩太史父子及仇君共成此卷。冷君仙艺、诸君人工并奇绝不群，足称双美。华氏最为好事，所藏古今名迹不减尚方。秋官易世之后，一时散轶略尽，而此图此题流落人间，衰龄老眼幸获展阅，回思启敬之画、三丰之书，如米襄阳所云，焕若神明，复还旧观，岂不大愉快哉？乃如人代之变易，图画之流传，则蓬瀛清浅与棋局翻覆，仙家与世道尽然，何必抚卷三叹？庚子七月廿又三日，栟榈馆秋霁书，太原王穉登。

蓬莱山高高接天，闻在虚无缥缈间。
青芝远结千年秀，玉液长流百尺泉。
泉声树色当窗牖，紫气白云封洞口。
秦皇连弩不敢窥，吞波吸浪潜蛟吼。
中有仙翁双碧瞳，纷纷白黑斗雌雄。
世间甲子哪堪算，一着先机万古空。
蟠桃初熟侍女进，落叶满空尘自净。
谁能貌此神仙居，原是神仙冷起敬。
三丰逸老为题诗，云是蓬莱旧等夷。
我识神仙真玩世，蓬莱灵境宁如斯。
展卷追踪二十载，恍然灵境犹如在。
碧虬花矗紫鸾翔，岂与人间争磈垒？
便欲驭气从之游，逍遥栖此岩之幽。
半局残棋窥世界，笑看蛮触是蜉蝣。
忽忆玄机聊黑守，梦魂时日飞星斗。
误落尘缘期鼎钟，烟霞未敢频回首。
——长洲文震孟题

昔汉武慕仙，遣人求安期辈于海外，乃东方曼倩日侍左右，而不知其为仙，得无似叶公好龙乎？补庵先生爱《仙弈卷》而临摹装潢以为画舫重，所谓"虽无老成

（人），尚有典刑"也。其视误收赝本者不俟矣。先生故与先尚宝善，不肖尝得瞻其风度，盖好事而兼赏鉴者，其轻赝本而重摹本也固宜。

——吴下陆士仁题

蓬莱仙人不可见，图中对弈如睹面。
剖破天机一着先，营营下土谁能辨？
独有仙人自在游，十洲三岛须臾遍。
兴来偶寄在楸枰，下地上天千万变。
先机迅矢在人间，宁似人间争与战。
浪说长安倡弈棋，沧桑人物何非幻。
仙图绘出仙人手，流与艺林供赏鉴。
好事摹之绝逼真，我欲从之游汗漫。
弱水盈盈哪可游？况无羽翼乘风便。
彼樵云者是何夫？旁看仙机柯共烂。

——阳峰山人冯时范题

蓬莱仙弈世稀见，维冷与张应共宴。
冷偶作图特赠张，绘其涉历匪空羡。
世间苦心爱者谁？前有句曲华后追。
临摹伯仲混真赝，衡山枝山相参差。
仇翁飘萧亦其俦，十洲三岛神所游。
试为反覆铁冠语，始信先知谶已留。
奇珍流转四百春，何日来归有道人。
牙签玉轴等球璧，丁丁子声风雨辰。
举似孙阳目未览，汰之淘之吾岂敢？
名字依稀近伯起，凤生葭莩倚菌苔。
田海茫茫几度澜，仙家枰局可曾残。
他时五老峰头去，脱履高眠好并看。

——乐安孙翼凤题

王廉州仿赵文敏九夏松风图轴

（纸本，青绿，高二尺四寸余，阔一尺二寸五分，无款，右下有王鉴白文印，石谷题本身纸，在右上角。）

吾师廉州王公，笔墨妙天下。此仿赵文敏《九夏松风图》，设色幽秀，神韵超逸，兼得北宋高贤三昧。余于丙申嘉平过娄，欣获披玩而恍睹光霁于五十年前矣，何幸如之，谨识。海虞王翚。

王奉常山水轴

（纸本，水墨，高三尺七寸，阔一尺六寸余，廉州题本身纸。）

甲辰九月，含素以佳菊见赠，写此奉答，王时敏。

画得子久三昧，前惟董文敏，近独奉常烟翁。此帧乃为得意之作，以含素法眼，故特赠之，真不负此笔墨矣！王鉴题。

王耕烟仿北苑夏山图轴

（纸本，高三尺八寸余，阔一尺八寸余，设色。）

芙蓉一朵插天表，势压天下群山雄。北苑《夏山图》林壑峥嵘，雄伟卓绝，观者莫不壮之。董文敏定为宋元名迹之冠，向奉为圭臬，近复睹于金阊寓斋，规摹一过，殊觉心所能知手不随，乃信古人之言良不诬也。乙未清明前二日，王翚。

沈石田云冈小隐卷

（纸本，水墨，高八寸，长四尺一寸五分，无款，右下角有朱文启南印。）

云冈小隐（篆书）乡贡进士祝允明为西之上人题。

云冈小隐颂 子为辂上人作。藏之深深，出之溶溶。其藏无倪，其出不穷。上下一迹，东西终空。都来聚散，不离此中。甲寅三月八日，枝指道人祝允明。

云冈小隐记 枝指居士暇日登丛林，卧法席，瞻浮云，发大胜想，体用圆妙，不染不胶。我愿若云，愿同云，愿一切人物我若云同云，作是念，已嗒焉而默存。见一丈夫，英英祁祁，萧索轮囷，郁然而合，漠然而分，谓居士曰："居士知云乎？体不定，所成山水土木；用不定，所趋聚散行塞。或出于岗焉而称云冈，举一而贯百也。云不辞专于冈，冈不辞独于云。居士不谓儒邪？用曰行，舍曰藏；敛之密，放之弥。而毋意也，毋我也，是儒之云冈也。其在于西方圣人，以慈心荫注世界，如彼大云，其修之地至于十等，入佛职位普摄世界。有如龙王一念顷际，无不沾足，兹谓法云。居士将执冈求云，譬如指井觅水，水觅即得而不专于井。以冈寓云，求获此地，实成佛道，永不退转，是则称云冈者犹法云。地以冈为基，勇猛精进，作选佛阶磴，其所造诣，实不可量已。于彼行藏敛放四绝之间，犹左右券耳，居士知耶？"说罢嘿然，无见居士，泠泠而寤，沉思移晷，不知何祥。俄而，比丘辂西之执一卷进曰："愿作文语观焉。"即其所称云冈小隐者也，乃始大悟。噫！丈夫非公也邪？云冈之说具矣而曰隐焉。则公今日所立果非定位，盖公之志即进是者，亦与其说合，抑公以英年妙质弃世茂族而修于此经禅之余，游孔氏艺，发为吟讽，书翰图绘，种种出人。其进而极，于是可覼而识也。吾言不越是矣，当为公笔之。西之曰："诺。"居士乃复问曰："此公之志也而，而出于我梦，然则彼丈夫者果何人哉？"西之曰："意即我乎？"曰："然矣。然则公果何人哉？"西之曰："意者即云乎？"曰："然矣，然则云果何人哉？"西之不答，遂姑为笔之。弘治九年仲秋日，枝指居士祝允明记。

爱此清致，门开不关。任埋山脊，莫蔽天颜。无心出没，对景幽闲。动静混合，变化其间。沈木。

聚散天地间，函三抑抱一。
放之弥六合，卷之藏于密。
朝暮西冈颠，变化不可测。
我欲来相寻，无处问踪迹。
愿言从六龙，九重作雨泽。
雨我公私田，溥施满八极。
——嘉定恩锜古田

山人遁迹不可觅，况在山之深复深。

莫知尘外碌碌事，自有闲云伴此心。

——沈颢

势突屼兮覆瓮，气蓊郁兮轮囷。系舆轴兮不溃，荫大千兮无垠。日容与兮忘去，抚灵景兮方殷。鳌负拔兮苍苍，川光腾兮茫茫。禅居构兮闃寂，草木匝兮幽香。饭胡麻兮穷岁，集嘉禛兮未央。镇静兮无渝颜，变态兮去复还。人斯岗兮具寿，心斯云兮常闲。桑门振兮作轨，砭厥愚兮订顽。

佛弟子辂，字西之，号云冈小隐。石田先生为之写真，枝指先生为之作记，更索歌诗于余，爰赋骚词三章崇命而耳。笁窗梦史练书，弘治十年六月也。

王圆照仿董巨山水卷
（纸本，水墨，高八寸三分，长八尺，徐坚题本身。）

仿巨然笔法于染香庵，娄水王鉴。

是卷前似北苑，后似巨然，知为兴到挥洒之作，不复拘于一格也。乃公自题云仿巨然，尤见大熟丹成，不自知其功力处。丁亥闰秋日，邓尉学人徐坚识于浒溪草堂之湘碧斋。

玄照先生画学高海内，以其落笔不群，出入董、巨，将等而上之也。就中气运神化，丘壑深远，其妙不可思议。昔欧阳率更见名碑，坐卧其下者，数日不忍遽去。若此卷妙境当以岁月计耳，传世名笔端在是矣。同里吴伟业题。

王石谷临黄鹤山樵卷
（纸本，设色，高九寸，长一丈二尺。）

黄鹤山樵画，见者不下二十余本，当以娄东王奉常家《丹台春晓》、毗陵唐孝廉家《夏日山居》二图为第一。学者穷年研几，终属望洋。哪知斫轮妙手，非流俗人所能窥其堂奥也。乌目山中人王翚。

《黄鹤传灯》，题乌目山人画，似荇文道长。兄士标。

叔明画草木茂密，皴法繁细，虽从董、巨中来而自成一家。余曾见虞山牧斋宗伯所藏其《九峰读书》、王文恪公家《关山萧寺》，绝无本色，有空灵澹远之致。今石谷独称其《丹台春晓》，盖石谷笔力遒劲，神满气足，与《丹台图》极相似，故击楫不置。此卷为其高足荇文所作，开卷便有烟云飘渺从纸上吐出，真丹青宝筏也。想欲以心法传授，乃尽露其所秘耳。癸丑小春望日，娄水王鉴题。

元四大家画皆宗董、巨，其不为法缚，意超象外处，总非时流所可企及，而山樵尤脱化无垠，元气磅礴，使学者莫能窥其涯涘，故求肖似良难。惟石谷深得其神髓，尺幅巨幛无不乱真，此卷为高足荇文作，凡林壑之开阖密疏，烟云之浓淡灭没，寓法度于纵浪之中，得真趣于笔墨之外。山樵秘藏已一一抛撒无遗，荇文得此，心慕手追，行见黄鹤一灯近在虞山相续无尽，讵非艺林快事乎？书以志喜。甲寅长夏西庐老人王时敏题，时年八十有三。

吴中画家自文、沈而后垂二百年，而娄水王氏两先生出，声噪一时。又数十年而有石谷王子，于唐宋以来诸名家无不穷幽极奥，大为两先生所击节欣赏。一灯之续，幸不乏人。今复得顾子荇文，荇文从石谷游，尽传其秘。余老矣，笔墨荒谬以对诸贤，徒有积薪之叹而已。邗上旅弟查士标顿首题。

董文敏山水卷
（绢本，水墨，高七寸三分，长七尺五寸八分，眉公题本身。）

山出云时云出山，化为霖雨遍人寰。
端知帝所旌幢会，不在金堂玉室间。
——董玄宰画并题

山中雨后，黄鸟绿阴，拂拭此卷，觉清福难消。玄宰笑曰："仆方脂车就北，以忙销闲，何如余无以难也？"眉公。

唐子畏风木图卷

（纸本，高八寸二分，长一尺九寸八分。诗另纸，高同，长一尺零七分，水墨。）

唐寅为希谟写赠

西风吹叶满庭寒，孽子无言鼻自酸。
心在九泉灯在壁，一襟清血泪栏干。
——唐寅

风木余恨　吴人许初书

飒飒悲风撼莫林，空山独夜送余音。
淋漓灯下千行泪，不尽人间孝子心。
——京口都穆

飙风潵宵，林木鸣条。孤儿忉怛，雨泣魂销。（一解）
于以陟屺，不见其形。于以陟岵，不闻其声。（二解）
徒有皮阁，曷致冥漠。徒有樽罍，曷致泉台。（三解）
颢岂不苍，日岂不杲。明发有怀，怅郁以老。（四解）
——云水陈有守

由也昔思亲，托喻于风木。
欲定风不宁，欲养亲不禄。
千载孝子心，君今继芳躅。
罔极念劬劳，不寐怀鞠育。
哀哀蓼莪篇，流涕时三复。
——西室王穀祥

天风四山号肠断，气欲噎，木声惨，余音点点泪成血。
——师道

肃肃商飙厉，萧萧宰木森。
有怀澄感切，冈极结恩深。
邈矣陈人迹，伤哉孝子心。
哪堪雍门路，抱木寄哀吟。
——吴门袁尊尼

策策长林风撼枝，孤儿听到不胜悲。
有怀难写瓶罍耻，无语空含涕泪思。
衰草履霜千里梦，乌啼月落五更时。
怜君孝念终身在，抚卷灯前续恨诗。
——阳湖王庭

宰木号悲风，夙夜无停枝。
子欲致其养，而亲不逮时。
感物动永怀，血泪恒垂颐。
大孝在立身，屺岵徒幽思。
愿尔念所生，三复小旻诗。
——华亭朱大韶为汝川题

可叹循陔者，其如孝感深。
展图风木恨，废卷蓼莪吟。
总有千行泪，难穷一寸心。
敬身怀不寐，勖矣尔当钦。
——壬戌玄月，黄姬水题赠汝川叶君。

日落悲风忽渐多，岂堪孤恨向庭柯。
有怀但洒千行泪，便欲从兹废蓼莪。
——皇甫濂

云白感游子，风号兴孝思。

抚丘惟有泪,攀树独无枝。
华表鹤晨至,松门乌夜悲。
永怀哪可寄,三复蓼莪诗。
——长洲张凤翼

涕泪知难尽,逢人阻献酬。
家林是风树,父道有弓裘。
黄发期何在?青山事转悠。
应须致狐兔,誓墓且淹留。
未是沧洲意,聊将乌鸟情。
缞帷栖服舍,黄绢勒先茔。
树惨冬春色,泉凄日夜声。
何人题孝里?不数子渊名。
——勾吴张献翼

荒庐落日照高原,风木萧萧断客魂。
清泪沾林数行雪,悲啼隔岭一声猿。
紫芝若秀堪名里,白兔如驯可表门。
知尔寸心浑不愿,终天难报是亲恩。
——姬吴王穉登

拱木成千古,悲风振早秋。
乌衔惟旧冢,鹿守但荒丘。
仕楚嗟何及?辞虞恨未酬。
将诗君莫展,只恐泪长流。
——吴郡皇甫汸

木落思悠悠,何堪对暮秋?
荒烟封马鬣,斜日照狐丘。
万死身难赎,深情一未酬。

就中知独感,莫怪泪频流。
——茂苑文嘉次

高堂花木闭丹丘,子养亲恩总未酬。
一片青山千古月,照人愁处倍人愁。
天上云容不可期,人间雨面只空垂。
伤心掇尽蘼芜草,惟有秋风鹿兔知。
——吴郡章美中次

倚庐青嶂壁,宰树白华丘。
吊鹤随宾散,慈乌为尔留。
终天不忍诀,禫月几方周。
旦夕攀号处,枝间清血流。
——旧吴彭年

何处心长折,黄山起夜台。
落月悲猿鹤,寒露满蒿莱。
白华时自咏,玄鸟亦增哀。
潜光不能发,文有蔡邕裁。
——吴下周天球

丘垄凄风振,松楸动若呼。
幽然泉下石,犹念褓中珠。
恩渥终难报,心悲意欲俱。
无言洒泣处,只恐柏摧枯。
——史臣纪

枝上玄乌哑哑,庭前白草萋萋。
风号林际野际,肠断日兮月兮。
菽水千钟不及,担粮百里无期。

九原隔绝难见，穷途日暮何之。
——里人吴蕃

宰木长风更有哀，循陔孝子恨难开。
千行不尽皋鱼泣，月满空山草满台。
——陈鎏

庭柯叶落泣灵乌，肠断西风泪已枯。
重尔百年心尚在，展图三复念生刍。
——燕仲义

百年嘉木正森森，游子终天不尽心。
听到风枝肠欲断，泪流长夜恨难禁。
有怀脉脉灯摇壁，不寐凄凄月过林。
忆昔仲由能孝念，展图重见在于今。
——青江杨伊志

叶落空山风写泉，九原人正夜长眠。
人间孝子终天恨，三复余哀小旻篇。
——景山钱邦彦

宰木天风号，孝子灯前泣。
几回肠裂时，定省今不及。
有怀只自知，五十哀更悒。
屺岵白云飞，望断反顾立。
——徐仲楫

有亲如瞽瞍，廪灰是所宜。
有身如皋鱼，胡自残亲枝。
不如东洋君，展图常相思。

图绘风木人，循陔泪淋漓。
闻者莫不伤，况乃身亲之。
欲养亲不存，报之无所施。
抱图遍天涯，乞言永昭垂。
我感乌伤情，为题乌情诗。
众诗靡不佳，我独心惊疑。
我亲苦不全，有母幸康颐。
死者恨难追，生者尚别离。
舍图负米归，欣奉百年期。

——展图堪叹尔，循陔千载，情同一样哀，空谷暮号初送响，飒然四大为崩摧。三衢周圣恩。

王廉州仿倪高士山水轴
（纸本，长三尺二寸余，阔一尺三寸余，水墨，石谷题本身。）

丁未长夏，仿倪高士《渔庄秋色》。王鉴。

董文敏论云林画"如天骏腾空，白云出岫，无点半尘俗气"，洵不诬也。此幅吾师廉州公所临，笔精墨妙，逸韵飞翔，不独形似而且神似，诚有出蓝之美，当与倪高士真本并传千古。海虞受业门人王翚敬题。

吴墨井水墨山水小幅
（纸本，高一尺七寸，阔一尺五分。）

长江风便疾，孤馆雨声多。久客维扬，写此以遣旅怀。戊午春三月，吴历。

朱泽民临江贯道千岩万壑图卷
（纸本，高一尺一寸半，长九尺八寸半，水墨。）

临江贯道《千岩万壑图》，至正乙巳三月望，朱泽民。（朱　德润）

春月幽居尘事寡，故人访我衡门下。
出示千岩万壑图，云是江侯之所写。
江侯画笔我所师，苦心毫素鬓成丝。
山川楚越曾遍览，今将髦矣奚以为？
睹此名图气萧爽，木落云高溜泉响。
翠壁巍巍薜荔悬，青林积雨莓苔长。
涧谷深藏佛宇宏，多罗树绕梵王宫。
曲磴飞崖势陡绝，行人攀跻无由从。
乃知异境不可得，汩没人间看遗墨。
惭余老拙尚好事，对客犹能夸涉历。
收拾烟霞托素心，颓毫剩楮希知音。
他年倘许赋招隐，青鞋布袜栖山阴。
——睢阳山人为公远作并赋。（朱泽民）

小结茅茨背石林，溪边幽径与云深。
浓阴几日添新绿，遮却西窗一半阴。
层云碧嶂耸孤峰，珍重江郎好笔踪。
得向好山多处画，更从涧底写虬松。
——铁笛道人（廉夫　铁崖）

欲友仙坡麋鹿群，绕溪烟树暮纷纷。
石梁流水无人渡，谁向山中管白云？
——鳌叟（陶振　钓鳌客）

绝壁芙蓉秀，悬崖薜荔高。
云深闻夕籁，木落见山坳。
真赏谁能继？披图偶此遭。
古人不复作，怅望渺波涛。
——西涧老樵观于静学斋，把玩竟日，爱不释手，灯下书此。壬子九月十又二日。（苏大年印　昌龄）

江贯道是卷蓝本向在我家，藏有三十余年矣。今复得眉宇所画，可称合璧，其妙处自有一种出色，不尽依样葫芦，是为擅长老手，读其自题诗古，尤属清新，真堪宝贵也。金华宋濂。（宋濂印　学士之章）

余与眉宇散人交有年，观其所制，笔力浑厚，冈峦起伏，岩壑幽邃。古云"五日一山，十日一水"，由其不易落笔，乃尽惨淡经营之妙，是卷为江贯道法本，其结构精湛处有过之无不及。灵丹在手，瓦砾皆金，随所点染，自成名作，岂庸史支支节节者可得比拟万一耶？赏鉴家当不以余言为阿好也。至正庚戌秋八月，顾安。（顾定之印　迂讷居士）

卢士恒山甫观于陶氏南村草堂。斋郡张绅同观。

王奉常仿董北苑夏口待渡图卷
（纸本，水墨，高八寸二分，长八尺五寸，麋公题本身。）

甲子仲夏，在长安吴太学寓，同云间董宗伯观北苑《夏口待渡图》。丁卯雪窗，漫兴呵冻写此，未能得其万一，正米老所谓"惭惶杀人也"。王时敏。

逊之尚宝，既具贺知章之清鉴，又具陶弘景之悦，漫兴写卷，遂与古人抗行，恨文肃父子不及见也。眉公。

董文敏自题画云，逊之尚宝，以纸索画，经年漫应，非由老懒。每见近作，气韵冲夷，已入倪迂、黄痴之室，令人气夺耳。文敏与缑山太史为年兄弟，于游艺一道，推服后起如此，可见先辈虚衷，非近人所及。是卷入手，疏林一丛，乃仿倪迂，过此专师黄痴，通体得气韵冲夷之妙，自题谓追想北苑《夏口待渡图》。元人皆从董、巨脱胎，原其所自出，不可作真。是专摹北苑，善鉴而知画理者自能意会。余向谓生平无得意事、无胜人处，惟生长娄东，得读琅琊弇山、澹圃兄弟未刻之文；得瞻太原烟客、麓台祖孙秘笈之画，得意胜人，咸在于是。舍余或不欲见，或不得见，或见犹未见耳。麓台屡以长卷见长，烟客则轴册多而卷仅见。乙未十一月十一日，听松山人陆时化题。

董北苑山水有二种：一种水墨矾头，疏林远树，平淡幽深，山石作麻皮皴；一种著色者皴纹甚少，用色浓古，人物多用青红而施粉素。《夏口待渡》真迹虽未得见，想是水墨者，故烟翁亦以水墨矾头，皴法全用麻皮耳。余家藏董思翁《仿北苑夏口待渡》亦以水墨为之，与此卷皴法相似，盖二公皆于真迹临摹，故能得其神髓而皴纹不杂。丁卯秋七月，兰隐生识。

此卷奉常作于天启甲子，乃中年之笔。吾家粹然堂大兄处藏奉常设色大痴立幅小帧，作于天启丁卯，亦有眉公题跋，较此卷更觉秀润，皆中年得意之笔。余于数年前欲与大兄易之而未成。今晨，顾渭涯持奉常小帧见视，展观，即粹然大兄所藏眉公题之设色大痴也。叩之，知嘉孟大侄不爱书画，托渠售去，索值十金，余因囊空还之。去岁长夏，得奉常摹大痴设色《夏山图》长卷，乃作于康熙甲寅，时奉常年八十三矣，与此卷前后阅五十年，而用笔苍秀浑润，与是卷无异，系奉常晚年得意之作。可知奉常画法乃前生带来，不由学力，故中晚之间皆臻极妙，无分老壮耳。嘉庆乙亥三月十三日，息游生又记。

沈石田梅竹轩图卷
（纸本，青绿，高七寸五分，长四尺四寸，无款，右下角有沈氏启南印。）

梅竹轩，弘治改元戊申秋，李应祯书。

"梅竹轩"三字，昔贞伯李先生与交三十余年，未尝以己之富贵骄余之布衣，故取意于梅竹以示无替也。予尝爱此篆书，旨意节尚，笔力清整，虽古人有不可比肩者。今先生已仙游，每观其书思其人，不可得矣！因命鸿儿揭以装潢成卷，自图小斋之景，复缀数语于其后，以传之子孙，使后知予与先生交如梅竹之保岁安也。弘治甲寅，沈周。

野蔓藤梢竹束篱，郊原深处有茅茨。
主人萧散同元亮，胜日登临继牧之。
踏雨不嫌莎径滑，抚时还恨菊花迟。
欲酬良会须沉醉，况有霜螯送酒卮。

——往岁侍石田先生之门，见此《梅竹轩图》并后自述事，及今壬寅三十余年矣。先生仙去而遗迹尚存，展卷不胜感慨。况此乃先生与鲍翁交善之实，诚足以隼则后人，以记前哲也，观者当自得之。门生文徵明识。

此石田自图其所居之景，而衡山后题，应是壬寅岁九日过其故居之作。独以贞伯为鲍翁，则一时偶误，其他亦有数字未审，转见兴会所致，检点固有所未暇耳。

晁以道诗云："画写物外形，要物形不改。诗传画外意，贵有画中态。"观石田此图，真所谓"传物外之形而物形毕具"者欤！衡山题句神味深秀，于画外画中亦自有着意、不着意之妙。董文敏尝称子久、徵仲、石田皆以画为寄，非徒刻画细谨为造物役者，所谓"宇宙在手，眼前无非生机"，故其人皆大耋，旨哉斯言。文、沈往矣，一展卷而墨沈如新，生意盎然。盖非独其及身之多寿，而一笔一墨直欲留此生意以寿千古者耶？可宝也。乾隆癸亥秋七月，后学泰识。

沈石田墨牡丹轴
（纸本，高一尺九寸，阔四尺三寸五分。）

我昨南游花半蕊，春浅风寒微露腮。
归来重看已如许，宝盘红玉生楼台。
花能待我浑未落，我欲赏花花满开。
夕阳在树容稍敛，更爱动缬风微来。
烧灯照影对把酒，露香脉脉浮深杯。
——东禅此花不及赏者已越六年，昨过松陵，来寻旧游，时花始蕊，今还正烂漫盈目，逼夜呼酒秉烛赏之，更留此作。三月十八日，沈周。

陈白阳瓶莲图轴
（纸本，水墨，高四尺六寸五分，阔一尺六寸五分。）

花叶亭亭浑似采，坐间凉思横秋。几回相盼越娇羞，翠罗仍卷袖，红粉自低头。前辈风流犹可想，丹青片纸远留。水枯花谢底须愁，只消浮大白，何必荡轻舟？

——石田先生尝作《瓶莲图》，上有此词二调。甲辰春，白阳山人道复。

白阳山人作于五湖田舍，时既醉不知其草草也。

吴渔山仿古巨册

（纸本，高一尺三寸，阔九寸六分。五帧，水墨三，青绿一，浅色一，款在末帧，题另纸。）

吾禅友默容从余绘事，有志于诗学，使其早得三昧，当以弘秀名闻。不幸挂履高岩，其命矣。夫壬子年来，每过兴福辄为陨涕。其徒圣予，喜其复修家学，一灯耿然，默容为不亡矣。此册往予为默容所作，今润色并及之。乙卯年九月十七日，延陵吴历又识。

余幼喜藏画，因得交文彦可先生，先生精于赏鉴。复得顾禹功，禹功笔墨苍老，由是始知古人意趣之所在。近岁，得史汉谷画而悦之，汉谷极口吴渔山画，因与定交。渔山为虞山人，名家子，行履高洁，超然物表，能书与诗。为陈确庵先生高足，性好画，胸中既藏万卷。所交游皆贤士大夫，家多藏古迹者，而渔山一一揣摹，每到佳山水处，则累日忘返，宜其画之独绝也。尝为余画《桃源图》，妙极。兹又为默公写此册，每一幅仿古一人，无不得其神髓，使宋元诸名家从纸上跃出。夫古人止擅一人之长，而渔山则兼众人而有之，倘所称画之大成者乎？默公亦善画，与渔山有水乳之合，故画妙至此。寄语默公须宝藏之，勿轻示人也。丁未孟秋，而庵徐增识。

虞山吴子渔山以笔墨妙天下，直入古人堂奥，无多让也。每有所得，正如山中白云自堪怡悦，间亦持赠二三知己。若侯门大家，膻荟所集，往往去之如遗，不复随群趋走，高炫声价，以炽日中。知者服其艺，益尊其品，故其所作亦不堕能事家蹊径，然天真烂漫又非矫然畸行，以表表标异于人。其过吴门，必止兴福默容精舍，闭户简出，一日之迹颇有流传。默容既逝，渔山人琴之痛如过西州门者，且经三载，其徒圣予能继厥师之志，恒复致之。予之至止亦辄相同，圣予出其所藏，欲装潢成册，以志不朽。渔山画在天壤，默公一点灵光，亦与此册并借天光云影，亘古如存。圣予其宝之，以光常住，可乎？康熙乙卯嘉平腊日，绣衣衲子许之渐识。

画难言也,余从事于兹有年矣。今之能手执蟄弧而建坛坫者,余皆得事之,即未见其人,未尝不见其所为也。大江南北,太仓两王先生而外,则指首屈渔山矣。虽未得纵观其所为,即此帙体备诸家,妙兼六法,胸开天地,气盖古今,真杰作也。觉余二十年来之从事空费力气,不禁悄然,试问之两王先生,当不易吾言也。亨咸观,因题。

虞山山水之秀真图画也,造化又以其不尽之秀多生异人,使山川灵气还归笔端。吴子渔山亦间代一奇也。渔山之画入前人之室,扫近代之靡,人尽知之。然余所推重者,则不止是。每见人之工画者,无不以其所工者自诩,因以其所工者骄人,且又多为赝本,以欺世而射利,噫,真可鄙也!渔山之画足上人,而意每自下,技足乱真而志取无伪,其澹宕自然之致,盖有道者流也。渔山之画固传,渔山之人将不独以画传,而渔山之画殆以其人而益传矣。兴福默上人常悬榻以相待,以是得渔山笔墨独多。余每过访,辄索其所存画一再展观,见其画如见其人,其画可思,其人更可思也。默公重其人兼师其画,默公之能自得师并可贺。霁庵史尔祉题。

曩在都中,与董文恪论次诸家画法。文恪首举吴虞山,云:"寓荒率于沉酣之中,敛神奇于细缜之表,所以密而不滞,疏而不佻。南田之秀骨天成,西庐、石谷之浑融高雅,实兼有之。"此册笔墨精妙,气逸神腴,尤平生杰作。默公,不知何人,其能为先生所契重,定非寻常缁流,殆与此画并不朽矣。乾隆五十五年六月十日,秀水八十三老人钱载题。

沈石田有竹邻居图

(纸本,高八寸五分,长四尺五寸五分。诗另纸,高同,长一尺五寸余。画设浅色,无款,右下角有启南印。)

水南水北曾称隐,百里重湖今属君。
种树绕家深蔽日,寻门无处总迷云。
鱼濂花落闲供钓,凫渚菰荒久待耘。
我是西邻不多远,鸡鸣犬吠或相闻。
——邻人沈周

水南歌市万尘趋，水北还容陋巷居。
三尺素桐陶靖节，百篇华赋马相如。
心抛世俗争为事，手录时贤未见书。
我欲传君高士续，恐君嫌我近睢盱。
——枝山书

恽南田丛兰图
（绢本，双钩，设色，高一尺一寸五分，长二尺五寸余。）

春日书斋拈弄丹彩，戏写《丛兰图》，赠冀选老道兄，笑笑南田抱瓮客。谁知花艳惊心处，只有徐熙写折枝。丁卯秋在静啸东轩重题，雪谷草衣寿平记。

余幼孤，读书岳家。岳父叙五顾公，风雅任侠，乐群胜流，故王石谷、恽南田时来居停，余束发即与南田同寝小阁中。每见黎明即起，自煮水洗面，手弄铅丹，展纸作画。及众咸集，则铅丹尽弃，未竟之图藏之箧笥，竟日不下一笔，惟围棋吟咏畅饮而已。余方事举业，不知爱画，但数请写笺。及余通籍官京师，见诸名卿构南田画，即贫者亦不惜重资。自幼服人品之高，至此方知其笔墨之妙，力追古人，从极静中流出也，深悔经年同榻不索一图。南田仙去既久，失此机会，何可复得？兹解组归田，益好书画，从蕉饮太史索得是卷，花叶清润，如露犹湿。闽中兰品不一，此称玉魷，乃种之至贵者。对此空谷幽香，不啻又见南田矣。康熙丙申花朝，匪莪老人陆毅。

张彦远叨祖父余荫，每展画图，不复知人世间事，心窃慕之。近收得南田仿黄鹤山樵《古松叠嶂图》，又《双清图》《竹林销暑图》《瑶台艳雪图》《蒲塘真趣图》，拟滕昌祐折枝果品诸立轴，皆南翁生平杰作，为希世之宝，惜先侍御已不及见，为可恨。郑所南画兰花长卷题云："纯是君子南翁为先侍御绘。"丛兰扇署曰："君子林。"自题云："不与凡卉伍，依然空谷身。编花如列阵，君子六千人。"雍正丙午小春十日，陆恬。

康熙丁酉三月三日，太原王遵展观于幽栖园。

宋人《兰谱》列："品外之奇，白曰鱼魷，或名玉干，或名玉魷。是花也，妙香殊胜，一可当百，他种皆叶罩花，而此独花架叶尔。"陈明卿注："建兰以玉魷为第一，白干而花上出者是也，闽产为佳。"乙酉小春，时化识。

王叔明高逸图轴
（纸本，高二尺，阔一尺。）

远上青山千万重，丹崖翠壑杳难通。
松风送瀑来天际，花气和云出洞中。
渔艇几时来到此，秦人何处定相逢。
春光易老花易落，流水年年空向东。
——黄鹤山樵王叔明为原东画，并题旧诗于上。

文徵明溪堂宴别图卷
（纸本，设色，高七寸五分，长二尺四寸。）

嘉靖辛丑夏，长洲文徵明制。（徵明　卧庵所藏　映山珍藏）

壮游（隶书）徵明（徵明　悟言室印）

溪堂宴别诗序　毛仲子石屋先生，玉质金相，兰芬芝秀。谢纷华于绮纨，颐情志于坟典。谈必玄论，门无杂交。自受经于严父中丞公，得向、歆之传学，复媲德于伯兄石峰子，成玚璩之齐名，郁郁汎汎，信乎王谢之庭，运连之徒也。用是慕景者愿为之御，怀德者欲览其辉。吴中名流，座上满集，或雠史以订数代之讹言，或咏诗以追百家之逸响。于辞无所假，于学无所遗。质之乡评，展也国宝。即使取高第、担厚爵，不过振先人之光烈，展素心之灵奇，岂于毛子有加哉？顾汶汶而怀琼，抑抑以伏枥。尝夺帜于艺苑，复蹶足于康逵。年齿既强，数奇不偶。毛子乃慨杨意之未值，谒詹尹以卜居。指京师而薄游，升太学以卒业。从倪宽之都养，就郭泰以定交。勉为汇征，非其好也。岁维辛丑，时属盛夏，琴策在束，仆夫戒行，应六月之天飞，快万里之冥举。复婴情于故侣，开芳宴以言别。列席溪堂，追胜河朔。述乃襟抱，叙厥平生。飞羽觞而乘酣，拂长袖以起舞。悲歌慷慨，黯焉失欢。毛子起而觞，客曰："某也，不龙盘以俟奋，顾蠖伸以求前。谢我良朋，远去上国，诸君何以教我？庶几获免于忿耶？"客遂反觞酢，毛子曰："君子必策名以振世，智士不背时而灭勋。今天子进各异方，举无留良。子非沉沦之夫，凤膺台辅之望。兹行也，观典礼于辟雍，讲文德于东观。睹神渊之游龙，聆阿阁之鸣凤。必有采厥英于众芳，拔其尤于群彦者与子遇矣。虽经时以为别，奚临风而惨容哉？"于是整舣筹于芳洲，借光景于返照。敷词陈藻，奏牍赠篇。待清兴于月中，送征人于水次。云帆悠悠，心与俱远，瞻望弗及，怅然而归，是为序。江左周天球言。（周天球印　公瑕子　江左周郎）

碧山丹壑倚江洲，白面青袍上国游。
林色静将啼鸟合，潮流高驾跃龙浮。
云中帝阙遥依极，海上仙槎欲近秋。
经席若逢同异问，桥门先听答宸旒。
——华阳皇甫冲（平原　华阳山人皇甫子浚）

六月客行迈，扬舲吴水湄。
骄阳何炎赫，亭午无凉飔。
远游良苦辛，徒御赭汗滋。
丈夫事六合，州里安足羁？
京师贤豪林，王侯毂交驰。
子行奋奇策，弹冠及明时。
所嗟蓬蒿人，恋别徒增悲。
持觞不能饮，何以叙离思？
独采芙蓉华，临发以相贻。
——平原陆粲（浚明　翰林吉士）

壮游言别吴门道，炎暑行消潞水湾。
历览山川千里外，瞻依日月五云间。
金台自古招贤地，太学于今养士关。
会见天风起鹏运，扶摇九万孰能攀？

——酉室王穀祥（酉室　穀祥　禄之）

向年与子赋南归，今日离尊对夕晖。
依旧舟中看柳色，哪堪江上拂征衣。
似闻水趁桃花发，若说荣还桂露霏。
愧我驱驰恒殿骏，漫劳清梦达王畿。
——五峰山人文伯仁（映玉轩）

吴之水，芳流斯深。之子于征，岁聿载阴。言送于渚，悠悠尔心。
吴之水，既远于淮。缅彼西雍，鹭振其来。鸣斯哀斯，宁嗣音以为怀。
——斯《吴之水》二章，章六句。理山皇甫濂书。（吴长洲皇甫氏季子　啬神养和）

离筵陈酒地，松桂蔚芳丛。
冰碗驱烦暑，林堂受晚风。
赠言夸集凤，惜别盛飞蓬。
明发关河远，含情落照中。
——眷末汤士伟（汤氏俊臣）

丈夫志四海，常有离别悲。
行路非不难，去住各以时。
忆昔送君行，徘徊立路歧。
怅望不可即，千里劳相思。
此时再送君，满泛白玉卮。
我有季子耻，君当买臣期。
良玉已蕴璞，岂无一人知？
青青道傍柳，郁郁园中葵。
折柳以赠君，烹葵以疗饥。
努力事明主，斯言良不欺。
——文彭（文彭　文寿承氏）

中丞开甲第，公子启华筵。
道合金兰密，名传虎冑贤。
南风帆欲驶，明月酒如川。
拂袖辞招隐，思君桂树前。
——浮玉山人沈大谟（禹文父　玄州子）

常时避暑集，此日怆离襟。
语笑一筵宴，关山千里心。
吴钩因醉拂，楚曲共悲吟。
到日秋方好，天香满上林。
——龙池山樵彭年

癸卯二月重送石屋兄北上
三年两度别，又赋送君诗。
人世离何易，春风花较迟。
一杯须尽醉，千里正相思。
上苑敷丛桂，还期早折枝。
——茂苑文嘉（文氏休承　文嘉）

中丞标硕望，公子挺琦姿。
抱策观王国，离筵醉习池。
柳愁千缕结，花语一枝窥。
璧水潜灵跃，燕山物候熙。
剑光看焕斗，歌调惜分歧。
愧我何为赠？跂君得意归。
牵裳一杯尽，悲思正无涯。
——武陵顾云龙（云龙之印　南明山人）

挟策干明主，乘时起俊髦。
客舟三月暮，帝里五云高。

意气倾杯酒，光辉把佩刀。

江花正烂发，千里送征袍。

——五湖陆师道（陆氏子传　戊戌进士）

荏苒三年两送君，风尘歧路思氤氲。

佩钩重拂龙盘靶，别赋还题鹗荐文。

濯濯烟条河上柳，英英晴絮岭头云。

多才沈约同游好，莫听骊驹惜袂分。

——群玉山樵周天球（群玉山樵）

振策趋南省，驱车向北燕。

苦心触暑月，得意亡花天。

合浦珠光发，丰城剑气悬。

谅怀鹏举志，吐胆凤楼前。

——文仲义敬赋（文仲义印　道承）

虎闱临玉座，凤阁应文昌。

盛世衣冠会，千年礼乐场。

今君才耀颖，先子业勤王。

睢涣文章最，箕裘继述臧。

七戎今得骏，六服已罗凰。

拟就西都赋，难忘河朔觞。

阳春辉北陆，明月冷南塘。

燕峤云骖热，卢沟水渡凉。

雄心轻峻版，古训戒垂堂。

即次休贪涉，加飡好自强。

持杯犹旧侣，解缆即它乡。

遥忆青芝秀，空牵翠柳长。

秋江期可待，桂子候归航。

——陈沕

竹径绿云深，华堂别宴陈。
翩翩来彩凤，灿灿集祥麟。
慷慨歌连座，淹留月半轮。
羡君弧矢志，腰下宝刀新。
——钱榖（钱氏叔宝　县磬室）

沈周牧牛图卷
（纸本，淡色，高七寸九分，长三尺四寸四分。）

弘治丙辰春三月，长洲沈周写。

右《牧牛图》，忆是昔年侍其门时而作，及今四十余秋矣。不意得见于丽文家藏，不胜感慨。先生去世，余亦老朽，信乎年不可待，而寄意者犹存。然会偶岂非前定钦？先生笔法，虽一牧一犊，无不师古。就中之妙，枝山先生甚详，余何多赘？门生文徵明。

倪元镇筠石乔柯图轴
（纸本，高一尺九寸一分，阔一尺六分。）

萧萧风雨麦秋寒，把笔临摹强自宽。
尚赖此君相慰藉，松肪笋脯劝加餐。
——四月十七日风雨中，茂异携酒肴相饷于晚节轩中，因为写《筠石乔柯》，并题绝句。云林子瓒。

晚节轩前风雨过，兴余吮墨写乔柯。
当年人物今何在？想像题诗感慨多。
——陆平

新试罗裳怯薄寒，客裹全赖酒杯宽。
独怜晚节轩前竹，翠色娟娟若可餐。
——袁华

清闷阁前云满林,筠石乔柯生昼阴。
干戈阻绝归未得,写入画图愁更深。
——赵俞

云林道士倪元镇,老去材名有几人?
见画题诗重相忆,恍疑落月照精神。
——知白道人造

董文敏烟江叠嶂图真迹卷

（绢本,高八寸八分,长四尺五寸三分。）

书王定国所藏《烟江叠嶂图》 江上愁心千叠山,浮空积翠如云烟。山耶云耶远莫知,烟空云散山依然。但见两崖苍苍暗,绝壁谷中有百道飞来泉。萦林络石隐复见,下赴谷口为奔川。川平山开林麓断,小桥野店依山前。行人稍度乔木外,渔舟一叶江吞天。使君何处得此本?点缀豪末分清妍。不知人间何处有此境,径欲往置二顷田。君不见,武昌樊口幽绝处,东坡先生留五年。春风摇江天漠漠,暮云卷雨山娟娟。丹枫翻雅伴水宿,长松落雪惊昼眠。桃花流水在人世,武陵岂必皆神仙?江山清空我尘土,虽有去路寻无缘。还君此画三叹息,山中故人应有招我归来篇。

右东坡先生题王晋卿画,晋卿亦有和歌,语特奇丽,东坡为再和之。意当时晋卿必自画二三本,不独为王定国藏也。今皆不传,亦无复摹本在人间。虽王元美所自题家藏《烟江图》,亦自以为与诗意无取,知非真矣。余从嘉禾项氏见晋卿《瀛山图》,笔法似李营丘,而设色似李思训,脱去画史习气。惜项氏本不戒于火,已归天上,晋卿迹遂同《广陵散》矣。今为想像其意作《烟江叠嶂图》,于时秋也,辄从秋景,于所谓"春风摇江天漠漠"等语,存而弗论矣。

旧作此卷与跋不曾着款,甲寅腊月重题,盖十年事矣。其昌。

石涛僧雨中赠送图轴

（纸本，高三尺四寸三分，阔一尺一寸七分，设色。）

　　大山崒嵂摩青天，小山平远通云烟。
　　商侯胸中有丘壑，信手落笔分清妍。
　　阆风玄圃元不远，粲烂金碧流潺湲。
　　参差涧谷楼观起，萦纡石路朱桥连。
　　松风飕飀响虚阁，棋声剥啄来群仙。
　　渔歌樵唱渺何许？纶巾羽扇清溪边。
　　高情自有泉石趣，凉意不受尘埃缠。
　　世间书画亦岂少，谁能真赏如公贤？
　　华堂风日不到处，绝胜绣幪空高悬。
　　举觞酌酒为公寿，眼明对此三千年。
　　——赵松雪题也先帖木儿开府壁画山水歌。

　　秋雨翻阶注如雪，秋空不见冰清月。
　　虚堂老树意何凭？乾鹊不噪云滑滑。
　　忽闻溪头屐齿新，雨中客至神先亲。
　　况乃千里万里渡江来。
　　司寇之子称故人，一言一笑重肺腑。
　　蓝水秦山如忽睹，吾老重经二竖侵。
　　率尔相逢极鼓舞，稍坐顷刻遽言别。
　　燕山北道归云切，霎时聚散舌如惊。
　　使我踌躇哪能决？送君为作还京图。
　　银蚕抽丝心力孤，白云黄叶控天表。
　　予怀渺渺何时无？玉堂学士标清腴。
　　——《雨中赠送图》，月坡还金门，兼怀阿云举学士。己卯冬，复书此存稿。清湘大涤子。

王耕烟仿古山水册
（纸本，高六寸六分，阔四寸三分，八帧。）

  水墨 绝壁飞流仿天游生
  淡色 仿大痴
  水墨 仿大年水村图
  浅绛 夏木垂阴
  水墨 仿黄鹤山人夏日山居图
  设色 气霁地表，云敛天末。洞庭始波，木叶微脱。
  水墨 富春大岭图
  水墨 高尚书雨中山，王翚。

陈白阳淡墨写生卷
（纸本，高七寸半，长一丈一尺四寸六分。）

  花发怜多态，豪华许竞夸。一枝山馆里，犹足醉琵琶。
  春暮辛夷发，未嫌花事迟。园林成绿遍，还荐紫葳蕤。
  众草栖白露，已早识秋期。蕙生红竹根，香风朝夕吹。
  秫田欣有秋，白酒酿应熟。西风解人意，吹绽篱根菊。
  玉面婵娟小，檀心馥郁多。何须论色相，端欲去凌波。
  百卉未萌蘖，山葩破腊时。何须论色相，浓淡总相宜。
  ——己亥春日，道复作于金阊舟中，时酒既醉，不知妍丑也。

吴渔山仿古山水册
（纸本，八帧，高九寸二分，阔七寸六分。）

  水墨 写黄子久浮岚暖翠。吴历。
  水墨 师黄鹤山樵远帆春水。吴历。
  设色 赵大年湖乡清夏图。六月廿四日，吴历写。
  设色 乱云古寺摹米友仁，七月十八日，小雨晚凉。吴子历。
  水墨 渔庄晚静，写巨然意。

水墨　拟柯丹丘舍北群鸥，吴历。

浅绛　柳塘归雁图仿北苑，吴历八月三日。

设色　旭日晴岚摹范中立，己未八月虞山吴历。

恽南田王石谷范艺园渔隐图册
（纸本，十帧，高七寸余，阔一尺一寸余，设色，未署款，仅有三家印章，对题诗十帧，乌丝栏。）

晴钓（原唱）
秋江如练贴天平，渔父须眉映水清。
风静蒹葭孤艇稳，纶竿不钓世间名。

（和韵）
碧空无际海天平，鼓枻沧浪野思清。
钓得鱼归惟卧月，任他渭水古今名。
——惟度魏宪

日匀细草岸头平，万里涵空一鉴清。
鱼水得遭随处稳，桐江烟雨亦沽名。
——云津施霖

江色空青如掌平，钓船独系水天清。
个中若识垂纶意，博得鱼来岂为名。
——近五严云

深山大泽度生平，最喜天空气象清。
闲把丝纶垂水上，不知人世有垂名。
——渔山孙起宗

裙腰岸草熨烟平，永昼垂竿一镜清。

纵有世人供作饵，闲心莫羡钓鳌名。
——次乘郑祥麟
士友德会录于金城官舍。

横天雾色远江平，一艇夷犹耳目清。
笑对渔竿成懒拙，此心原不为逃名。
——兰涯伟藁

故港
一纶舒卷水云间，阅尽浮沉心自闲。
别港鱼肥招不去，绿蓑惟恋旧溪山。

（和韵）
一丝时拂水云间，春草秋花入望闲。
懒着蓑衣寻别港，巨鱼肥酒总他山。

卜得生涯烟水间，半竿风月自闲闲。
人生适意休他假，鲈脍莼羹仍故山。

万壑烟霞一水间，放舟容易系舟闲。
频年自笑旧蓑笠，不肯随人去故山。

烟波风月有无间，生计由来只等闲。
是处岂贪鲈鳜美，不轻移棹系他山。

老妻稚子水云间，画纸敲针动处闲。
有壑藏舟还旧业，未须重访武陵山。

得失依然把钓间，个中谁识是投闲。
年来放棹清流上，不复寻溪再卜山。

樵话
心事经年付水流,负薪人歇唤渔舟。
相逢细话溪山胜,最爱桃源洞里幽。

(和韵)
日落空江带水流,沙汀浅处不胜舟。
偶逢樵侣轻相讯,一担青青岭外幽。

樵归晚径缘溪流,一束荆薪傍钓舟。
话到江湖情更适,逃名何必入林幽?

已过矶头网急流,移来谷口住扁舟。
闲寻隔岸樵夫语,不是山幽即水幽。

畏逐风波万里流,松阴深处好藏舟。
何来山上樵苏子,卸担商量洞壑幽。

叩须樵者或名流,谈久空潭日系舟。
我已忘筌君审爨,桐材看取出沉幽。

半生岁月已东流,剩得长竿上小舟。
寂寞恰逢樵夫似,共闻水阔与山幽。

濯足
岸草无边春已阑,午风新沐懒弹冠。
人生何必穷途戚,万顷沧波放足宽。

(和韵)
钓罢黄昏兴未阑,飘然蓑笠傲衣冠。
放来两足烟波里,始信乾坤眼界宽。

鼓枻长歌兴未阑，桃源谁识晋衣冠。
笑他日曳朱门履，不信沧浪展足宽。

钓罢停桡清兴阑，生平从不耐衣冠。
更来潭上舒双足，始觉人间约束宽。

独坐矶头事事阑，生身从不办衣冠。
崎岖世路难投足，濯向沧浪天地宽。

歌取沧浪意未阑，笑他窘步尚峨冠。
天高地迥河清日，脚力何缘放不宽。

人世纷华兴已阑，无心更问旧衣冠。
不知跰足风尘里，曾似收纶濯跣宽。

雨泊
骤云骤雨没沙洲，结网家家向急流。
自是老翁生计拙，风波未至把帆收。

（和韵）
频年啸傲在沧洲，忽值翻空水乱流。
不肯随流轻进艇，风风雨雨一帆收。

濛濛柳色覆汀洲，舟自缃维水自流。
笑向隔篷呼伴饮，丝纶暂借风雨收。

烟雨迷茫暗远洲，平堤沙岸水横流。
江湖少小生涯惯，无数风波一缆收。

黑云阵阵暗沧洲，小艇全家傍细流。

犹有一竿横岸畔,耐风耐雨不曾收。

笠蓑冲湿隐芳洲,避向安流为急流。
还待开明天眼碧,丝纶在手几曾收。

长年结网向江洲,容与随波上下流。
偶值狂澜吹雨过,一时敛手布帆收。

渔火
夜气涵虚望渺冥,荧荧一火照寒汀。
明河倒浸空江里,错认渔灯作客星。

(和韵)
回风度雨夜冥冥,数点渔灯隔远汀。
望里不知谁是客,但疑天际有飞星。

波光澹荡日初冥,移得轻舟傍晚汀。
忽尔远村来暮色,江枫几点伴疏星。

濛濛夜气望中冥,撩乱渔灯映远汀。
只恐鱼龙惊倒影,却疑天上斗珠星。

空江入夜逼青冥,点点灯光照晚汀。
满地芦花难结网,一天寒色落疏星。

澄潭网集渐青冥,灯逗蒲汀乱柳汀。
满地江湖光漠漠,芒寒亦自拟繁星。

北斗栏干夜已冥,一丝犹尔傍莎汀。
疏灯掩映绿波里,仿佛明河第四星。

狎鸥
苇风泛泛自忘机，鸥鸟无猜称意飞。
每到夕阳斜远渚，一群齐伴野航归。

（和韵）
云边孤艇久忘机，日与群鸥上下飞。
况是秋深天欲晚，芦花洲畔薄言归。

直钓久已息心机，一任盟鸥贴水飞。
小艇随君同泛泛，知机宁待倦知归。

忘筌本自有天机，独与沙鸥相向飞。
风静浮沉随棹至，月明远近趁帆归。

万缘消尽乐天机，开逐轻鸥款款飞。
空把鱼竿持在手，满船明月竟忘归。

汉阴生怕事多机，盟与沙鸥泛泛飞。
不学海翁频易虑，轻波依恋每同归。

清沙宿鸟亦知机，时伴轻蓑远近飞。
一自烟沉红日敛，危樯倦翼送将归。

霜笛
满船明月照冰心，铁笛横吹振夜沉。
水底鱼龙都唤醒，独怜人世睡方深。

（和韵）
武陵一曲果何心，隔浦听残韵半沉。
惆怅孤峰霜欲下，惹人幽梦夜来深。

娟娟霜月印波心，清韵凝秋半欲沉。
曲罢夜寒收钓早，碧天遥际水云深。

霜飞月白两无心，短笛微吟夜色沉。
柳岸蓼汀秋正好，梅花吹落一红深。

篷窗高揭出江心，月白霜清万籁沉。
铁笛一声吹夜半，不知何处落梅深。

篷窗霜气验天心，三管凄清韵未沉。
可但君山催浪起，也曾偷曲上阳深。

横玉空江自有心，霜飞罢钓夜沉沉。
从今不吹关山曲，恐听征人思独深。

晚唱
晚晴云尽见天心，欸乃犹存正始音。
几度随风吹蕙草，千年泽畔起行吟。

（和韵）
欸乃声中似有心，月沉云暗孰知音。
芦中或有穷来客，聊倚风帆细细吟。

一竿未老百年心，隔岸轻风送好音。
倡女和予江月冷，却怜泽畔有孤吟。

日落天空净远心，归帆江上发清音。
扣舷系艕欢相答，曾似当年楚客吟。

月轮摇漾印波心，一曲黄昏独赏音。

莫笑棹歌无韵调,有时惊起卧龙吟。

无弦太古得琴心,秋水濠梁至乐音。
晚畹只容鱼窃听,难调憔悴楚骚吟。

朗月澄江照此心,百年谁复有知音。
投纶且自歌新调,漫学隆中抱膝吟。

夜雪
雪压孤帆山水残,酒旗虽近笑赊难。
西风吹透芦花被,瘦骨由来耐得寒。

(和韵)
莫言水剩与山残,片片同云独钓难。
欲访酒家行未得,疏钟何处落江寒。

六花纷斗五花残,远棹归迟入梦难。
喜得细鳞堪换酒,醉乡深处不知寒。

一竿溪畔值冬残,冻断河鱼贳酒难。
赢得箬篷深睡稳,满天风雪不知寒。

朔风飒飒夜将残,雪满蓑衣欲御难。
忆得富春岩上叟,羊裘披着不知寒。

雪凌榾柮夜炉残,添白须眉画不难。
一任党姬夸酒美,草头香露更教寒。

花飞六出识年残,欲检历头借已难。
昼里得鱼贳得酒,悬知裘马尚冲寒。

恽南田王石谷山水合册

（纸本，高五寸六分，阔四寸四分，水墨，八帧。）

作子久闲静之笔，脱去子久畦径矣。园客。

石谷补飞鸿远岫，南田草衣画柳。

营丘李夫子，天下山水师。
放笔写寒林，千金难易之。
——戏学董宗伯《古木图》，并录其题语。时癸丑六月初九夜雨后，碧梧凉月，水亭寂然，剪烛书此。寿平。

王翚
昔人有子久，今人无子久。
子久不在兹，谁能知子久？
——石谷画

一峰与云间、娄东迥异，盖真得一峰神髓矣。

学子久须得其荒率处始有逸致，若以光润郁密为宗，则终于没于门庭蹊径，去痴翁愈远矣。石谷子。

正叔谬称余，盖正叔自道也。然学痴翁者，观正叔数语，则能破甜邪之习，愿与史先生商之。王翚又书。

南山西溪尽于斯图。寿。

癸丑六月夜，园客临北苑《潇湘图》卷中一片石。

万古常惊匹练飞，一条界破青山色。癸丑六月十四日，王翚。

悬崖溅瀑拟李晞古，绝不似晞古，而晞古之神传，快哉！

元人有此本，寿平戏摹。

绿树新篁欲送春，古泉亭畔不逢人。
谁将一片云林石，遮断千秋俗士尘。
——王翚

六月八日予与石谷同过远公先生斋，炉香茗碗，伊蒲清供。是日山雨洒窗，新凉袭人，展云林大帧、房山长幅，论富春残本，商订古今笔墨源流，谈宴极欢，乘兴随笔，须臾盈纸，石谷复为点缀，以史先生研精六法，能教督所不逮也。恽寿平记。

王麓台夏峰叠翠图卷

（纸本，高一尺一寸二分，长九尺二寸。自题跋纸高同，长一尺一寸八分。画设色，两接。）

夏峰叠翠，己丑小春仿大痴。麓台。

余弱冠学画，惟禀家承。少时于所藏子久诸稿，乘间研求。虽不惯抚摹而专以神遇。廿年知其间架，又廿年知其笔墨。今老矣，此中三昧犹属隔膜，未常不叹息钝根之为累也。近至海淀寓直，忽会心眼用处，方知古人落笔，不假一毫穿凿，步位恰好，所以有平淡天真之妙。由此而以意运机，以机达气，用心不用心间，似有一主宰现前。非如从前随处敷衍，如盲者行路，不辨阡陌。纵有一二弋获，于本原处，全未梦见。案头偶见侧理，放笔为此，略陈梗概。世有高明，以金针示我，犹冀桑榆之收耳。娄东王原祁画并题。

吴渔山吊默公禅友卷

（绢本，青绿，高一尺八分，长二尺五寸。）

吾友笔墨中，惟默公交最深。予常作客，不为话别，恐伤折柳。庚戌清和，游于燕蓟，往往南传方外书信，意甚殷殷。辛亥秋冬，将欲赋归，意谓同此岁寒冰雪。而未及渡淮，闻默公已挂履峰头，痛可言哉！自惭浪迹，有负同心，招魂作诔，未足抒写生平形于绢素,泚笔,陨涕无已。

　　却到昙摩地,泪盈难解空。雪庭松影在,草沼墨痕融。
　　几树春残碧,一灯门掩红。平生诗画癖,多被误吟风。
　　鱼雁几曾隔?赋归迟悔深。自怜南北客,未尽死生心。
　　痴蝶还疑梦,饥鸟独守林。云看无限意,何事即浮沉。
　　——甲寅年登高前二日,雨霁并书,桃溪居士吴子历。

　　默容上人为证公大弟子,幼习毗尼,愨诚严净,不苟訾笑。焚诵之余,酷嗜觚翰。与渔山吴子、山民陈子诸高士相友善。余每过吴门,必过兴福坐对,辄竟日绝无矫拂及脂韦之习,以是器重之。丙秋别去时,方佐证公创经阁,捋瘠尽瘁,阁垂成而西逝。余与渔山归桡南渡,得其幻去之信,怃然久之。今壬子夏,复启故关,感其去来之速,而愿果之未成也。诗以悼之,并视证公。渔山。

　　来去悲沤影,经过抚旧游。
　　墨花空碧沼,梵筴自丹楼。
　　慧业难忘处,闲情足胜流。
　　茶烟禅榻畔,坠绿冷于秋。
　　素琴仍挂壁,棐几亦横陈。
　　入室思前度,披图展后尘。
　　还将故人意,为省世间因。
　　弄月吟风在,三生石上真。
　　——毗陵绣衣衲子许之渐

　　何事英灵汉,翻成撒脱游。
　　安心方雪夜,结愿岂蜃楼?
　　林扫旃檀净,花残菡苕秋。
　　凄凉乌鹤意,无复问高流。

　　图画存高寄,丹青难具陈。
　　渔山挥老泪,绣衲感哀尘。
　　寂历思前事,苍茫想后因。

再来应不隔，慧业更清真。

——己卯夏至，神骏老人纪荫次前韵为绎如禅德存感。

今之画家，描摹古人而自梏桎其性灵，即偶有可观，俱思议可到，蹊径可寻。此禅家所谓"早已落七落八"者矣，安得一绝凡圣路离意识参者，与之论画哉？今人画，予最爱苦瓜僧。其画也，忽起忽住，无来无去，在耳目心思之外，却天地间之所自有者，予尝叹观止矣！今又见渔山画，亦得此中三昧者。渔山爱逃禅，日与僧往还，故兴福庵中，其所画最多，极得意者《雪山图》与此卷也。盖渔山之画，直以天地为粉本，精神为笔墨，令人不可端倪，得画家无上一乘，竟将灵鹫一支分来矣，岂人间所有哉？己卯十月，襄平张景蔚题于南沙寒云草庐。

董文敏仿三赵山水轴
（绢本，青绿，高二尺五寸五分，阔一尺二寸五分。）

余家有赵伯驹《春山读书图》、赵大年《湖乡清夏图》。今年长至，项晦甫复以赵子昂《鹊华秋色卷》见贻。余兼采三赵笔意为此图。然赵吴兴已兼二子，余所学则吴兴为多也。壬寅冬，董其昌题。

王烟客仿大痴秋山晚霁图轴
（纸本，高五尺一寸，阔二尺四寸四分，设色。）

已酉秋仲，仿黄子久《秋山晚霁图》，王时敏。

王耕烟设色山水轴
（纸本，高六尺六寸五分，阔二尺四寸二分。）

岁己酉，芝翁先生春秋五十，翚寄迹金陵，阙跻堂称祝之礼。今年春，令嗣茂京先生南宫高捷，余方倦游归，闻报雀跃，亟图此幅为先生寿，并以致茂京得隽之贺云。庚戌闰月既望，虞山石谷子王翚。

沈石田江程泛舟图轴

（纸本，设色，高二尺五寸七分，阔七寸。）

  江程何悠悠，泛泛江上舟。载彼图与书，言往海上游。
  东海有君子，孝友天德优。好爵不久縻，重有屺岵忧。
  归来从二兄，春酒照白头。怡怡家庭间，和气闻远州。
  之子固愀从，芝兰味相投。匪特自假益，尚应童蒙求。
  春风动花柳，弦诵溪堂幽。可睇不可即，含情渺长洲。
  ——长洲沈周

石谷题麓台黄王合作图轴

（宣纸本，设色，高三尺一寸五分，阔壹尺七寸五分。）

  斜风细雨打蓬窗，北望扬州隔一江。
  无限云山离绪写，西园犹记倒银缸。

  余客岁冬日，偕高子查客饮树存襟丈绣谷，树兄出石谷临子久《夏山图》见示，并索拙笔，久未应命。庚辰清和北上，风阻江干，写此奉寄，腕弱笔痴，真米老所云"惭惶煞人"也！娄东王原祁。

  麓台给谏笔墨妙天下，一扫秾纤刻画之习。盖由家学渊源，遂至穷神入化。此图峰峦树石，浑朴古雅，真能集诸家之胜，即一峰、黄鹤不得擅美于前。绣谷先生研精绘理，自应赏识，其以余为知言。应庚辰小春望后五日，耕烟散人王翚题。

黄鹤山樵葛宏移居图轴

（纸本，设色，高三尺五寸五分，阔一尺六寸。本身上七家题。）

  稚川移居图（篆书），香光居士王蒙画。

  避世岂中道，长生只自私。
  能于污俗间，不受尘土缁。
  名声遂不泯，千载有余辉。

稚川逃名者，苦就大药资。
移家山水间，乃以妻子随。
洁身事幽讨，未使彝伦亏。
展图为题品，君子或与而。
　　——安阳韩性

不慕乘肥与策坚，奴僮行李只潇然。
移家更近罗浮住，牛背清风万古传。
老婢痴僮百指余，母前光抱二明珠。
鸳联稳坐牛身上，琴剑随行意自娱。
　　——蒙城乐远题

担囊挈累欲何求，还恐丹砂负白头。
石室金堂应可住，底须辛苦向罗浮。
　　——天台陶复初

仙翁乘犊晓登途，后是娇妻前老奴。
湛湛露华沾□□，□□□□照胡芦。
丹□隐约龙□□，紫□□□□□驱。
今日□图空想像，落□啼乌满蓬壶。
　　——倪瓒

□□□□留，丹砂不可求。
跨□□□□，挈累隐罗浮。
□□□□李，韩□转□□。
□□□绘素，□□□□钩。
　　——云松陆居仁

稚川行素□，勾漏问丹砂。
鸡犬知人意，妻□着处家。

山中牛背稳，海上鹤程赊。

火候先天药，春风古县花。

学仙蕲寿考，投老托荒遐。

抚事今何在？披图重欲嗟。

——钱岳

挈累离羁归去兮，犁牛稳跨寿眉齐。

陶镕铅汞犹余事，利物济人心弗迷。

——陈则

沈石田水村山坞图卷

（纸本，设色，高八寸五分，长二丈五分。）

右画一卷，水村山坞人家，竹木林蹊，萦纡映带，若桃源然。观想间，便有移家之思。风物幽邃，似此世未必无，岂在笔楮间所为幻迹，以娱人之目耶？尝读子厚柳先生愚溪之文可见也。文与画无二致，得此卷者，毋直以画视之。长洲沈周。

清昼宴坐，拈笔作此，适匏庵相公见访，咄咄称赏，辄以相赠，敢云宝剑与烈士耶？弘治庚戌秋日，周再题。

王烟客恽南田题王石谷临山樵轴

（纸本，设色，高三尺二寸七分，阔一尺二寸。无款。有王翚之印、石谷、乌目山樵三印。烟客题本身，上角字不类烟客，疑是代笔。恽题纸阔同，高八寸五分。）

石谷此图虽仿山樵，而用笔措思全以右丞为宗，故风骨高奇，迥出山樵规格之外。春晚过娄，携以见视。余初欲留之，知其意颇自珍，不忍遽夺，每为怅怅然。余时方苦嗽，得此饱玩累日，霍然失病所在，始知昔人"橄愈头风"良不虚也。庚戌谷雨后一日，西庐老人王时敏题。

乌目山人为余言，生平所见王叔明真迹不下廿余本，而真迹中最奇者有三：吾从《秋山草堂》一帧窥其法；于毗陵唐氏观《夏山图》会其趣；最后见《关山萧寺》

本，一洗凡目，焕然神明。吾穷其变焉，大谛《秋山》天然秀润，《夏山》郁密沉古，《关山图》则离披零乱，飘洒尽致，殆不可以径辙求之，而王郎于是乎进矣。因知向者之所为，山樵犹在云雾中也。石谷沉思既久，暇日戏汇三图笔意于一帧，芟荡陈趋，发挥新意，徊翔放肆，而山樵始无余蕴。今夏，石谷自吴门来，余搜行箧得此帧，惊叹欲绝。石谷亦沾沾自喜，有十五城不易之状。置余案头，摩挲十余日，题数语归之。盖以西庐老人之矜赏，而石谷尚不能割爱，矧余辈安能久假为韫椟之玩耶？庚戌夏五月，毗陵南田草衣恽格题于静啸阁。

偶过徐氏水亭见此帧，乃为金沙潘君所得。既怪叹且妒甚，不对赏音，牙徽不发，岂西庐、南田之矜赏尚不及潘君哉？米颠据舷而呼，信是可人韵事，真足效慕也。但未知石谷他日见西庐、南田何以解嘲。冬十月，南田恽格又题。

恽南田山水册
（纸本，高八寸，阔一尺五分，十帧。）

陆天游《春山欲雨图》

一峰老人《万壑松风》

摹惠崇《柳汀图》

《夏山图》《丹台春晓》皆叔明神化之迹，此图欲兼取之，惜无劲豪分其灵奥。南田。

小隐空山绝四邻，野云孤鹤自相亲。
谁知一径深如许，犹有敲门看竹人。
——拟曹云西大帧

予作画，不欲一笔落纸上，直使人游于澹泊潇散、要眇不可知之境，造化耶？笔墨耶？南田客。

洞泉声沸石，霜树势参云。摹赵承旨。

董文敏云："唐以前无寒林，自李营丘、郭河阳始尽其法。虽虬枝鹿角，搓桠纷挐而挈裘振领，条理具在。"思翁善写寒林，最得灵秀劲逸之致。自言得之篆籀飞白，妙合神解，非时史所知。

古木昏鸦，荒荒寂寂，略得李成遗法。昔人论营丘画，宗师造化，笔尽意在，扫千里于咫尺，写万趣于指下。思清笔老，古无其人。

唐解元《看梅图》
晴烟春暗采香泾，花外湖光望洞庭。
吹遍好风千树雪，晓来失却万山青。
——南田寿平戏临

董文敏水墨山水卷
（绢本，高七寸三分，长四尺四寸七分。）

轻阴阁小雨，深院昼慵开。
坐看青苔色，欲上人衣来。
——余阻风西郊三日，写此散闷，聊状其诗意耳。玄宰。

华亭画，秀润是其本色，晚更苍率沉郁，直入董、巨之室。公自称其画谓"三百年来眼目为之一换"，信然。此卷为中岁用意之作，苍秀兼至，必公收藏子久《富春山居卷》时墨法也。时康熙辛亥五月九日，江上先生携过广陵寓舍，得观因题，用方于鲁墨，试丹阳贺氏世藏唐文皇九成宫端溪宝砚，同赏者宣城钟于夔、古歙闵影岚。梅壑道人查士标跋。

文敏公书画遍寰宇，即余所经见亦多矣。无如赝迹混淆乱真者众，求其灼然可据而无疑议者，百不能二三见也。昔米元章谓"李营丘画凡见三百本，真者仅三本"，余于文敏公亦以为然。若此卷全师董、巨而墨清笔道，气韵生动，所谓"灼然可据而无疑议者"，此其一也。江上先生携过相赏，请以鄙见质之。新安后学汪濬拜手。

董文敏无日不书，应人求索之暇，坐小楼上，童子以片板置前，任意作数千字乃起，独不肯作画，故传世少真迹。率门下赵文度辈为之，文敏自署款耳。此卷深蔚苍润，合古人法，出自亲构无疑。庋之松子阁中，足以含文跨沈，与元末诸大家并驱争先矣。檇李曹溶题于广陵客舍。

王耕烟仿巨然渔村夕照图卷
（纸本，设色，高七寸六分，长八尺六寸。）

余曩在郁冈居士家见所藏释巨师《渔村夕照图》卷，约长二丈许。全以平沙曲折，烟树村庄，远近掩映为之。其笔墨之苍润，丘壑之藏露，令人寻绎，难尽其妙。今值溽暑，初收晴窗，无事以澄心堂旧纸追其大略，且无论其工拙，而秀逸之气犹幸与古人不多让也，惟俟赏音者质之。耕烟散人王翚并识。

戊午十一月，西河毛甡观于长安邸舍。（隔水绫）

乌目山人以画名海内，三王而后，笔法为之一变。盖于宋元诸名家无不曲会其神，故落纸云烟缥缈，气韵超逸。此卷烟峦淡冶，云气郁蒸，陶诗云"山气日夕佳"，石谷此卷，殆深有得于斯言之旨趣欤？稼轩钱维城题。

石涛僧江上新绿图卷
（纸本，设色，高八寸，长一丈三尺八寸七分。）

书画非小道，世人形似耳。
出笔混沌开，入拙聪明死。
理尽法无尽，法尽理生矣。
理法本无传，古人不得已。
吾写此纸时，心入春江水。
江花随我开，江月随我起。

把卷坐江楼,高呼曰子美。

一啸水云低,图开幻神髓。

——丁卯春日,客真州江上草堂,偶得古纸一卷。爱此《江上新绿》,写以活余老年心目,戏为之,题此。清湘瞎尊者济阿长。

董文敏自书敕诰真迹
(镜光笺,乌丝格,行楷,十六页。)

"奉天承运,皇帝制曰:朕缵述显谟,怆怀明发,每瞻服御,宛存明德之辉。既靓者英凤著,启心之益,念言从告,深注遐思。眷鸾凤之可仪,哕徽音而在宇。仰星云之载色,昭美报于在躬。尔太子太保礼部尚书兼翰林院学士掌詹事府事董其昌,道撷金华,德苞玉铉,学海瀹漩源之孤,与世津梁;文峰标翠巘之林,映人绣锦。际我皇祖,擢置芸台。咳唾生风,秀起琅玕之色;步趋垂范,品高瑚琏之宗。迨皇考毓德重轮,翳尔躬执经讲席,观德行而审谕,万国以贞;谱圣哲而陈谟,三善咸备。自迁外臬,历远彤墀。冥高蹈于考槃,喜遘飞龙在御;广求旧于宫寀,悲闻凭几遗言。召复禁林,遍摩皇史。侍先朝之左右,秘志以从;罹逆竖之冯陵,见色斯举。朕膺大宝,思孝治之弘敷;乃赍明纶,美老成之至止。皤皤黄发,允称周鼎商彝;炯炯丹心,肃捧尧天舜日。朕方资其汝翼,尔乃谢以吾里。俯俞绿野之怀,特晋青宫之保。是用晋尔阶光禄大夫,锡之诰命。于戏!潞公九秩,世谓异人;卫武百龄,身为卿士。兹值杖朝之年,奉身而退;将修安车之典,加璧以迎。栲秀南山,杖履弥章国宠;葵倾北阙,期颐母懈朝箴。我国家其尚亦有光哉?

"制曰:嘤鸣之好,莫如友生。簪履之求,不遗故旧。惟妇德克赞夫,夫有友道焉;惟君恩先恤臣,私况旧劳乎?为推齐体之礼,予以并贵之荣。尔太子太保礼部尚书兼翰林院学士掌詹事府事董其昌妻,累封淑人。龚氏婉嫕成性,肃穆为仪。秉鸡鸣儆戒之心,励葛覃浣濯之德。御诸媵而樛木能逮下,抚群子而尸鸠必均仁。修其苹藻,荐以釜锜,秩然庭屏之间,蔚矣河山之度,迨尔夫升沉内外之际,一付诸风雨晦明之遭。盖惟松有心而竹有筠,一德媲美,是以玉为节而金为和,八十相庄。兹用封尔为一品夫人。于戏!锡之宠章,嘉其偕老。永有闻于彤管,尚为观于内家。"

颜鲁公尝为朝士,书官告,亦复自书告身,真迹藏吴门韩宗伯家。蔡君谟跋云:"此鲁公自书告身,莆阳蔡襄斋戒以观其忠孝大节,不独书法足传耳!"其昌出入四朝，文墨议论之外，了无所立，遭遇清时，非如鲁公坎壈安史杞烈之世。自庶常入史局，十年侍从，出为楚臬，病免不拜；再起，视学三湘；三起，佐辖闽省。又复二载，移疾长往。光宗登极，念青宫旧学，有凭几德音。熹宗奉遗诏，召太常少卿，寻还翰学以少詹掌南。纂《光宗实录》成，改礼部右侍郎，转左，寻拜南大宗伯，履任经月，移疾归。又六年，皇帝召掌詹府礼部尚书，入春明后以年至，请告凡七疏，不得俞旨。甲戌元日，朝下告老，始蒙恩特准致仕。又以部覆先朝讲筵同事四臣之例，加一品秩，貤赠曾祖、祖父母，异数煌煌，不胜惭惧。所可昭示子孙者，惟勇退一念，知足知止之诚而已。因书前后敕诰，刻置祠堂之壁，以存家训云。崇祯九年岁在丙子三月望，臣董其昌书。

记诰敕作者姓名：初授编修敕翰林院简讨王畺文，授太常少卿兼侍读学士诰礼部右侍郎来宗道文，授礼部右侍郎诰詹事府谕德罗喻义文，授光禄大夫太子太保礼部尚书兼翰林院学士掌詹事府事诰詹事府右春坊右庶子许士柔文。

沈石田墨花卷
（纸本，高一尺三分，长二丈一尺七分。）

老子心无事，随芳学化工。

满园红与白，多在墨痕中。

——弘治乙卯，春雨浃旬，过客甚稀，检箧中得此纸，漫作墨花数种以见，闲居多暇，不敢自逸也。石田老人周。

王石谷山水册
（纸本，十二页，高八寸，阔一尺五分。）

（一帧水墨）人家在仙掌，云气欲生衣。右丞诗中画也，信笔涂抹，欲为补图耳。王翚识。

（二帧水墨）春郊麦浪。燕文贵有纨扇本，因仿大意。

（三帧水墨）

（四帧水墨）疏竹萧萧曲槛中。

（五帧水墨）昔人有江山图，余仿其意作小景，于古亦有入处，鉴者当得之畦径之外也。

（六帧水墨）

（七帧水墨）

（八帧水墨）云山图。杜工部赠王宰云："中有云气随飞龙。"米家父子于此得三昧者。

（九帧水墨）柳岸无人秋水阔，渡头闲杀钓鱼船。石谷王翚。

天游生为句曲外史作《桃岸图》，取境闲远，得荒寒浩渺之致。

（十帧水墨）

（十一帧浅绛）

（十二帧水墨）萧散绝墨痕，磊落余神气。己巳冬夜残菊下，把酒自遣，得此十余种。石谷王翚。

唐子畏溪桥杖履图轴
（纸本，水墨，高二尺八寸八分，阔八寸二分。）

惊泉出壑雷奔迅，阁道缘山发绕缠。
木桥横水无盈丈，隔断尘区别有天。
——唐寅

张尔唯诗画合卷
（纸本，高七寸三分，长三尺九寸八分，水墨，诗另纸。）

丁酉春朝，为南明社翁画，不觉竟纸。学曾。

不能降志事王侯，尚论惟从古昔游。
儒服看来同敝帚，生涯著处亦虚舟。
藏身畏垒师庄老，把臂山阳狎阮刘。
似尔高踪攀未得，元龙真卧百层楼。
扁舟随处有沙棠，路入江枫水亦香。
宁复簿书抛少暇，即教城市远无方。
同人昼日宜三接，二老风流自一乡。

白首相逢倾盖好，却从罢郡枉清光。
次韵奉赠南明老社翁并求郢正。张学曾。

立春后一日，有和赠南明社翁诗，复承见谢一篇，依韵赋答报章，未易比清新也，共椒花颂早春。
珠玉照人形转秽，琼瑶投我橐辞贫。
体舍骚雅称词伯，家在林泉是逸民。
俗物风尘哪傍得，可能初服许同伦。
——次韵答南明社翁

人日见怀
人日怀人欣有作，传来城市已淹旬。
萍蓬为忆居无定，梅柳还伤色又新。
月隐招提双树晓，灯联阊阖上元春。
故侯此地多相识，倡和追寻得几人？
卜筑秦淮已当归，寄家犹未识荆扉。
去官张翰羞羁旅，结友方干喜嗣徽。
鸡黍寻常留远客，芰荷取次制新衣。
衡门桑柘疑无路，星象遥看动少微。
——丁酉春暮，再录一过，请正。弟张学曾。

倪云林幽篁小石图立帧
（纸本，高一尺五寸，阔八寸八分。）

辛亥三月六日，邂逅云浦先生于吴下，留连累日，杯酒陈情，不能相舍，因戏写此酬别。云林生瓒。

乔木千章高出云，幽篁几个石嶙峋。
生平丘壑真成僻，莫怪乌藤来往频。
——于思缉题

王麓台山水卷
（纸本，高八寸五分，长一丈六尺六寸七分，三接，设色。）

幼芬大弟黔中典试回，备述湖湘山水之妙，欲余作长卷以纪其胜。余闻洞庭以南，峰峦洞壑，灵奇萃焉。或为峭拔，或为幽深。或云树之变幻蔽亏，或沙水之容与澹荡。随晦明风雨，以成变化。余且未经历其地，非笔所能摹写也。昔洪谷子遇异人论画云："用其意，不泥其述。"此图余亦以意为之耳。自客秋经营至今，意与兴合，辄为点染，不问位置之得似与否，图成而归之，以供吾弟一噱也。时康熙辛巳秋八月四日，麓台祁识。

董宗伯峒关蒲雪图轴
（绢本，高四尺四寸四分，阔一尺八寸二分，边绫，公自缀一题，并眉公题。）

《峒关蒲雪图》，唐杨升画，董玄宰临，庚申三月。

此图明州朱郡司马所藏，盖太宰闻公家物，朱携至吾郡，常德借摹。余以代米家墨戏不可无一，不可有二，日日唱渭城，则画家所诃也。其昌题。

杨升，载《宣和画谱》，能写唐玄宗像，与张萱齐名。余尝见朱定国携《蒲雪图》，玄宰大叫，以为奇绝变化。此幅今人漫云张僧繇没骨山，犹是揣声耳。眉公记。

查梅壑山水袖卷
（纸本，水墨，高四寸三分，长一丈一尺四寸三分，三接。）

涵中先生嗜画成癖，所藏诸家名迹甚富。吟咏之余，时肆披览，坐啸其间以当卧游。兹更嘱为小卷，欲使怀袖，出入易于自携。一时渐江、无逸、野遗，各有所作，同人传观，竞称雅好，以视米家船、陶家舫为多事矣。康熙丙午夏四月，并识于邗上旅舍，查士标。（士标 梅壑）

下篇

沈石田送行图卷
（纸本，高八寸六分，长三尺六寸。本身缀一诗。）

　　画鹢翩翩过晋陵，布帆追送有风乘。
　　重逢日远知年老，恋别情长与路增。
　　德业并高心愈下，诗篇深慰我何胜。
　　客边樱笋犹乡味，一夕清谈酒漫凭。
　　——辱以妙句见赠，慰老念旧，蔼然至情，佩感之余，敬和高韵请教，匏庵少宰先生阁下，友生沈周再拜。

　　奉和宿吕城韵，录呈伺教。
　　泊舟闸口暮潮平，津吏相迎记过城。
　　雨脚稀疏人已静，诗辞淳熟意都生。
　　聊从夜坐延深酌，亦为乡怀缓去程。
　　明日过江帆影远，不胜翘首眼还明。
　　——匏庵少宰先生阁下，沈周再拜。

　　行经锡谷又毗陵，岂是山阴兴可乘。
　　千里绿波随客去，中宵白发向人增。
　　老年敢祝惟多爱，厚禄深惭自不胜。

杖履相从须有日，临岐诗券最堪凭。
连朝怀抱不能平，又记南来宿吕城。
酒散长亭惊雨至，棹依高岸识潮生。
麦秋未到犹三月，瓜步将临只一程。
赖有故人同夜坐，白头相对烛花明。
　　——丁巳北上，承石田先生送至京口，途中和余二诗，并写图为赠。爽恐遗落，裱饰成卷，因录原倡于后。弘治甲子闰月廿七日。以病在告书。匏翁。

贤往愚存事未平，芙蓉何处是仙城。
两诗在世留离别，一梦惊心异死生。
化鹤归来待华表，翻鸦宿地记邮程。
夜灯惘怅重披卷，清泪潸潸坐到明。
宗武无惭继少陵，诗书家学喜真乘。
前人已往风流在，后辈相通世好增。
再读券诗嗟莫赎，尚存微墨幸何胜。
一端离合今翻覆，万事茫茫总未凭。
　　——丁巳与文定公别，因有倡和，今重阅。于公薨后，不胜感慨，复用韵二首。一诉别离死生之迹，一重令嗣中舍君能爱存前好而已。正德丁卯七夕，沈周题。

沈石田吴山草堂图卷

（纸本，设色，高八寸七分，长一丈四尺。本身无款，题另纸。画起处似短去一接，今共存五接。）

吴山草堂图（篆书）许初

春日偶泛吴山草堂，漫写此卷以记其事。弘治辛亥，长洲沈周启南志。

右石田先生《吴山草堂图》一卷，盖杭之吴山，非我石湖之吴山也。其后则西湖之苏堤在焉，而游船亦杭制也。其笔法秀润，诚为可宝，识者当自得之。文彭题。

文衡山西爽草堂图卷
（纸本，高六寸八分，长三尺五寸二分，无款。）

西爽草堂（隶书）徵明

昔年庐墓处，松桂一山深。
孺子遗高迹，朱岗郁故林。
壁间琴自挂，花外鸟时吟。
何日看碑去，乘驴碧涧浔。
——前南峰山人题

萧斋多爽气，宿草蔽玄丘。
返哺林栖鸟，安眠地讣牛。
嶰间时展祭，柏下趁闲游。
遥想幽居处，窗悬火一篝。
——苏台唐寅

不见双亲空断魂，草堂刚对百年坟。
每瞻宰树悲春雨，时见秋风度白云。
尽有烟霞供拄笏，不教猿鹤动移文。
西来爽气三千丈，见说于今尽属君。
——长洲文徵明

文徵明岁寒三友图卷
（纸本，高九寸，长四尺四寸。）

甲午冬日，徵明戏笔。

岁寒佳趣。穀祥。

青松千尺翠桓桓，苍甲虬髯势郁蟠。
琐影半空摇落日，凉声中夜响风湍。
美材自合充梁栋，高韵还堪托岁寒。
春雨翘然见头角，只应人作卧龙看。（右松）

幽姿冉冉弄晴烟，风骨清姝绝可怜。
翠带偎寒秋袂薄，玉蕤晕碧晓肌鲜。
未论摇月堪为珮，若使凌波直欲仙。
香梦搅人眠不得，为君亲赋返魂篇。（右水仙）

林下仙姿缟袂轻，水边高韵玉盈盈。
细香撩鬓风无赖，瘦影涵窗月有情。
梦断罗浮春信远，雪消姑射晓寒清。
飘零似避芳菲节，不为高楼笛里声。（右梅）
——徵明

沈石田山水卷

（纸本，设色，高八寸六分，长四尺二寸，款沈周，在左尾下角，诗另纸，画起处疑有短阙。）

沈周

老夫裹足人，游事与我雠。
山川梦中物，皓然空白头。
之子本吴产，结庐太湖洲。
山在水中央，泛若万斛舟。
住此奇观间，汗漫未足酬。
浩歌出门去，云帆溯湘流。
买酒醉黄鹤，倚剑长天秋。
自云司马史，岂藏壑与丘。

胸中有名胜，更在身外求。

江山固有助，豪吟动公侯。

公侯未足动，要与造化游。

我尚伺子归，烧灯话南楼。

楚汉落霏屑，亦厌吾生浮。

——王君原德，诗学有声，挟此为楚游者有年。余老矣，裹足不能出门，莫与原德倡和山水之间，自以为欠事，造此拙语，聊发其汗漫之兴云。弘治丁巳七夕日，长洲沈周。

满船书画三湘路，老去诗名客里多。

归钓五湖湖上水，吴中新得楚人歌。

——南坦刘麟

文衡山为王履约补杨铁崖花游图咏卷

（纸本，诗小楷，录四十九行，行约廿九字。高七寸二分，长一尺一寸三分。画工笔，设色。高七寸五分，长一尺二寸。款小楷，在左下角。跋高同画，长一尺六寸，两接。）

至正戊子三月十日，偕茅山贞居老仙、玉山才子烟雨中游石湖，诸山老仙为伎者琼英赋《点绛唇》词。已而午霁，登湖上山，歇宝积寺，行禅师西轩。老仙题名轩之壁，琼英折碧桃花下山，余为琼英赋《花游曲》。会稽杨维桢。

三月十日春濛濛，满江花雨湿东风。

美人盈盈烟雨里，唱彻湖烟与湖水。

水天虹女忽当门，午光穿漏海霞裙。

美人凌空蹑飞步，步上山头小真墓。

华阳老仙海上来，五湖吐纳掌中杯。

宝山枯禅开茗碗，木鲸吼罢催花板。

老仙醉笔石栏西，一片飞花落粉题。

蓬莱宫中花报使，花信明朝二十四。

老仙更试蜀麻笺，写尽春愁子夜篇。

玉山顾阿瑛和

真娘墓下花溟濛，碧梢小鸟啼春风。
兰舟摇摇落花里，唱彻吴歌弄吴水。
十三女子杨柳门，青丝盘结郁金裙。
折花卖眼一回步，蛱蝶双飞上春墓。
老仙醉弄铁笛来，琼花起作回风杯。
兴酣鲸吸玛瑙碗，立按鸣筝促牙板。
午光小落行春西，碧桃花下试新题。
西家忽遣青鸟使，致书殷勤招再四。
当筵夺得凤头笺，大写仙人蹋踘篇。

昆山郭翼和

石池天地花溟濛，夫容暖红旗飐风。
锦艚两帆出云里，玉艳摇溶养宝水。
龙坊壁堂山入门，琼琚杂珮飘轻裙。
馆娃愁绝行春步，青狐泣泠鸳鸯墓。
铁蛟喷壑风雨来，花宫香送琼英杯。
玉粒松膏粉云碗，小扇桃歌紫牙板。
苧萝烟断东海西，双珰缄札近新题。
青鸟不来无信使，玉雁衔丝啼十四。
真珠字密愁满笺，为君重赋花游篇。

汝易袁华和

烟云扑雾摇空濛，游丝弱絮萦柔风。
木兰载春石湖里，手弄琼英掬秋水。
铁笛仙人招羡门，鸾旌小队青霓裙。
凌波双飞动微步，冶情漫忆鸳鸯墓。
踏春挝鼓能几来，便须一饮三千杯。
血色葡萄凝水碗，郁轮袍催紫檀板。
云旗缥缈青鸟西，口衔红巾缄旧题。

琼林燕中探春使，骰子逡巡赐绯四。
醉携翠袖写银笺，不数公子花游篇。

娄东马麐和
绮楼十二浮空濛，宝衣翠络薰麝风。
宫妆窈窕银屏里，鹦鹉呼名隔江水。
荔枝木瓜花覆门，珠珮丁东摇曲裙。
馆娃宫里潘妃步，赢得一丘红粉墓。
探花仙子何处来，乳酒百罚行深杯。
夜阑酒倒挥玉碗，遮莫城头催漏板。
人生一身东复西，花游日日须留题。
尚记题诗动宫使，字落骊珠三十四。
金花重赐五云笺，制作清平乐府篇。

河南陆仁和
金乌流春春气濛，花云蒸红烂承风。
星船荡向银河里，手浣银波天在水。
水光花色照湖门，美人斗倩芙容裙。
松阴冶游驰小步，踏遍湖头青草墓。
泉台蒿目那起来，长生且进麟脯杯。
仰天笑击玉唾碗，美人暗度羌胡板。
黄鹂东来燕子西，喃喃交语如雕题。
不是神仙西母使，汉殿双回青翼四。
仙人手杷五云笺，美人夺得琼花篇。

淮海秦约和
馆娃宫殿春迷濛，杂花芳菲娇亚风。
油壁香车度花里，笑解珠缨被春水。
水边小艇忽到门，粼粼绿溅金鹅裙。
游云腻雨踏歌步，青春唤愁花下墓。

流光去去不复来，缥酒且进芙蓉杯。
鹏珠串落碧瑛碗，凤槽声催红玉板。
宴游未终山日西，柔纤捧研索新题。
风流文采琼林使，肯数玉人裴十四。
宫中分胆衍波笺，更试一曲晓山篇。

匡庐于立和

暖云着柳春濛濛，锦帆两旗杨柳风。
美人娟娟锦船里，的皪瞳人翦秋水。
阿环养花花满门，洗花染作真朱裙。
窈窕行烟踏烟步，野棠乱落麒麟墓。
东风扑天驱梦来，露香翠泣鸳鸯杯。
玉箸丁东鸣碧碗，鸾箫三尺猩红板。
琼花起舞歌竹西，铁崖酣春写春题。
幽绪不冯蜂蝶使，怨绝冰丝弦弟四。
便裁雌霓作云笺，写入花游弟几篇。

衡山文徵明追和

石湖雨歇山空濛，美人却扇歌回风。
歌声宛转菱花里，鸳鸯飞来天拍水。
当时仙伯醉云门，酒痕翻污石榴裙。
遗踪无复芳尘步，湖上空余昔人墓。
昔人既去今人来，千载风流付一杯。
雪藕萦丝荐冰碗，蛱蝶穿花逐歌板。
夕阳刚在画桥西，一段春光属品题。
伤心不见催花使，只有黄鹂啼再四。
无限春愁谁与笺，仙人会唱紫霞篇。

铁崖诸公花游倡和，亦石湖一时胜事也。比岁，莫氏修《石湖志》，目为秽迹而弃之，不诚冤哉？余每叹息其事。因履约读书湖上，辄追和其诗，并录诸作奉寄。

履约风流，文采不减，昔人能与子重、履仁和而传之，亦足为湖山增气也。是岁大明正德九年岁在甲戌六月廿又五日，上距诸公游湖之岁百六十有七年矣，徵明记。

比岁，书花游倡和以寄履约。履约欲余补其图，偶疾作而不果。兹过余玉磬山房，复申前请，为写此以归之。自甲戌抵今凡七年矣，日就勤劳，笔意芜略，聊用遣兴以塞白耳。若以为不工，则非区区之所计也。正德庚辰九月既望，徵明识。

此卷乃先君追和铁老花游曲也。当时王履约、履吉读书石湖，伯仲俱有诗文名。先君因为录之以寄，后复为之图，且曰"亦足为湖山增气也"，斯言不亦壮哉！古人谓"名德攸存，山川增重"，今观前后诸名公倡和，恍然置身于春风沂水间矣。后之视今，诚犹今之视昔，不能不为之感。嘉靖丙寅冬十二月十又一日，长男彭拜书。

杨铁崖游石湖花游曲，而玉山诸公和之。此至正戊子三月，抵今二百年来，其流风余韵犹可想见也。此卷乃正德甲戌先待诏追和之作，录寄王履约伯仲。于湖上前后合而观之，地因人显，世有攸萃，真可与湖山增气也。嗣后，先君官翰林，修国史，履约则为御史中丞，履吉之名至今不朽。其视胜国诸公，虽一时游玩而避兵富春，则又不知春维其时，可慨也！仲男嘉拜书。

米元章行书真迹卷

（纸本，高七寸，长七尺九寸，四接。）

　　神仙有无何渺茫，桃源之说诚荒唐。
　　流水盘回山百转，生绡数幅垂中堂。
　　武陵太守好事者，题封远寄南宫下。
　　南宫先生欣得之，波涛入笔驱文辞。
　　文工画妙各臻极，异境恍惚移于斯。
　　架岩凿谷开宫室，接屋连墙千万日。
　　嬴颠刘蹶了不闻，地折天分非所恤。
　　种桃处处惟开花，川原远近蒸红霞。
　　初来犹自念乡邑，岁久此地还成家。

渔舟之子来何所，物色相猜更问语。
大蛇中断丧前王，群马南渡开新主。
听终辞绝共悽然，自说经今六百年。
当时万事皆眼见，不知几许犹流传。
争持牛酒来相馈，礼数不同樽俎异。
月明伴宿玉堂空，骨冷魂清无梦寐。
半夜金鸡喌喌鸣，火轮飞出客心惊。
人间有累不可住，依然离别难为情。
船开棹进一回顾，万里苍茫烟水暮。
世俗宁知扨与真，至今传者武陵人。
——襄阳南宫米芾书

金沙王宇泰先生，收藏极富，赏鉴亦精。此卷尤所珍惜，不轻以示人。兵燹之后沦失殆尽，天士以重价购得此卷，出以质余。此真南宫得意笔，天士其珍惜之，亦毋轻以示人也。顺治壬辰午节前二日，庄冋生题。

余酷嗜米海岳书，凡赏鉴家所收，毋论远近、寒暑、风雨、晦明，必求一见，而后已用，是亦能辨别其真伪妍媸也。此卷为王氏世藏物，予耳食已久，今得展阅，深慰夙怀。至于书法之精，庄太史已识之矣，余复何言？江上笪重光。

王孟端孝行图卷
（纸本，高八寸，长二尺二寸五分，水墨。）

孟端为文升写。

孝行（隶书）锡山邹文升以孝行闻于乡，予作隶古以著之，东海居士。

述邹炜孝行事。

邹炜，常郡无锡人，故道乡先生十三世孙也。父近仁，母钱氏生炜，少与常儿异，怀抱时即知爱其亲。甫能言，遇隆冬盛暑辄解候亲寒燠，指侍者为更裘葛。既长及冠，亲有命唯唯听从，惟谨终日，无故不暂离左右，有故而出必亲所之及，还必问亲安否，亲亦甚钟爱之。兄弟凡三人，同居怡怡如也。一日，母氏忽遘疾，求名医视之，药饵杂进不少瘳，举家惊悸无攸措。炜自惟曰："昔庾黔娄父疾，稽颡北辰，求以身代，父遂获安。"乃焚香致恭夜祷焉。母不稍差，则又曰，"天道幽微而难测，恐不易上达，闻世有割股可愈疾者"，复仰空拜泣，诚切哀恳，刲肉作糜食母。母食之，觉味香美。食已，体渐舒夷，气血和畅。越三日，余疾悉除复初。宗族乡党奇之，奔走相告曰："斯孝诚所召也。"余惟天虽高高在上，匹夫匹妇能尽一念之诚，无不获报于阴默之中者。故汉狱零霜飞于炎夏，东海甘霖沛于久旱。考诸载籍，昭然可见也。矧乎一气之生，躯体攸托，念虑所至，其有不动感通之机乎？自习俗移人，民鲜兴行，盖有借欓锄而形于德色，取箕帚而发为诟语，凉薄之风一至于此。是以泣竹而得笋，卧冰而获鱼，世遂以为异闻。刲股之事虽不著于经训，亦人子情至迫切，无所庸其智力，而为是不得已之举也，推其心殆有可悯焉。余以非才忝秉史笔，尝睹国家礼制有旌扬之典，或褒之以爵秩，或优复其徭役，所以劝励天下为人子孝事其亲者，恩至隆也。若炜之心其亦可称哉！余又尝阅职方氏无锡志书，得晋孝子华宝事，为之啧啧称叹曰："世宁复有斯人也。"今获闻炜自幼迨长孝行，岂其有得于宝者欤？抑由秉彝之性根于心，有不待人而兴起欤？后之续邑志文者采录民间孝，必能为炜书而表之。炜事，余得之犹子簬，簬闻诸其妻之母华氏，邓，炜之祖母，与华为姊妹，其传盖信而可征云。永乐八年长至日，左春坊左赞善兼翰林编修吴人王汝玉书于玉堂之东署。

孝行跋 天下之是非，必待公论而后定。昔逆旅妇人断臂事，人犹谓其过惨。欧阳子以之列于冯道传论，盖春秋属辞比事之教，于是李氏之节信矣。余观太史王公推见孝子之情至隐，此君子励人为善之道也。夫不察其情而议其事，世之孝子岂不反为诟语者所消乎？余故表而出之，以示公论之有在也。前资善大夫礼部尚书兼左春坊大学士天台李志刚跋。

余近得前史官王君汝玉述锡山邹炜孝行事，观之言婉事核，盖足征焉。则知古今人能笃于孝者，盖诚于爱亲，非好名而为之也。有若元潭州万户移剌琼子李家奴，九岁母病，医言不可治，李家奴刲股肉煮糜以进，病乃瘥。抚州路总管如林、潭州民朱天祥并以母疾刲股，旌其家。以炜刲股事观之，又奚愧焉。惜未有上其事于朝而致旌典也，然王君既述其事，缙绅君子复为之歌咏，金鸣石应，传播四方，则炜之名岂不足以垂之永久乎？炜方富于春秋，勇于为善，子孙满前，咸敦诗书礼义之教，卓然有故家遗风，岂诗所谓"孝子不匮，永锡尔类"者耶？嘉议大夫礼部左侍郎羊城陈琏书。

予观王太史汝玉述邹炜孝行事，炜刲股肉愈母疾。噫！股肉岂能愈疾耶？盖炜惟欲愈母之疾，奚悍其己之伤？意其执刃时，天已监其诚孝，不食其肉而疾亦愈，矧食之，宜母之疾即愈也。经云："孝弟之至，通于神明。"信哉！永乐己亥腊月既望，浚仪张肯识。

邹炜孝行诗卷记 余来锡峰主南禅环庵上人室，间语及邑故家，亟称邹氏为乡闻望。诗礼簪缨，炳耀前代，子孙至今彬彬可慕。有子名炜者，数刲股疗母疾，乡里惊异，欲上其事，未果。一日环庵以炜见余，持翰林王先生所述刲股事实卷，缙绅前辈亦皆有说矣。炜拜且泣曰："炜不幸先人早丧，赖母慈育以至今日。甫知自树而我母复弃背，终天之痛，没齿余悲。炜兄弟三人，炜最钟爱，稍远出，我母即蠲壶觞、裂楮钱祷于神以为常，盖恐炜之有他虞也。我母早年不幸得末疾，伏枕不能起者十余岁，气息奄奄，屡至危殆，遍求良医，莫之或愈，或诲以刲股杂米为糜以食之方，炜遂斋沐叩天，如其法以食之。时不食者数日，忽尽啖之，少顷乃苏，然病源终莫能去。药既罔功如是，而获其效者八九矣。炜今思欲尽刲其身以奉我母，何可复得？"言既，涕泪泫然流，余为惨然者久之。夫刲股事典帙皆不载，岂不虑夫毁伤其身而重以戚于亲？且不欲以难行之事责备人子也。然不谓之非孝，不然拴门之异，近世皆同，我圣朝复制而为书，其所以为教者，至矣。诸缙绅有见乎？是特于炜之事，咸皆叹赏，示其子孙以兴起其孝悌之心。邹氏文献之懿久而益昌者，其在是乎？拴异之典，盖可觊也。炜再拜而去。时永乐廿一年上元节，承德郎刑部主事永嘉陈亢宗书。

孝子姓邹名炜，世为毗陵宦族。母氏尝遘疾，医药弗能瘳，乃吁天请祷，求以身代，复刲股作糜以进。母食之，疾遂以愈。由是孝子之名闻传于内外。当时太史氏既为之识述而荐，绅大夫士又从而志跋之，雄文钜笔非特褒扬于一时，抑足以取信于不朽也。窃惟孝子刲股，因母之疾危急，出于中情迫切，未尝有意于求名也。而人人称道之远近无间，且书于太史公之笔，见誉于文苑词林之彦，盖亦天理民彝之不能自已者也。孝子虽欲掩其名，其可得乎？彼纡金绾紫，禄秩万钟，积资聚货，富侔陶顿，顾乃薄于奉养，其视亲之疾患曾不一蹙额者，宁不为孝子之罪人也耶？宣德九年孟春初吉，前监察御史三衢方端识。

古人谓之孝者在显亲扬名，在继父母之志，在不亏其体、不辱其亲。后世有剖腹、割肝、刲股肉以愈亲疾者亦谓之孝，古人或未取焉。然父母惟其疾之忧疾，殆而为子者忧之，至无所用其力，乃割肝、刲股少尽其心，幸而亲安，非其心之诚有以感通乎天地鬼神也欤？观邹炜可见矣。炜居毗陵，宋忠公十三世之裔，读书达礼义，志在显扬，而于父母之疾焉得不尽其诚心乎？炜亦岂非孝子也哉？读其传，为题其后。正统四年冬十一月长至日，礼部左侍郎兼翰林侍讲学士经筵官太原玉英书。

孝子奉亲无所不至，当疾危殆时，苟可以生之者，岂暇顾支体哉？股肉非愈疾之剂，然而人子刲之以疗其亲疾者，古今率致良愈，兹盖本于一念孝诚之所感耶！于邹炜之事，乌得无传乎？传之盖足励夫世也。载诵王太史之言，而谨书于左方。正统七年壬戌正月既望，进士出身翰林修撰承务郎姑苏张益识。

余惟人子孝其亲，本乎天经地义人事之当然也。世有不孝其亲者，是则违天悖礼而国之正法有在焉。至于孝行卓异者，朝廷例旌其门，以蠲徭役或锡以荣，所以示劝惩垂鉴戒也。锡峰邹文升氏为宋名臣忠公华胄，克继先业，富厚甲于郡邑而能爱物尚义。宅心纯孝，尝刲股以愈母疾，乡邦称颂之，缙绅大夫为文章以夸美之，然犹憾夫为有司不能鸣于朝以旌异之。噫！文升当侍母疾剧刲股作糜之时，哀痛迫切之情发于悃愊，其于人知不知、旌不旌，何暇计哉？使当时有欲求见知于人之心，则其心不足以感天地动鬼神，又何以致母疾之愈耶？今也宜斯人之福寿考终，子孙荣盛以享其报于悠久。诗曰："孝子不匮，永锡尔类。"文升有焉。正统十年秋八月既望，奉议大夫广西等处提刑按察司佥事毗陵郑观跋。

吾乡王文靖公传邹孝子事，题其后者若王文安公而下数人，暴其孝行可谓至矣。予不识孝子而其孙永章持以相示，得尽观之。叹孝子之为人如此，而未获旌褒之典，此有司之失也。然永章能保其业、嗣其德，有闻于缙绅间，天之报孝子者，其泽长矣。嘉议大夫吏部右侍郎前史官长洲吴宽跋。

诗云："孝子不匮,永锡尔类。锡类维何?永锡祚胤。"邹孝子之懿至其孙永章而益彰,斯言其有征。夫永章子世显业进士,有闻将举其祖父之坠典于朝,未必有司之终失也,其尚有所待耶?翰林修撰华亭钱福跋。

王廉州仿古山水册
(纸本,十帧,高一尺一寸一分,阔八寸一分。)

(青绿)仿赵文敏
(水墨)仿江贯道
(浅色)仿燕文贵
(浅绛)拟子久
(水墨)仿叔明
(水墨)仿梅道人
(水墨)仿倪高士
(浅色)仿陈惟允
(水墨)拟马文璧
(浅绛)仿李营丘

岁在戊申,春王正月。庭前绿萼初华,暗香入帘,案头笔砚精良,颇觉清适。偶得宋元画册,遂染成此十帧。虽不能仿佛古人万一,但余衰暮尚尔悬习,较之好博弈者聊胜一筹耳。娄东王鉴。

廉州写出仲圭神,几笔山林造化真。
我向武塘曾吊古,棱棱石塔幻中人。
——梅道人石塔在嘉善梅花庵中,过之者咸以为高僧必致敬礼。夫出格道人迥无凡相,与高僧何殊?廉州王公又为之重开生面,仲圭在焉,呼之或出矣!古吴汪琬。

世之仿一峰道人者,稍加勾勒不事皴染,往往以苍硬老辣为能事,此或其晚年游戏,则然非专诣也。吾郡董文敏、朱太常两家所藏真迹温润妍秀,气厚而神远,余犹及见之。廉州工于摹古,是幅深得《浮岚暖翠》三昧,损公携过离垢园,静对展阅，岩桂弄香，秋日澄霁，何减少文抚琴动掺时耶？庚戌秋八月廿有五日，云间沈白贲园氏书于水木清华之室。

王西庐仿古山水册
（纸本，十帧，高八寸八分，阔七寸三分。）

　　（水墨）仿吴仲圭
　　（浅绛）仿子久
　　（水墨）仿倪高士溪亭山色
　　（浅绛）仿黄大痴
　　（水墨）仿米敷文笔意
　　（水墨）仿巨然
　　（浅绛）仿一峰老人
　　（水墨）仿梅道人
　　（青绿）仿赵文敏
　　（水墨）仿北苑

　　吾郡王文恪公家藏有宋元诸大家合册，云间董文敏亟称其为希世之宝。适从毗陵返棹，舟中清暇，追忆临摹，然口能言而笔不随，曾未得其脚汗气，正米老所谓"惭惶杀人"也。烟客时年七十有三。

王孟端幽居图卷
（纸本，高七寸五分，长二尺七寸六分。）

　　王绂

　　园趣　余璿题

　　林溪新筑草堂幽，致政归来得自由。
　　天上已无章甫梦，镜中堪惜岁华流。

胜栽黄菊同陶令，肥遁青门学故侯。
回首红尘多衮衮，几人垂白解知休。
——郡人包鼎

谢事东归两鬓星，考槃林下一身轻。
功名老去浑无念，诗酒年来自有情。
逸少高风堪并驾，渊明隐趣欲同盟。
贤孙喜折天香早，还见褒封荷宠荣。
——武川王琳

浮云富贵总无心，林下栖迟岁月深。
绿野堂前来旧约，香山社里校新吟。
良宵不入青云梦，华鬓从教白雪侵。
老我久为公府系，杖藜何日得相寻。
——武唐江吉

宦辙东西两鬓秋，浩然归兴绕沧洲。
素琴横月茅堂小，蜡屐穿云竹径幽。
自信利名成塞马，尽将心事付沙鸥。
凤毛霄汉飞腾远，从此红尘梦亦休。
——古栝潘辰

明王孟端幽居图，顺治辛丑七月得于阳羡客旅，北平孙承泽记。

祝京兆真草合璧卷
（纸本，高六寸六分，长五尺一寸二分。乌丝栏。草书六十九行，行约十四字。真书廿行，行约廿字。）

书述（文不录）。

丙寅十月望日书，枝山樵人祝允明。

海岳名言

世人多写大字时用力捉笔，字愈无筋骨神气，作圆笔头如蒸饼，大可鄙笑。要须如小字，锋势备全，都无刻意做作乃佳。自古及今，余不敏，实得之。榜字固已满世，自有识者知之也。

字要骨格，肉须裹筋，筋须藏肉，帖乃秀润。在布置稳，稳不俗，险不怪，老不枯，润不肥。变态贵形不贵苦，苦生怒，怒生怪；贵形不贵作，作入画，画入俗，皆是病也。

石刻不可学，但自书使人刻之，已非己书也，故必须真迹观之乃得趣。如颜真卿，每使家僮刻字，故会主人意，修改波撇，致大失真。惟庐山题名讫而去，后人刻之，故皆得其真，无做作之差，乃知颜出于褚也。夫真迹皆无蚕头燕尾之笔，《与郭知运争坐位帖》有篆籀气。柳与欧□丑怪恶体，但其弟公绰乃不俗于兄。

筋骨之说出于柳，世人但以弩张为筋骨，不知不弩张自有筋骨焉。

凡大字要如小字，小字要如大字。褚遂良小字如大字，其后经生祖述间有造妙者，大字如小字则未见也。

书至隶兴，大篆古法大坏矣。篆籀各随字形大小，故如百物之状，活动完备，各各自足。隶乃始有展足之势，而三代法亡矣。

少习若天性，习惯如自然，兹古语也。吾梦古衣冠人授以折纸书，书法自此差进。写与他人，都不晓。蔡元长见而惊曰："法何遽太异耶？"此公亦具眼人，章子厚以真自名，独称吾行草，欲吾书如排算子，然真字须有体势乃佳耳。

智永砚成臼，乃能到右军；若穿透，始到钟、索也。

一日不书，便觉思涩，想古人未尝片时废书也。因思苏之才《桓公至洛帖》，字明意殊有工，为天下法书第一。

字之八面惟尚真楷。见之大小各自有分。智永有八面已少钟法，丁道护、欧、虞笔始匀而古法亡矣。柳公权师欧不及远甚，为丑怪恶札之祖，世始为俗书。

唐人以徐浩书比僧虔，甚失当。浩大小一伦，犹吏楷也。僧虔、萧子云传钟法，与王子敬无异，大小各有分，不一伦。徐浩为颜真卿辟客，书韵自张颠血脉来，教颜真卿大字促令小、小字促令大，非古法也。（作《书述》已，后有余楮，复书此以备一览。允明。）

吴中称京兆书为当今海岳，此卷尤为精绝，浸浸与钟、索抗衡。靖叔得此，可为狐腋之粹白，几欲以他物相易，虑为人搜作艺林公案，乃题此归之。王宠识。

京兆草书纯仿孙过庭，而时作李怀琳笔意，真书刻意大令而间有褚、虞腕法，盖其于书无所不学故也。三桥文彭。

余尝观诸家书法，知古人用心于字，学者亦多矣。余虽不敏，受教于吾师衡山先生之门，间语笔意，辄称枝山书为不可及，则吾辈其何能望其什一也。春日，陈淳董识。

雍正四年，岁次丙午春二月花朝，良常后学王澍观于京师之蜗牛庐。

仇实父方竹图卷
（绢本，高六寸四分，长二尺一寸九分，设色。）

仇英实父为方竹先生制。

方竹（篆书）道复书。

若人乐恬素，临轩植修竹。
我来盼轩前，森森万竿玉。
扑帘春雾寒，匝地秋云绿。
赤日自行空，何曾见炎燠。
天风忽来过，琳琅韵相触。
夜月转阶除，金波晃人目。
对此怀抱清，超然远尘俗。
初疑渭川湄，复讶湘江曲。
鹧鸪何必啼，鸾凤自来宿。
既足调玉琴，亦可敲棋局。
良时聚明俦，谈谐饮醽醁。

或持一编书，起就苍阴读。
雅趣有如此，逍遥乃云足。
子猷安在哉？君应继高躅。
——古歙程赐

恽南田水墨小景四帧
（纸本，高七寸五分，阔一尺三分。）

气霁地表，云敛天末，洞庭始波，木叶微脱。白云外史。

卧雪高风有远孙，石苔苍翠削云根。
春藤古木南窗下，琴醁娱情自掩门。
——偶得倪元镇小景，题句戏临。

赵文敏《水村图》。在吴门客馆，背临一角，不能似也。寿平。
松雪翁画卷曾见其二，最著称者为《水村图》，今已入长安，不可得见矣。

书画一理，其用笔正同，不能求异。故一点一画能尽其趣，千岩万壑只在间架结构中。斧柯不远，非谓即能通之，或不至下士闻道耳。白云外史题于玉峰舟次，时戊辰之秋。
空谷寥寥物外心，憺忘闲对白云深。
枯桐无声万壑静，惟有松风流水音。
——董宗伯临一峰小帧

仇实父临贯休罗汉卷
（纸本，高一尺，长一丈五尺三分，白描。）

贯休罗汉，仇英实父临。

唐子畏春山伴侣图轴

（纸本，高二尺三寸五分，阔一尺二寸七分，水墨。）

春山伴侣两三人，担酒寻花不厌频。

好是泉头池上石，软莎堪坐静无尘。

——唐寅（唐子畏图书）

项孔彰招隐图卷

（白宋纸本，五接，高七寸六分，长二丈一尺四寸七分，水墨，仿宋元。）

招隐图（篆书）项圣谟画。（项氏孔彰）

招隐图咏

孔彰以所作招隐诗绘为山水长卷，遂成双美，书此弁之。董其昌。（宗伯学士董氏玄宰）

入山非辟世，端为远浮名。

泉石多缘分，烟霞纵性情。

潜鳞自无饵，林鸟不曾惊。

应有销尘梦，从兹罢请缨。（一）

谁谓幽居僻，华门稀往还。

但疏迎送礼，而绝笑啼颜。

不是高眠稳，只因结想闲。

利名能堪破，荣辱总无关。（二）

岁古藤阴直，溪深木影寒。

终难容俗驾，尽许老渔竿。

小阁云来窄，遥山天放宽。

其中有隐者，梦不到长安。（三）

一日心不死，谁甘着钓蓑。

到头悔事晚，回首羡云多。

绿雨肥芳树，青烟断碧萝。

好山始有意，招我欲如何。（四）
山不招人隐，何年得隐君。
芳魂空载史，侠骨浪成坟。
出世饶佳境，归田有逸群。
石苔过雨秀，岩树衬云殷。（五）
有时扶杖出，把臂觅闲吟。
选石敲棋子，临溪枕素琴。
瀑声含雨色，云影补松阴。
新果供清话，自然澹世心。（六）
独处非无伴，图书恰半床。
隔溪千亩竹，尽日一炉香。
村酒原堪醉，园蔬得早尝。
清风来枕簟，忘却甚炎凉。（七）
晓来窗日满，犹是黑甜时。
才起看云出，重眠忆雨吹。
云多涵海气，雨正倩山姿。
细细溪花发，殊香蝶化迟。（八）
采药衣沾露，寻归气欲仙。
松花和麦饭，茗叶酿山泉。
夜去呼猿啸，朝来引鹤眠。
许多清绝事，何事不延年。（九）
况是幽栖地，从来知己疏。
且乘无病日，聊读未焚书。
物累何由染，襟期稍自舒。
并忘招隐地，直记卧游初。（十）
谷口无人迹，清辉扬素流。
岩花占岁月，洞草辨春秋。
阴壑临丹穴，阳林被翠裘。
由他轩冕客，颜膝事王侯。（十一）
自入衣冠列，须眉一丈夫。

纵酬男子志,亦受世人呼。

不早踌躇及,能逃磬折无。

山中多乐事,狼虎况殊途。(十二)

人间无达士,难破眼前迷。

既傲为闲吏,奚愁少逸妻。

种瓜朝灌水,点易夜然藜。

稚子教耕读,何尝事不齐。(十三)

原在乾坤里,谁言世外逢。

索居非得已,远害讵相从。

未养如愚度,难为若拙容。

青山知不拒,我欲老疏慵。(十四)

林壑攀跻上,盘旋入翠微。

白云闻犬吠,落日见僧归。

莺和如求韵,龙潜岂息机。

自知难合世,宁与俗情违。(十五)

托志栖迟久,茅堂雨后开。

优游逃物外,长揖谢谁来。

积叶童闲扫,幽葩石细栽。

过桥寻晚兴,屐齿染莓苔。(十六)

自来矶上住,车马不闻喧。

峰外红尘远,洲前绿藻繁。

翻嫌鸥有梦,未信客无言。

白日西驰促,天荒容易昏。(十七)

白沙走急濑,何事若忙奔。

昼夜分千派,浊清同一源。

洁因无混洁,浑以合流浑。

不记沧浪水,曾歌自取言。(十八)

结庐危壁下,连嶂列为屏。

对岭交明翠,回溪夹远青。

稻粱余岁食,兰蕙拂衣馨。

复道原通世，有桥还有亭。（十九）

尽说桑麻地，桃溪学辟秦。

纵云矫物性，聊自率吾真。

岩穴多增色，渔樵得比邻。

巢居非乱世，况是太平人。（二十）

余画此卷自乙丑秋涉吴江舟次，无事检得此纸，计共六幅，接为长轴，始落墨也。自吴放流，绕至松江将匝月矣。未及盈尺，有好事者已闻之董玄宰先生。及见先生，索观甚急，乃退而辟舟，泊白龙潭。先了前一纸袖见，先生点头不语，久许而问之曰："山高溪秀，林翠扑衣，人不回顾，甚有超逸之风，此何图也？"曰："因读陆机、左思《招隐诗》，有兴于怀，将补是图。"薄暮留酌，豪饮剧谈，因论及先王大父所藏法书、名画，夜半方起索之而归。是岁十月，复会玄宰先生于吴江，急谓余曰："前观此卷之后，又开得几层丘壑，耕得几顷烟云。"余曰："因未得寻山侣，志未竟也。今将借砚田以隐焉，抒怀适志亦足了生平，盖世人于出处之际不能割裂，以世念未销耳！"先生闻之解颐，"盖亦有心人也"。言毕谢退，归事笔墨，若忘岁月，此卷计成。虽九易朔晦，病愁相半，及病起展卷，日未免为尘鞅所妨，兼应酬征索者命，烦乱不敢草草。每至落日，涤砚挑灯，绝不饮酒，所食者松花饼、茗叶汤。命侍儿焚香研墨，神将倦遂搁笔，或秉烛看花，或卷帘对月。爽则援豪，越子丑而方寝焉。累其功不二月也。因自展阅，林峦映发，草木欣向，气爽神怡，流风绝俗，遂题曰《招隐图》并赋五言二十韵，书于卷末。我固知世人皆非隐者也，皆思隐而未能隐者也。噫嘻哉！其必有先我而隐之者矣，曰"招我隐"可也，曰"自我招隐"可也，即曰"自招"亦无不可也。我将隐朝市而不得，隐陵薮而不得，将隐于诗画，而诗画已散落人间，又不得收拾姓字矣。亟怀此而善藏，以俟夫同志者。天启丙寅六月既望，莲塘居士项圣谟拜记。（项氏孔彰）

王摩诘十九赋《桃源行》，潘安仁三十一作《闲居赋》，孔彰今年三十为《招隐诗》，志在林泉，声出金石。其诗则取材于选，程格于唐，淹有摩诘、安仁之长，而若置身于辋川庄河阳别业以终老，无朝市慕者。虽年三十，而摩诘、安仁晚岁踦跔涉世，赋"白首同所归""安得舍尘纲"之句，早分迷悟矣。惟是词客之品虽悬，画师之习犹在。其山水长卷不免乞灵于右丞，然又出入荆关，规模董、巨，细密而不伤骨，奔放而不伤韵，似未以辋川为竟者。他时如韦苏州、李晞古之大年，诗画更当何若？

以此少年之笔为券可也。董其昌题。（宗伯学士　董氏玄宰）

孔彰《招隐诗图》，宋纸四番，遂成长卷。路入迂诘，势转崄攲，绚茅穴土，鲜洁无尘，餐谷茹芝，清淡有味。一展卷间，名利之心泼除尽矣。子京先生家藏卢鸿《草堂图》为名画第一，孔彰落笔极得其奇险位置处，不愿与胜国诸贤摩垒相角也。陈继儒题。（眉公）

胜国诸公绘事得董、巨心印，纵横涂抹皆有神韵，独于作图不轻自任，唯黄、王有之亦不多见。盖绘之有图犹文之有赋，非胸次淹宏、苞茹山海、吐吞日月，而又出以天孙七襄组丽之手未易为也。今天下画习日缪，率多荒秽空疏、怪幻恍惚，乃至作树无复行次，写石不分背面，动以元格自掩曰"我存逸气耳"，相师成风不复可挽。吾友项孔彰以妙年名裔，读书之余笃意此道。一日出示此卷，精工美丽、雄浑岿崿，山态水情段段转换，长几三四丈。其笔法一本鸿乙草堂、摩诘辋口、关仝雪栈、营丘寒林诸迹，无一毫入南渡蹊径，而生动之趣未尝不在，此绘林正脉也。孔彰大父子京先生博雅精鉴，所蓄古今名迹甲天下。余尝见先生所作《郭五游焦山炼丹图》《邬佐卿桃花放棹图》，皆盈二尺有奇，而此卷巨丽实三倍之，信渥涯之多龙种也。当此画道凋落、魔涎洒地、布网粘缀，无一得脱之时，而英思神悟、超然独得如孔彰，可不谓崛起之豪欤？余忝同里世交，其叹服称快又倍于陈、董二先生也。天启丁卯季冬朔日，白苧友人李日华识。（李日华印　君实）

予尝与客看山戏，谓客山一耳而人具一观。能诗者取其峭茜青葱以资笔舌，能绘者得其冈峦回伏以供位置。堪舆则细察来龙过峡，富贾常欲觅肥衍处向县官陈牒，佃作树场以此广推业境。垒出如余并不作他想，第思向绝胜处携家就之耳。今观孔彰《招隐图》并诗，睁目道好。读董宗伯、陈徵君、李符公三先生题，不复能下转语。为谢孔彰，倘域中有此等佳胜，走急足报我。君一日负手消摇间，忽有挈药囊、担琴剑、牵犬抱猫至，非它人也。崇祯改元三月晦前二日，年家友弟俞彦识。（俞彦之章　观玩轩）

沈石田江云溪月图卷

（纸本，水墨，高七寸五分，长一丈三尺四寸六分，三接，画无款，尾下角有启南朱文、石田白文二印。诗另纸，高同画，长一尺九寸二分。）

  年少今陈列，京华事壮游。
  道从三语合，价重一衡收。
  溪月传杯夕，江云挂席秋。
  功名在人作，男子肯卑休。
  ——长洲沈周（白石翁）

  白石翁此卷无款识，亦无年月。玩后幅诗意，当是送行投赠之作，然此诗集所未载。按《石田集》为万历中陈明卿所刊，裒辑于散佚漫漶之余，钱功父序称其十不得三四，盖去翁殁已百余年，所遗者夥矣。云泉刺史既得翁仿梅道人卷后，又得此卷，取诗中语定为《江云溪月图》，与前卷奉为合璧，属予题识如此。心青孙原湘。

程松圆观鱼图轴

（纸本，高二尺二寸，阔九寸。）

  叔度惠余金鲫数头，蓄之盆池，悠然自适，喜作二诗。
  日照盆池碧藻新，自剜斗水蓄金鳞。
  相看亦有江湖乐，莫问高悬玉带人。

  喜见金鳞动翠漪，抛书当日绕盆池。
  悠然莫道鱼非我，此乐江湖我自知。
  ——己卯五月既望，孟阳。（孟阳）

钱舜举山居图卷

（纸本，高七寸六分，长三尺二寸三分，画后用乌丝栏，青绿，款四行，书在乌丝栏外。起首上角有"希世有"印。）

  山居惟爱静，日午掩柴门。
  寡合人多忌，无求道自尊。

鹓鹏俱有志,兰艾不同根。

安得蒙庄叟,相逢与细论。

——吴兴钱选舜举画并题(舜举印章　舜举　钱选之印)

山居(篆书)南阳滕用亨书(随时取中　滕用衡)

题山居图

平生酷爱山居好,几度驱驰洛阳道。

如今白首观画图,心愧奔波不知老。

画中风景是仙都,不是仙翁孰可居。

安得烟霞分少许,便营茅屋伴樵渔。

——芝山老人朱逢吉(朱以贞　松桂林)

门对玉山岑,青溪度碧林。

镜空霞散绮,天净月流金。

兴在有诗处,道存无事心。

惟因听幽鸟,应悟白云深。

——松石道人题

寂寂远尘纷,衡门称隐沦。

溪山便久住,猿鹤旋相亲。

云卧长非病,霞餐岂为贫。

终当捐世虑,来此共为邻。

——彭城刘敏

山居绝世纷,泉石岂沉沦。

夜月吟时共,晴云卧处亲。

草荒宁为拙,果熟未全贫。

早晚投簪隐,寻君愿卜邻。

——嘉言和前韵

结庐岩石畔,真与世相违。
地静居邻少,山深过客稀。
煮茶爨碧涧,沽酒典春衣。
我亦嫌纷扰,移居欲近依。
——吴郡傅伯生。(有余轩　傅伯生　金沙渔隐)

筑室青霞坞,幽深与世违。
樵人知姓字,木客识岩扉。
夜煮茯苓粥,秋纫薜荔衣。
披图怀旧隐,回首思依依。
——吴郡徐范

高人栖泊处,尘世俨相违。
小径穿苔石,疏花映竹扉。
投闲多赋咏,少出懒冠衣。
不是忘机者,谁能向此依。
——永嘉陈弓

结庐南山下,自觉尘俗非。
重茅蔽檐栋,短棘环周围。
林深鸟声乐,地远人迹稀。
红尘隔前境,白云长自飞。
种秫酿美酒,酒熟盈樽罍。
栽桑满东陌,桑盛蚕足衣。
幽哉山中趣,恍然世相违。
愧吾江海客,东西久驱驰。
何当别名利,早向山中归。
——兰亭后人

性僻平生厌市廛,茅居投老白云边。

苔封鸟道车无迹,门掩松关日似年。
种药每分华底露,煮茶长引竹间泉。
醉来高卧南窗下,始信山中别有天。
——会稽山人

数椽茅屋构云边,麋鹿为邻乐澹然。
长夏自知无客到,一壶酒尽枕书眠。
——止安生(平轩　止安书社图书)

乱山回合翠模糊,中有高人旧隐居。
药径雨残苗短短,竹关烟淡叶疏疏。
鸣泉分响归茶鼎,老树移阴上酒壶。
尘世已知仁者乐,漫将幽趣绘成图。
——南沙朱新(子新　笠泽急渔)

旧家山塘上,别业吴城东。
两地厌尘纷,永怀居山中。
山居信可乐,桂树多成丛。
岩泉明素练,松风韵焦桐。
门当萝径开,溪与桃源通。
临轩面翠屏,啸傲轻英雄。
酣来卧白云,此乐真无穷。
嗟余在城市,驱驰汨尘踪。
长年无定居,转徙如飘蓬。
何当共君往,相期作邻翁。
——吴淞周立

山居记　居水村而慕山林者,往往厌尘喧而乐幽僻,岂以山林为深静而喧嚣之所不到乎?此古之幽人、清士每依山以结庐也。友人贾伯起居苏城之东北,清溪环舍,与娄江通,农人、野客、渔舟、估舶,晨夕之所见也。乃扁其室曰"山居",且曰："吾家先世居城西之山塘，与虎丘相密迩，兵后故庐不存，而未尝不往来于怀也。"近得钱舜举所画《山居图》，遂装裱成卷，来需余文以记。吁！伯起可谓好事者乎，居水村而慕山林，处新居而思故宅，念念不忘乎先世，则其所谓山居者非止于燕游寄傲而已也。虽然山中之乐非静者不能知之，非惟不能知之抑且不能得之。欲得之者，惟甘澹泊而忘寂寞者为能也。夫长松之下、深竹之间听风泉于永昼，瞻花卉于芳辰，酌酒赋诗，观云待月，其乐可胜言哉！非习静爱闲者其能得此乐乎？余居一廊，虽远邻屋市声之杂，有林居幽寂之闲，犹欲更移家以入山。顾力有不足者，常以白头如斯，不能遂所志也。若伯起之年未艾，有孝敬之子、贤良之婿，他日再移家入山以怡暮景，盖未晚也。尚当拭目以俟，重为作《山居记》。洪武三十年春上巳，立庵独叟俞贞木书于端居方丈。（端居室　立庵　包山真逸）

几家同住白鸥洲，地接娄东境倍幽。
开径自怜芳草合，卷帘常对白云浮。
百年世业寒毡旧，十亩湖田晚稻秋。
未得移居向山郭，披图空忆旧曾游。
——吴郡周傅

奉次前韵
年来应厌碧沙洲，却爱山林地更幽。
凉气早生清涧绕，曙光迟发翠岚浮。
英英云映神芝秀，策策风鸣老树秋。
拟欲相从邻曲住，岩峦奇处共遨游。
——质生

我爱山居好沉沉，白昼闲萝窗明月。
破苔径落花斑帘，暗和云卷诗豪带。
酒删石边扉响处，知是采芝还吴门。
——陆宗美（陆氏宗美　吴门陆）

隐居今住百花洲，草径柴门事事幽。

绕屋琅玕飚思足,一川云锦异香浮。
临溪萤室书盈架,负郭良田岁有秋。
会待赵家入山谷,定应携酒作春游。
——翠屏叟次韵

山人旧业枕长洲,门巷萧条石径幽。
猿鸟有情从去住,利名无意任沉浮。
酒香绿蚁将蚕月,稻熟红莲未菊秋。
长日定应樵牧罢,白云闲为结同游。
——吴门沈潜次韵

爱山成癖乐山居,买山不顾钱囊虚。
偶得吴兴著色画,按图崖胁安屋庐。
屋上有青山,屋下有流水。
翠涧声喧雕槛前,白云影落画屏里。
窗扉昕夕入烟霞,鸡鸣犬吠似仙家。
教儿堂上编汗竹,迎客门前扫落花。
盈缶酿黍喜初熟,头戴葛巾还解漉。
醉呼棋隐下遥岑,卧听樵歌出幽谷。
求志优游从隐沦,人圭不析愁绊身。
太平天子新登极,贤豪并起赞经纶。
时来不出何犹豫,闲居苦赋乐闲趣。
鹤书早晚赴陇来,只恐白云留不住。
——长沙萧规(竹园生　萧规印　湘山樵寓)

春云零乱满荆扉,独对娄江坐翠微。
几曲小桥芳草遍,数声啼鸟落花稀。
钩衣石角悬崖堕,挂瀑山泉卷幔飞。
亦欲相从谢簪绂,却惭未制芰荷衣。
——文江周岐凤(光霁　汉廷小吏)

何地堪容膝萧然，万壑间身随猿鹤。

伴心与水云闲绿，树高低屋青峰远。

近山长年无客至，时事岂相关钱绅。（钱氏孟书）

寥寥犬吠屋头云，寂寂莺啼谷口春。

莫道人间闲处少，人间自是少闲人。

——葵丘谢缙（葵丘　孔昭　种玉生）

隐居娄水曲，心迹与山便。

叠石为丘壑，开渠作涧泉。

饮当修竹坐，醉藉白云眠。

茹得芝苗惯，何劳负郭田。

——吴郡张收（琴书自娱）

钱舜举山居图　胜国时题咏甚众，考其岁月已是龙战于野时也。诸君子安得从容翰墨风流之事？盖胜国征徭甚薄，文法甚宽，其俊民韵士又多不乐缨弁而逃于书画耳。其昌题。（玄赏斋　知制诰日讲官　董其昌印）

董文敏绿天庵图轴

（纸本，水墨，高二尺八寸，阔一尺一寸五分。）

赤日无闲人，绿天有傲士。

种树不几株，清凉总相似。

此绿天庵诗也。余暇日北窗坦腹，展玩是图，兼为临之，颇得清凉滋味。玄宰并识。

思翁见人索画如邀渊明入社，不无攒眉之苦，而其闲窗信笔又自有出神入化之妙，所以能事不受相促逼也。眉公。

仇实父试茗图卷

（纸本，高八寸，长一尺六寸五分。）

  仇英实父制（仇英　十州仙史）

  腥瓯腻鼎原非器，曲几蒲团迥不尘。
  排过蜂衙窗日午，洗心闲试酪奴春。
  ——吴门唐寅（唐子畏印）

  嗜茶平日无如我，着意煎烹喜到君。
  七碗从教吃不得，个中风味许谁分。
  ——都穆（都氏玄敬　太仆少卿）

  端居寡尘虑，庭树影交加。
  去汲崖端水，来烹竹里茶。
  烟藤挂紫叶，藓砌委红花。
  一笑风檐下，从渠白帻斜。
  ——文彭（文彭之印　文寿承氏）

恽南田丛菊图轴

（纸本，高二尺五寸二分，阔八寸五分。）

  谁送金风笔底来，不须篱下问苍苔。
  于今白帝全无力，丛菊还从研北开。
  ——曾见唐解元菊图，笔趣清逸，深得造化之理，此本戏用其法。正声三兄工写生，自种菊百本以资画趣，花叶奇态，研索深矣，聊用相证并博拊手。丁巳建子月南田草衣寿平。（寿平　正叔）

石涛僧写翁屈子诗意册
（纸本，十二帧，高七寸八分，阔五寸一分。）

（设色，淡青）瀑布条条好，风吹总不斜。（清湘老人）

（设色）萧散长无事，天留老布衣。（瞎尊者）

（设色）波中涌山岳，知是海鳅回。（前有龙眠济）

（设色）江山才子国，花草美人秋。（元济　光公）

（设色）千山连彩翠，半壁障空冥。（清湘老人）

（设色）树上穿云窦，峰峰拂水波。（前有龙眠济）

（设色）天遗一老在，人以八朝留。（前有龙眠济）

（设色）地削芙蓉瓣，天悬瀑布瓴。（清湘老人）

（设色，浅绛）一水二三里，沿洄上紫霞。（阿长）

（设色）道随春草长，人与白云深。（老涛）

（设色）竹深偏有月，松小已多风。（瞎尊者）

（设色）翁山屈子诗如画，枝下陈人画取之。

奇句不将奇（奇字原脱）笔写，枯肠返令俗肠医。

江山粉本情虽旧，生面全非意所思。

十二鱼罾痴且醉，后时朋辈若谁持。

——冬日坐青莲草阁，微雪初飞，索纸笔作画，无题。随拈翁山诗外，随笔拈弄数幅，别有兴趣，戏为记之。济。（老涛　原济）

董文敏琵琶行图卷
（纸本，水墨，高八寸七分，长四尺一寸半。诗另纸，高同，长一丈二尺三寸余，三接，图末有董氏玄宰白文钤缝印）

琵琶行图，董玄宰画。（董其昌印）

琵琶行（文不录）

因画《琵琶行图》并书此香山，无心道人有情语。其昌。（宗伯学士　董玄宰）

壬申寒食过栖水，余友张羿老出所收藏墨迹画卷，纵观之，而华亭真本最多。此卷画与字皆思翁得意笔也。尚有楷书《心经》及《闲闲桑者传》手卷，皆是神品。余赏玩良久，笑谓羿老曰："子何收藏之富也？余不禁生妒心矣。"因识数语而归之。龙山同学弟查升。（櫨）

唐子畏匡庐看瀑图
（纸本，高四尺三寸七分，阔八寸一分。）

  道人长住匡庐峰，幅巾掩耳头蓬松。
  世间万事不解了，坐看瀑布飞银龙。
  ——唐寅（唐寅私印　唐伯虎）

王吴碎景册
（纸本，高五寸三分，阔六寸二分。渔山、石谷各四帧，赠顾苍竹者，陆时化复将渔山、石谷两小帧合装成数，载《吴越所见书画录》六卷内。后归吴门张氏，兵乱散失，仅存六帧。）

  袖珍　苍竹丈易农题（易　农）
  予学道山中，久不作雨淋墙头画法，梅雨新晴，为苍竹表妹丈写此。辛酉五月吴历。（吴历　渔山）

  冬月仍堪赏，诗人奈尔寒。
  清辉有余鉴，岁晚不多看。
  冷透荒荒白，明翻树树残。
  未斜随雪棹，先满逐吟鞍。
  相望忆秋别，无眠愁夜阑。
  此时呵冻笔，影入画图难。
  ——赋得寒月，书似苍竹表妹丈正之。吴历。（吴历之印）

  湘江秋思，画成微雨，觉秋气萧瑟。渔山吴历。（吴历）

春池百子非，芳树万年余。
洞有仙人篆，山藏太史书。
春水满四泽，夏云多奇峰。
秋月扬明辉，冬岭秀孤松。
——苍竹年翁易农骥书（董文骥）

江乡清夏写大年意。（石谷子）

渔庄秋霁（石谷子）

岂曰无知己，青山订石交。
蝶迷众香国，鹳护老松巢。
独往申吾道，孤怀任世嘲。
夜深秋水涨，残月浸林梢。
竟日无它课，闲情问水涯。
留芸聊护籍，汲涧自煎茶。
触石涛飞雪，乘风浪吐花。
茫茫天末影，数点未归鸦。
——毗陵唐宇肩若营氏于一竹斋书（□　唐宇肩　弃疾）

李成《雪村归棹图》，戊午闰月既望，为苍竹老亲翁。王翚。（石谷子）

此地有崇山峻岭，茂林修竹，又有清流激湍，映带左右，引以为流觞曲水，列坐其次。虽无丝竹管弦之盛，一觞一咏，亦足以畅叙幽情。是日也，天朗气清，惠风和畅，仰观宇宙之大，俯察品类之盛。苍竹老年翁正字，昌祚。（燕毂　钱昌祚印）

西溪竹木，为颛庵老先生写，吴历。（吴历）

嬉左倚采旄，右荫桂旗，攘皓腕于神浒兮，采湍濑之玄芝。余情悦其淑美兮，心振荡而不怡。无良媒以接欢兮，托微波以通辞。愿诚素之先达兮，解玉佩以要之。

为颛翁先生书。姜宸英，时寓玉峰憺园。（姜宸英印）

文彦可米庵图卷
（纸本，高八寸六分，长四尺五寸八分。）

  米庵图 米南宫楷书《宝章待访录》凡四千余字，相传为胜国赵文敏公物，有赵氏子昂印。在我明为陆冢宰所藏，外舅张茂实先生屡物色之不可得，为生平欠事。内兄青甫氏最好米迹，见辄下拜，犹南宫之见石。从陆氏后人踪迹二十年余，始倾资购归，非第适所好政以述先志也，遂自号米庵。余为作图识其始末，遁士文从简书于城南野筑。（彦可　文从简印）

  米庵 为青甫丈书，董其昌。（太史氏　董其昌印）

  青甫力购海岳翁《宝章待访录》真迹，得之乐甚。董玄宰太史以米颜其庵，余为作图，因以自号焉。文从简识。

米庵诗
苏郡娄关张青甫，家世玉峰文苑虎。
廿年酬酢谊逼古，彼此相字为旧雨。
近传米庵图肫肫，识者竟呼米庵主。
过客不识求吾吐，兹事匠心盖有祖。
前朝曾有虞邵庵，契其击壤乐且湛。
英光秘集张君耽，抱膝长吟日与参。
充栋之中悦旨甘，广采外集叹奇男。
皇虞混沌乐憨憨，与世推移迹浑涵。
隘与不恭坐而函，气类吻合号非惭。
久要尚友求合簪，四载阔别梦不堪。
辱怜衰老赍村南，请宣厥旨愿同龛。
青甫先生下言诠，所蓄不敢漫自颜。
眉山豫章笔娟娟，未若米氏尤蹁跹。

吾家先翁爱老颠，谓为风气甚玄玄。
墨宝不得一近前，生平失蹉竟游仙。
小子收购倾囊钱，宝章待访声斑斑。
颉颃鹅群五千字，端严雅正绝妩媚。
麻姑仙坛难比粹，北海复生安敢议。
兰亭有一此无二，珍藏十袭毋轻示。
米公留此在人间，讶之以颠皆过例。
张君以孝以阐幽，斯号斯旨愚见未。
譬之伯夷虽隘惠不恭，一种清和万古贵。
——江阴赤岸徙南村李如一

奉赠米庵长句
草庵如笠拟藏真，向往襄阳宝晋人。
秘箧墨皇平复古，壁悬盖华乙僧神。
浣花旧句勤雠定，典午遗文恣讨论。
五十潜修心自歆，千秋业就岂长贫。
——寒山赵宧光

　　凡夫先生投赠舅氏长句，原系篆文立轴。近因《米庵图卷》装成，爰命楷书附后。丙寅夏，五甥文柟谨识。

　　银钩未见心先醉。千金值、散尽黄金身世。借我榜吾庐，喜草堂经岁。千丈阴崖尘不到，但咫尺、玉簪螺髻。须记。更茂林修竹，小桥流水。　　天上绛阙清都，待十分佳处，算来何异。有鹤止庭隅，鸟倦知还矣。屋上松风吹急雨，快满眼、新凉如洗。居士。羡安乐窝中，丹青手里。（集辛稼轩句）

　　云深别有深庭宇。通幽径、眼底烟霞无数。认得米家船，任燕留鸥住。门掩新阴孤馆静，便觉道、雪巢堪赋。休赋。问结庐人远，更无题处。　　谁见静里闲心，有笔床茶灶，夷犹今古。石磴扫松阴，日涉成佳趣。说与山童休放鹤，怕蓦地、避风归去。同去。又款竹谁家，穿花省路。（集张玉田句）

　　右调《珍珠帘》，题文彦可《米庵图》，此图为彦可极作。同治元年壬戌闰秋，

顾文彬识于过云楼。（顾印文印　过云楼主）

题米庵图卷

米庵题署出思翁，画仿王维造化工。

点缀树株三十六，云岚缥缈望晴空。

修竹萧萧鹤唳疏，闲敲清磬掩蓬庐。

牙签插架芸窗展，水绕城南可卜居。

小桥曲曲水溶溶，极目云山不计重。

待访宝章宛在手，髯张又得白斋逢。

白斋却似米庵身（余有铜印朱文芾字），读画论书也入神。

手录丛抄三十载，此中堪许葛天民。

青甫所述有《清河书画舫》十二卷真迹，日录三帙，此图亦在其中。

余所述有《续铁网珊瑚》《吉光片羽》《古玉文字纪》《刻碑姓名录》《宝鉴录》《飞白录》。戊辰游杭，《书画纪》《续古刻丛抄》《名扇录》，共五十余帙。

考青甫名丑，余生癸丑，小字阿丑，故云却似白斋。（白斋）

考米海岳翁小楷《宝章待访录》，真迹，是蜀纸乌丝栏写本，全学欧、颜、褚、李笔法，是米翁第一名帖。张青甫倾资力购，得于水村。陆冢宰后人处有"赵氏子昂收藏图书"，凡四千余字。青甫题小词于后，云："髯张学浅，愧无能论书要与南宫并。"同时，董香光以米颜其庵，又嘱文生彦可作图并为之记，遂自号曰"米庵"。今不意图卷竟落余手，余观文生画甚多，当以此卷为第一。全学摩诘《辋川》、鸿乙《草堂》等图融化而成，笔有尽而意有余，令人神游而不能出，真一奇迹也。庚子秋七月望日，白斋陆绍曾又识。（白斋）

徐天池花卉卷

（纸本，高九寸六分，长一丈五尺，四接，有湘管斋钤缝印，前有宋其武书画记、沈雨公印、"空山无人，水流华开"，尾有其武宋之绳印、赐貂楼图书记、宋震隆印、子迈、子凯、宋峙之印、荫读轩书画记、虞山沈郎秋雪堂书画印、沈印、春泽，十四印。）

牡丹

墨中游戏老婆禅，长被参人打一拳。

涕下胭脂不解染,真无学画牡丹缘。(渭文长　孺子)

绣球
虢姨骑马去朝天,淡扫蛾眉真可怜。
不识马头球两串,也如枝上粉团团。(孺子)

兰花
兰亭旧种越王兰,碧浪红香天下传。
近日焚香成把束,一篮不值五文钱。(孺子)

杏花
抟泥作并给儿童,腹里饥雷转更攻。
我画杏花都未了,流涎忽忆海东红。(孺子)

荷花
罗敷不更嫁儿夫,使君黄金空满车。
独自年年秋浦立,只疑何故不沉鱼。(孺子)

石榴
略用胭脂染一堆,蛟潭锦蚌挂人眉。
山深秋老无人摘,自迸明珠打雀儿。(孺子)

秋葵
丹墨毫厘有是非,莫言草木便轻微。
中间一寸灵砂紫,随着金乌到处飞。(孺子)

萱花
庭前自种忘忧草,真觉忧来笑辄缘。
今日貌侬欢喜相,烦侬陪我一嫣然。(孺子)

菊花

人如饷酒用花酬,每扫菊花付酒楼。

昨日重阳风雨恶,酒中又过一年秋。(孺子)

玉簪

一江秋水碧漪漪,波上夫人淡扫眉。

正遇琴高归月下,送将赤鲤与侬骑。(孺子)

海棠

昨图铁干与木瓜,不尽余红染碎霞。

都赏垂丝春酒尽,不知秋有海棠花。(孺子)

芙蓉

老子从来不遇春,未因得失苦生嗔。

此中滋味难全说,只写芙蓉赠与人。(孺子)

山茶

闻道昆明池水东,四时都赏宝珠红。

世味长秾不长久,所贵鹤头红雪中。(孺子)

梅花

曾闻饿倒王元章,米换梅花照绢量。

花墨虽低贫过尔,绢量今到老文长。(孺子)

水仙

腊月八日涉笔神,水仙旁夹竹麟岣。

正如月下骑鸾女,何处堪容啖肉人。(孺子)

竹

雪锋霜阵谁能殿,故写此君花后丛。

昨损青蛇三百万，滕痴蛇脑放蜈蚣。（孺子　文长　鹏飞处人　华暗子云居　青山扪风　天池山人　袖里青蛇　青藤道士）

坡公云：作画必此画，见与儿童邻。具是识者方可语文长。文长狂襟逸抱，偶意之所到，信腕挥洒，神气奕奕，超动今观者骇心洞目。昨从润州放帆，风日清美，江山映发，竟昼抵石头城下，便于儿子案上见此卷，洵为年来一大畅适也。己卯清和月望后一日，鸥天别馆识。（宋献之印　鸥天馆）

题句"不丐唐人流涎书字，大欲于米虎儿争座矣"，即名书家如祝京兆亦恐当让一头第。是日又题。（献孺）

文长与余友徐丹竹善，丹竹盖其小友也，且系通谱，故所藏至多。昔余在都下，丹竹子梦庚从余学，赠此翁手墨，颇惬意。最畅目者为墨雨霞笺，斗大，署书携归珍之，竟不知落何所，每一念及，殊为懊怅。今日雨窗展此，增我惋惜并识。辛巳八月廿有七日，岳峙堂书。

徐文长，奇士也。胡襄楙开府东南，延之幕中，听出入无拘忌。酒后狂发白眼向襄楙，如少陵踞床睨严武状，襄楙了不为意。乃知豪杰能下名士，以语今龌龊小儿，可发一咥。弘光首元季春朔，如园漫题于鸠兹公署。

此卷及王中翰《九龙万竹秋深卷》为余所最嗜，客夏避地南山并携之往。两被贼掳，如鲁灵光岿然独存，秋声卷失去。今得展玩，颇觉怅恋，然安知异日不为延津合也？丙戌四月望后，岳峙堂题，如翁。

花草自白阳山人一变绝无端倪，可使学者入手。圣耶！神耶！至矣！极矣！至青藤道士以离奇之笔写出胸中懊恼，非不知画，实不欲随人脚跟堕入野狐胎里，故作狂态，岂得已哉！癸亥上巳，吴趋后学王武书于南山堂。（吴趋　王武）

文文水、钱叔宝、朱子朗、石民望合作药草山房图卷

（纸本，设色，高八寸，长三尺三寸。图无款印，有"云镌阁考藏图书""到此故应山作主，随方还有月为朋""安仪周家珍藏""炼雪鉴定""晴岚珍藏""序伯心藏"六印。）

嘉靖庚子十月十九日，周公瑕过余斋中，适久晴得微雨，且昨辱蔡叔品邀为药草山房之会，遂与家兄寿承、朱君子朗冒雨同往。比至，雨霁月出，于是钱子叔宝、彭子孔加偕沈禹文亦至。诸公高兴逸发，见几上素卷，嘉与叔宝、子朗合作横轴，孔加忽吟二句"画史争图药圃花，山人倒写岩间树"。八人者欲为之联句，不成，因各分韵赋诗。是日，胡绍之期不至，石民望已先在座，补水仙石傍。陆紫芝将为之记，因书此先驱云。休承识。

彭得"齐"字曰：
对酒检缃题，烟云过眼迷。
朝暾名葩艳，夜雨药苗齐。
举世悲泥醉，谁人得马蹄。
可怜修竹里，白日听莺啼。
——偶余诗先成，遂书卷端，非敢先人也。彭记。

西山落日暮云无，药草经冬雨未枯。
酒废棋枰闲负局，烛笼帘幕代悬壶。
致身欲比三年艾，折臂能医九节蒲。
座上列仙非潦倒，海天云峤性情孤。
——陆芝，第二成。

幻霞真隐士，药草有精庐。
窗阁诗人笔，门停长者车。
笼内物无弃，樽中酒不虚。
云山吾欲往，采掇近何如？
——休承文嘉第三成

蔡经冥举后，仙迹百灵降。
壶里长房宅，岩前玉女窗。
药苗分五岳，茅脊贡三江。
愧我沉酣客，忘归倒玉缸。
——彭年第四成

高居隐修竹，芳墅引香风。
菊种南山近，杯深北海同。
月临玄圃外，人在玉壶中。
烂醉吟名药，天台忆阮公。
——沈大谟得"中字"第五成

丛篁开石径，百药敞山斋。
待月宜文酒，临风动好怀。
韩康高节并，梅福素心偕。
茂陵予病渴，期尔卧苍崖。
——第六咏，予得"斋"字，艰不可和，聊识此，周天球。

文酒酬佳宴，为欢思欲迷。
青囊谈秘诀，白石长灵芝。
种杏开畦日，疏泉洗药时。
偶来留竹径，把盏夕阳迟。
——第七成石岳

新冬物候催，佳宴草堂开。
共饱青精饭，同倾黄菊杯。
轻烟横竹径，素月上松台。
药圃浑不醉，隔路独徘徊。
——钱榖第八成

此夜游仙岛,何如访葛洪。

月穿松径白,花倚药栏红。

秉烛难为别,题诗惜未工。

挥毫谢诸彦,潦倒一樽同。

——朱朗殿成

夜色回虚幌,春生竹里斋。

指寻群彦集,图咏一时偕。

甘菊分香细,胡麻入饭佳。

杯深月出早,相拟罄高怀。

——球醉中探韵,阄得"斋"字。漫然秉翰,辞不及修,书成读之,甚赧。再尾诸君赋。此时漏下又二十刻矣。

(文休承　肇锡余以嘉名　停云　彭年　孔加　陇西彭年

文彭印　文寿承氏　蔡氏叔品　县馨室　钱氏叔宝　江左周郎

周氏公暇　朱氏子朗　朱朗郎　隆池山人)

《药草山房图》视竹林七贤少一,视竹溪六逸少二,皆吴中绝代人。此中着半个屠沽儿不得,展卷披玩,想见肃庙时太平风物之盛,虽与西园雅集并传可也。陈继儒题。(眉公　继儒)

此卷余凡三见赝本矣,面目位置非不一一都似,而神不偕来也。睹此正如汉元见王嫱于遣赐呼韩时,悔前按籍之误耳。余尝叹今世假习滋行,假道义、假名节、假经济学问,以至假面貌、假肝肠,其在用世,诸君或自有妙用。乃寻常里巷徒步,故人之交亦往往以假相涂,其不假者徐润卿先生一人而已。先生唯为真人,故得有此真物。匪徒仗有真眼,亦是感得真果也。先生试于展此卷时令朋侪并味,余说亦未必非一种真药草。白苧李日华识。(日华　君实甫印)

韫真阁中心赏之物。(缊真阁图书记)

明贤合作药草山房一卷（子孙永保　张晴岚）

（题纸八接，钤缝有"缊真阁图书记""炼雪仪周鉴赏""炼雪鉴定""张晴岚心赏""安氏仪周书画之章"等印，又有"晴岚居士人生一乐""清河张若霭晴岚氏珍玩之章""春辉堂蔡氏珍藏""于山氏图书""太原李子梦华氏珍藏"等印。）

　　是卷出一时名手，笔墨相和，泯其合作之迹。深得古静趣，纯是停云宗法。联句虽适兴而成，不甚经意，然朋酒之欢、翰墨之契美尽东南，良足致羡。竹懒跋慨乎言之固极痛快，而眉公题末后数语尤感予怀。年时顾君骏叔曾携示于玉峰旅舍，今来郡中复假观数日夕，心赏不置，亟书于后。时咸丰戊午九月既望日，嘉定程庭鹭。（序伯　庭鹭之印）

　　旧雨常来，门前有客休迎肃。琼瑰先梦满吾怀，竹里藏冰玉。压架牙签万轴。爱扶疏、平泉草木。十分好月，千丈晴虹，诗坛高筑。　锦字偷裁，直须烂漫烧银烛。堆盘更觉紫芝香，谁劝杯中绿。白酒床头初熟。拨新醅、吹香隔屋。丹青图画，醉墨休题，浩歌谁续。（集辛稼轩句）

　　采药云深，满枝风露和香撷。小楼昨夜雨声浑，闲见谁家月。寒木犹悬故叶。傍新晴、清游未歇。穿花唤酒，近竹敲茶，醉魂飞越。　秉烛更阑，引将芳思归吟箧。脱巾挂壁且松阴，照见萧萧发。却恐惊回睡蝶。有孤芳、此时共折。云窗雾阁，象笔蛮笺，东涂西抹。（集张玉田句）

　　右调《烛影摇红》，题儿子承之所藏《药草山房图》。壬戌初冬，过云楼主人记。

笪江上烟林萧寺图卷

（纸本，高六寸一分，长三尺六寸三分。龚蘅题本身。）

　　余曩藏有《方壶外史》，兰亭图墨法苍茫如不善画者，戏仿其意作《烟林萧寺》一帧，以博子鹤道兄大笑。时在庚申仲冬，笪重光画。

（笪　鹅池阁　玉玲珑山阁红函菭湖庄　江上外史笪重光在辛父印）

　　剩水残山破墨迟，竹枝唱罢唱杨枝。
　　绿情红态扫都尽，个是米颠得意时。
　　——翔麟（翔麟　蘅圃鉴赏　龚衡圃秘笈之印）

文衡山兰竹轴

（纸本，水墨，高二尺四寸一分，阔八寸四分，有"清森阁书画印""花步刘氏家藏""蓉峰审定"三印。）

  修竹有佳色，幽兰泛远香。
  美人隔湘浦，欲赠不能将。
    ——徵明（徵仲甫印）

  绿叶转光风，紫英泛清馥。
  不受当门锄，托根在空谷。
    ——酉室王穀祥（王禄之印）

  春霭氤氲露半濡，瓦盆香吐数千株。
  可怜空谷根难托，不为当门也被锄。
    ——太原王稚登（王氏百穀）

  露下芳苞折紫英，风前清馥引幽情。
  援琴欲鼓不成调，一片楚江空月明。
    ——张凤翼（伯起）

  光风泛泛转春阳，碧叶红英吐国香。
  不是玉阶无地植，美人空谷久相忘。
    ——师道（陆师道印　陆子传）

王奉常仿古山水册

（纸本，高七寸五分，阔五寸四分。）

  （设色）江村月夜，仿赵令穰。（孙之）
  （水墨）仿北苑。（烟客）
  （水墨）仿陆天游。（孙之）
  （青绿）仿赵承旨。（烟客）

（水墨）仿黄鹤山樵。（逊之）

（水墨）仿倪高士。（逊之）

（设色）仿黄子久。（烟客）

（水墨）仿梅华道人。（逊之）

（水墨）仿张子政。（烟客）

（设色）仿大痴秋山图。（真趣　烟客）

（水墨）仿子久。（野老）

（水墨）仿徐幼文。壬寅清和仿古十二帧。烟客。（孙之　真趣）

吾年来为赋役所困，尘坌满眼，愁郁填胸。于笔砚诸缘，久复落落。此册为儿子揉装以乞画者，日置案头，每当烦懑交并，无可奈何，辄一弄笔以自遣，而境违神滞、心手相乖，如古井无澜、老蚕抽茧，了无佳思以发奇趣。诸帧虽借古人之名，漫为题仿，实未能少窥其藩，落笔不禁颜汗。然坡公有言："论画以形似，见与儿童邻。"则临摹古迹，尺尺寸寸而求其肖者，要非得画之真。吾画固不足以语此而略晓其大意，因以知文章之道亦然。山谷诗云："文章最忌随人后，自成一家始逼真。"正当与坡公语并参也。壬寅余月晦日，西庐老人识。（逊之　西庐老人）

宋夏禹玉烟江叠嶂图卷

（纸本，高七寸七分，长一丈六尺二寸。四接。钤缝有"令之氏印"，前后有"卞令之鉴定""漱玉斋读书处""瑶草春深""云间陆氏世传桢义"等印）

烟江叠嶂图（知足斋）夏珪写。（禹玉父）

宋开禧嘉定间，画院待诏夏珪与马远齐名。珪山水师李唐，泼墨纵笔、元气淋漓，此盖别有天授，非学力所能到。今观《烟江叠嶂图》，笔情高古，墨彩纷披而雨雪晦明之景萃于豪端，真奇笔也。昔米元章嗜石，见辄再拜。予生平爱画入骨髓，痴癖亦颇相似。壬子春日，与二三知己作天台、雁宕之游。舟过梁溪，得书画数种，以此卷为最。窃自幸心得所好，不虚此行。至名迹流传于世，往往失去跋尾，殊属恨事。若此卷者，岂无鉴赏家为之品题？或疑为庸人割弃，无乃窃取真跋而别装赝本以渔利乎？然似此卓然巨构有目共赏，又何必藉区区评骘为重轻哉？乾隆戊午秋七

月，小玲珑山馆主人马曰璐识。（马曰璐）

顷于斋中捡阅《式古堂书画汇考》，知是卷曾为卞令之先生所藏。细视卷首与骑缝皆有卞氏印章，足征名迹流传有绪，可为席珍。

据卞氏书内所载，尚有康里百花、王汝玉二题，惜俱失去，果不出予前跋所料也。是岁十月之望，半槎又记。（半槎珍赏　玲珑　马氏丛书楼珍藏图记）

王孟端松石图卷

（纸本，高八寸七分，长一丈五尺三寸，十三接。钤缝有友石圆印，前后有秀川唐氏绿溪山庄考藏之印，唐作梅、北枝生、贝省三之印、贝墉莒、林曾观、程桢义观等印。）

洪武二年春三月，九龙山人王绂为幻霞高士作。（孟端　半潭秋水一房山）

王孟端《松石卷》如猛兽奇鬼，森然欲搏人，虽未泯怒张之迹，然拔山神力可使千夫辟易矣。文徵仲题跋书亦苍劲有法。丁未初夏，王子备五举以见畀，乃识数语而藏之。时则闰四月四日也。采菽堂叔子祚明。（陈祚明印）

友石先生人品才华超越庸流，故其胸次不凡。此卷雄奇古怪，笔如游龙，非神乎其技者，安得有此胆力？自明及今，画松者咸宗法先生，习其皮毛，遂流为俗品。譬诸兰亭，自古临摹，谁识右军真际，要不当以临摹之不善，遂诬及兰亭也。丁卯夏四月，安山记。（谢希曾印　安山子）

思翁题友石画卷云：王中秘画皮画骨兼画神，一展卷而寒烟喷雾，拔石迸天，飒飒然真不啻蛟龙起而风云集也。是卷神趣颇合，特为拈出书之。画后文公跋虽失，思翁此语足为之生色矣。庚午季秋，希曾书。（谢希曾印）

文衡山蓉江图卷

（成化笺，高七寸八分，长四尺五寸三分，水墨，无款，有"停云文印""徵明""徵仲"三印。）

（引首）蓉江（隶书碧笺）徵明

（文徵明仲父　玉兰堂图书记）

蓉江记　琴川王氏自德美公以俶傥精进，肇造厥家，风流文雅隐然一乡之望。而其子廷恩峭直激昂，以修正承之，至于今百年。宗尚甫藉奕世之美，愿谨好修，思自振植，属时多故，艰苦百罹，仕则忤时，处复颠顿。年及艾衰，靡所就绪，人不堪其忧，而君不以为恨也。每咏芙蓉秋江之句以自况，曰："是殆有时也。天不吾靳，吾其晚荣乎！"既久而家日温裕，诸子骎骎有成。伯氏起高科，仕为司寇，属显荣，光大门户，煜然于是。宗尚君日益老而志日益，遂优游余年，融然自适。人咸异之，谓君之言如投券取物，不爽毫忽，信哉！无所庸心而能俟乎命也。不知其中固有不皆以命者，贵能修其身也。是故天下莫不有当然之理，亦莫不有当为之事。所谓性也，贵贱富贵、寿夭福祸；所谓命也，君子尽其性而后可以言命。故有鹑衣带索、矻矻穷年以形神自全者，斯已达矣。而君子或不以为命，其修于此者或未至也。修于此者未至，则得于彼者，不可谓不幸也。是以君子贵自修焉。君以明达之资躬孝友之行，在妻不愆于养而处变必执其恒。履谦蹈和不失道我，闺庭雍睦协于乡人。此固君所为取荣之道，而理有所必至者，君虽无所徼而事将不我违也。吾见老而弥康，久而弗亡，既远而益芳，将有不胜其荣者矣。不然建麾结驷，驰逐市朝，足以挥霍一世；訾省干没足以侥富一时，曾不旋踵而音尘销歇，求其名字已不可得。视吾优游，晚节不厌而有常果，孰多少哉？凉飙袭衣，玉露陨草，百卉荒落而吾蓉烂然独秀。信乎！物各有时也，而何必区区争衡于碧桃丹杏为哉？嘉靖五年，岁在丙戌，六月十日，翰林院待诏将仕佐郎兼修国史同郡文徵明著。（徵仲　惟庚寅吾以降）

蓉江赋　虞山之麓，有美一人，古貌修髯，玉佩儒绅。消摇于八极之表，容与于四海之滨。与时观化，随物澄神。感逝水之浩浩，怅流火而歌豳。尔乃景物萧索，天地将藏；蟋蟀在壁，鸿雁南翔。草襟褬而委露，木偃蹇而脱霜。爱芙蓉之鲜洁，出秋浦兮孤芳。若夫晨光熹微、朝阳带岸，则簇万宝于枝头，映明霞而有烂；暮景惨澹、阴霭如伞，则敛殷锦于小苞，随飘风而流粲。二族辉霍，五章明奂。不先春而争妍，宁后时而自意。兰桡兮桂桨，金约兮玉腕。搴木末兮相怜，望锦城兮长叹。托清誉于山椒，貌芳丛于帷幔。亲之或屏于坐隅，礼之或加于首冠。出泥而洁，意偶符乎爱莲之濂溪；乘风而归，兴不减于思莼之张翰。乃为之歌曰：秋江兮迢迢，秋风兮萧萧。有美人兮江之上，兰为旗兮桂为桨。往从之兮湘水广，忽青山兮落吾掌。

嘉靖六年岁次丁亥九月二十三日，五川居士杨仪撰。

王石谷山水册
（纸本，高七寸七分，阔五寸七分。）

（水墨）写子久富春山一角（石谷子　王翚之印）

（淡绿）王晋卿萧寺图（石谷子　王翚之印）

（水墨）闭户著书多岁月，种松皆作老龙鳞。仿马和之。（王翚）

（设色）湖庄清夏，临娄东王奉常所藏大年本。（石谷子　王翚之印）

（水墨）巨然风雨归舟（石谷子　王翚之印）

（浅色）岩畔垂纶，李息斋有纨扇本背临大概。（石谷子　王翚之印）

（水墨）唐解元学晞古法作绝壁奔流，有出蓝之妙，近在余家因拟之。（石谷子　王翚之印）

（淡色）焦园用王右丞白描法。（石谷子　王翚之印）

（水墨）曹知白竹窝图（石谷子　王翚之印）

（水墨）龙眠居士幽涧寒松（石谷子　王翚之印）

（水墨无款）（石谷子　王翚之印）

（浅赭）万壑千山，独闭门仿李成。（石谷子　王翚之印）

王石谷江山卧游卷
（纸本，设色，高一尺，长二丈一尺八寸，四接，骑缝有"西田"腰圆印，前后下角有"金传声""秀水金氏兰坡过眼""天香阁韵斋珍赏""王掞之印""颛庵"，六印。）

江山卧游　昔宗少文每图山水揭于四壁，偃仰其间，谓之卧游。丙子夏五，旅窗岑寂，无以寄怀，用董、巨法写此为卧游。具恭呈颛翁老先生清鉴，愧不能揣摹古人遗旨也。海虞王翚。（上下千年　王翚印　石谷）

王石谷江山胜览卷

（纸本，水墨，高八寸五分，长一丈五尺九寸。三接。前后下角有"荷汀鉴定""莲樵成勋鉴赏书画之章"印。）

　　一峰老人为云林画江山胜览，数年而后成。以痴翁墨妙为云林构图，其意布置又非富春一种，真墨苑千古风流。余此卷用其法，正未敢以凡马步骤妄希天骥，聊志钻仰苦心尔。耕烟老人王翚。（寄兴　王翚之印　石谷）

王麓台仿古山水册

（纸本，高六寸一分，阔七寸七分。）

　　灵心自悟（隶书），西庐八十七老人题。（农庆堂　西庐老人）
　　（水墨）仿大痴（茂京）
　　（水墨）仿黄鹤山樵（麓台）
　　（青绿）仿赵承旨（茂京）
　　（水墨）仿梅道人（原祁茂京）
　　（设色）仿高尚书（苍润　茂京　别号麓台）
　　（水墨）仿云林（麓台）

　　此余丁巳春间往云间笔也，先奉常见之，谓余为"可教题识"四字。今阅十五年矣，于古人笔墨终未梦见，殊愧先大父指授，为之泫然。康熙庚午长夏，观于毗陵舟次，谨题。原祁。（兴与烟霞会　原祁之印　麓台）

董思翁山水册

（绢本，高八寸九分，阔六寸七分。）

　　（设色）江南春色。倪元镇有《江南春词》，一时和者如林。陈惟允曾为写图，余藏之画禅室，因捉笔仿之。其昌。（元宰　昌）
　　（水墨）仿吾家北苑法。玄宰。（昌）
　　（水墨）拟燕文贵小景。其昌（玄宰　昌）
　　（设色）泖溪清泛。仲秋廿又七日归自青溪，独泛于泖河之浒，大似赵令穰。日

暮抵家，遂为写此。玄宰。（昌）

（水墨）仿倪元镇溪山图。玄宰。（董其昌）

（没骨）拟张僧繇笔。思翁。（董其昌）

（水墨）摹柯丹丘古木竹石。其昌。（昌）

（水墨）董玄宰画，丙子秋日。（昌）

董宗伯见人索书画如邀渊明入社，不无攒眉之苦。独此册为于蕃摹古，精妙入神，题识备至，足称平生。合作装成，携过虞山示予，以予颇能鉴定，遂索笔志之。牧斋老人钱谦益。（如来真天子门生　钱谦益印）

沈子居山水卷
（纸本，高七寸，长一丈二尺余。三接，设色。）

戊辰长夏写于红蕉馆，沈士充。（子居）

此戴南有所藏沈子居之笔，卷中山水清蔚，崦岣多曲，着不得马背上人。惟南有诗画超超尘外，而又多学道之气，乃不愧此中数椽隐居耳。昔达观师横遭妖书之祸，坐化圜中，尸弃郭外，莫敢收视者。有半夜衣狐裘男子，怀数百钱召流丐，舁之倚土墙间掩护毕，合掌诵忏悔而退，后事白，启视之，面目如生。狐裘客为谁？则悟轩戴君，南有祖也。梧轩，太学生，薄宦江夏主薄，不为上官所知，客死，有孝子秀才匍匐与其丧归。生平礼云栖为导师，橐无厚资，悉以偿父债，余则衬施古刹戒僧，无病削发，跏趺端坐而逝，号长明，则南有父也。南有学道多泉石之姿，沈子居赠以此卷不妄矣。崇祯乙亥三月，眉道人陈继儒七十有八，题于顽仙庐昌蒲盆侧。（陈继儒印　眉公）

董文敏临米书
（高丽纸本，高八寸，长七尺五寸三分。）

金山
石赤表雄名，三辰出浊清。

负海中行瑞，殊香下玉京。

神灵礼金碧，梵力度幽明。

揭榜讹浮玉，庄严是化城。

——临米南宫诗帖。其昌。（玄赏斋　大宗伯印　玄宰氏）

香光无上逸品。乾隆庚戌秋日观于端研斋，文治题。（柿叶山房　文治私印　文章太守）

香光临米书往往出蓝，此卷尤为超妙，盖米老灵豁之处直逼晋人，所不及者精光太露耳。昔人谓"圣人如玉，孟子如水晶"，米老之于右军亦复如是。香光此书直是商周法物，土花血晕，斑驳陆离，不止温润缜栗而已。余尝谓香光书法乃颜鲁国以后一人，观此种书当信余言非妄。乾隆辛亥二月朔日，文治记。（王文治印　曾经沧海）

谛观此书全用《瘗鹤铭》笔意，大家临古必参用古人，所自出此争上流法禅门，所谓智过于师，方堪传授也。（王禹卿氏）

思翁此书，真迹中用意之作，而观者不能无疑，以其非寻常径路也。然自有万变而不离乎宗者在，抚棠先生精鉴定，参此中元著，至其翻身，海岳庵中，果当青色于蓝，否则吾不知也。嘉庆元年二月五日，成亲王识。（诒晋斋印）

唐六如复生图卷

（纸本，高九寸一分，长二尺八寸六分，设色，无款，左下角有"南京解元""唐寅私印"二章。诗另纸，高同，长一尺七寸。）

杨君抱奇疹，三载违动履。

贤郎为精祷，倏愈如脱屣。

至诚可通神，勿药而有喜。

从今斑衣堂，百岁延嘉祉。

酒盏对花树，日日春风里。

——晋昌唐寅既为君祐先生作复生图，仍为赋此。（南京解元　六如居士　吴趋）

方士庶忆临董北苑夏山烟霭图卷

（纸本，高一尺八分，长五尺一寸，引首及题跋均洵远手录，并镌各家印章盖之。董文敏三跋亦缩书在画幅本身上。）

　　董北苑《夔山烟霭图卷》，绢本，长丈六七尺，阔可一尺二三寸，点簇如鳞，浑融无迹。董源一片江南，斯语确然不诬，南宗首推第一人宜哉！卷首尾有贾秋壑长字印，黄美之、袁枢具有收藏印记。卷后唯董文敏三跋。生平见源真迹止此一卷，忆其画法临奉学庄老世叔大人清鉴。方士庶。（士庶）

　　余在长安三见董源画。丁酉得藏《潇湘图》，甲子见《夏口待渡图》，壬申得此卷，乃贾似道物，有长字印。三卷绢素，高下相等，而《潇湘图》最胜。《待渡图》有柯敬仲题、元文宗御宝，今为东昌相所藏。昔米元章去董源时不远，自谓见源画真者五本，予何幸得收二本？直追溯黄子久画所自出，颇觉元人味薄耳。董北苑画为元四大家所宗，自赵承旨、高尚书、黄子久、倪元镇、吴仲圭各同其法，自成半满。最胜者，赵得其髓，黄得其骨，倪得其韵，吴得其势。余自学画几五十年，尝寤寐求吴中相传沈石田、文衡山，仅见半幅为《溪山行旅图》。岁癸巳入京，得之吴用卿，又于金吾邯郸张氏得巨轴一。至丁酉，同年林检讨传言长安李纳言家有《潇湘图》卷，余嘱其和会，复得之。而上海潘光禄有董源《龙宿郊民图》，其妇翁莫云卿所遗，并以售余，余之意满矣。比壬戌再入春明，于东昌相朱阁学家所见《夏口待渡图》，朱公珍之不轻示人，予始妄意别有良购。迨壬申，应宫詹之召居苑西邸舍。是时收藏家寥落寡侣，惟偏头关万金吾好古，时时以名画求鉴。余因托收三种，此卷与巨轴、单条各一，皆希世之宝，不胜自幸。岂天欲成吾画道为北苑传衣，故触着磕着乃尔？然又自悔间断其功，不能熟习，有负奇觏也。癸酉收董源画三幅，一为《溪山行旅图》巨轴，树木作风雨状，枝叶离披，一人骑马返顾家园，有家老着屐出视行者，不堪萧索。下有蒙冲稳泊，崖脚一人手把书册似无风波之恶，此图皴法非复李、范所能仿佛，真神品也。又一小幅当是巨然，都作点树，吴仲圭所宗并此卷而三。余自壬申出山三载，宦游往返八千里，所得赏心清旷之乐，唯此最胜。丙子六月廿七日阅卷识。思翁老人。

缋林墨宝　　陈继儒（继儒之印　　眉公）

画家以北苑为宗，犹书学之以右军为祖。其余派分支别各有源流，而揆厥由来要归曹溪滴水。唐宋诸家如王摩诘、杨升、二李、二赵，色惟青绿，笔用双钩，似乎另出机杼。其间气魄高超，神明规矩，无不以董公为师承。至如许道宁之高古，张志和之潇洒，固其行所无事也。其在元季之王叔明、吴梅庵乃入室弟子，精力克赴，笔有余妍，极尽缋林之能事。后之作者如宋仲温、刘完庵、杜东原、姚侍御极力排抟，总不离乎矩矱。然而真迹在人间，已如日星河汉，所谓"江南半幅"文衡山，太史曾一见之而收藏。好古得先民之薪传，吾郡独推董思翁宗伯。凡三得名宝，非遇合之奇，且足征敏求之切，其于珍重为何如也。暇日过从请观，因跋缘起，并志拜展之幸云。丁丑六月朔，后学莫是龙并书。（莫是龙印　　云卿）

谨按《夏山烟霭》《夏口待渡》《龙宿郊民》等图皆北苑名迹，人鲜有见之者。家香光宗伯好古深思，不使奇宝横弃道左，而犹谦退不遑，自谓"欲成吾画，宜乎收藏之真耳"。董嗣成。（董嗣成印　　庚辰进士）

先待诏仅见半幅，乃《秋山行旅图》也，是卷归董宗伯，可谓得其遇矣。戊午孟春，雁门文震亨跋。（文震亨印　　启美）

林端烟霭杳难分，半是苍岩半是云。
流水远滩渔棹出，平坡深处鹿为群。
墨雨霏微砚北寒，甜香新试鹧鸪斑。
晓窗静展名图看，千里烟峦尺幅间。
——锡山邹迪光谨题（督学宪臣）

予自早岁喜涉绘事，破费水墨将成河矣。唐宋元明诸家靡不旁搜远绍，追寻遗绪，虽力有所不逮而性灵耽嗜，恒于此理，三折其肱。凡诸子百家咸以北苑为宗，所谓江南半幅藏于吾郡缪太史家，暇即借观。其烟光云霭，令人咀味不尽，艺林祖述所由来也。此卷为董华亭藏珍，纸素完好，自有神物呵护，乃能流传无恙。其神采飞动，变幻恍惚，不可名状，较诸半幅图尤觉精妙。金沙于太学持以示予，乃知向所摹临工夫，对此益愧粗疏，惜未获归于敝箧，仅留连叹美已也。虽然鉴赏之真，何分物我，于生其善宝之。乙丑四月八日，林村居士谢淞洲手跋。（谢松州印　贫而乐斋）

董文敏临东坡、叔党父子书册
（高丽纸本，高七寸二分，长七尺五分，截断作册页，得十三开。）

轼启：别来期月，企仰增剧，比日履兹清和，起居佳胜，向因还人上问必达。轼来日渡江，愈远左右，伏冀顺时为国自重，不宣。轼再拜中玉提刑奉议执事。四月四日。

苏钧秀才取歙民女为妻，宜得歙石之佳者，寄遗此砚，殆亦非绝品，盖寒士无力致之耶？然亦发墨滑润，此外当复何求物？既以拔群为贵，则论者不得较精粗于流品之外，不然则欧阳公所谓"吏人磨瓮片，最快便也"。此墨予所制，盖用高丽煤、契丹胶也。元祐四年十二月廿四日，东坡居士书。

木落沙明秋浦，云收烟淡潇湘。曾学扁舟范蠡，五湖深处鸣榔。向子只应见画，此中我独知津。写到水穷天杪，定非尘土间人。苏过。

临东坡、叔党父子书，董其昌。（董其昌印　溧阳狄亿图书　海棠船　溧阳狄亿审定）

临古人书，当知其用何笔墨。如思翁此帙，是用全毫笔、鱼油墨临仿者，故能独得苏家三昧。樊桐狄亿题。（溧阳狄亿审定　宽印）

余所见文敏真迹，不下数十百种，最心赏者有三。一为行书《雪赋》卷，一为此册，皆余家藏旧物，宝爱过于头目者。其一则大书《酒德颂》，曾一见于金陵友人家，欲以三十千易之不得，今不知落谁何手矣。偶一念及，辄为神往。然昔人有言，知足不辱。余得此一种，已有厚幸，设更有奢愿，恐反为达人所诃，且安知不犯造物者之忌耶？菊农狄亿题于花南水北草堂。（溧阳狄亿图书　海棠船　西崦人家）

吴渔山琵琶行图卷
（绢本，高六寸六分，长二尺九寸六分，设色。）

壬子端午前三日，渔山吴历（渔山子）过梁溪华子蛰侯嘱写。（吴历渔山之章）

江州诗迹（篆）。研樵先生嘱书，江沅。

白太傅《琵琶行》（文不录　朱丝格）

道光癸巳秋七月既望，张培敦补书于画后。

陈糜公梅花书画册
（高门纸本，共二十一幅，梅计十一帧，书九帧，题跋一帧，画十帧，无款，有眉公印一帧，有款，具水墨。）

（画）雪中傲骨，世外佳人。眉公。（眉公　一腐儒）

夜启山牖，静而无风，月直松际，鸡鸣雪中，此余山居实境也。今春王八日，友人轰饮晚香堂，忽报雪花如掌大，醉不能登，晓起入高斋，草木别已更胎，独梅花如美人眠绵被絮中，尚未醒耳。眉公。（眉公　一腐儒）

花中结一亭，主人日坐亭上，看花开花谢，何异天地古今兴亡之辙。静观物化，不必检勘诸书，即此园便是一部花史，因题画梅并及之。陈继儒。（眉公　一腐儒）

写梅花要带篆籀古法，文湖州之竹、温日观之蒲萄皆然，马远、扬补之极得此意，王元章瞠乎后矣！眉道人继儒。（眉公　一腐儒）

吴江有美人，向晚手洗芥茶一盎，置之枕旁，曰：梅花香气犹有方，所香至芥茶，不可思议。陈继儒。（眉公　一腐儒）

今年冰雪封山闭谷，偶见一枝横于水上，拈笔写照，恨不担骡背后耳。眉公。（眉公　一腐儒）

月横纸窗戏写，似有暗香逗出笔端也。继儒。（眉公　一腐儒）

唐张藻写梅,双手并下,一写枯枝,一写生干。生者荣润春泽,枯者干冽秋风,余似兼得之矣。偶仿扬补之笔,记此。眉公。(眉公　一腐儒)

"众香国中来,众香国中去",此《华严经》语,可作梅花小照。眉公。(眉公　一腐儒)

人生不必居深宫广厦,惟清然一室、胆瓶一枝梅、磁炉一炷香,日与二三友人谈论,过午饷而退,自胜腥膻万状。陈继儒书于老是庵中。(眉公　一腐儒)

山中无事,溪阁萧闲,因作此册以祛睡魔,并贻完白词丈,供案头清玩,想几上香风徐来也。眉道人陈继儒又题。(麋公)

眉公笔墨几与董思翁颉颃矣。此册为孤山处士写照,神采飞扬,信乎名士风流,非泛常俗工可以拟议,题句亦有意味,岩泉兄何从而得之耶?庚午春中浣嘱余跋,漫书此以博一笑,然不免唐突罗浮仙子耳。南园意香散人题。(意香　毛褎)

玉骨宁容没骨勾,几枝淡写表风流。
波笺留影春萝老,彩笔生花香暗浮。
驿使转凭松使寄,凤城竟许管城偷。
眉公妙手真无匹,一定前身是虎头。
余素不善书,故平日不敢漫为应酬。昨蒙岩泉先生示玩兰竹手卷,作两绝句以题其后。今复携陈眉公所画梅花册页倩题,感其相爱,知踏冯妇下车之失亦不顾也。云楣季良。(云楣　良印　云楣)

满幅横斜不老春,法传墨晕妙无伦。
眉公洵有生花笔,写出罗浮仙子身。

香分庾岭几枝寒,尽许凭图细细看。
此日灞桥应少雪,何来诗思集毫端。

展卷行吟兴独长，恨无佳句探奚囊。
心肠谁是能如铁，题到梅花字自香。

江南江北忽相亲，陆范当年情共真。
借此题梅吟绝句，写来恰赠陇头人。
——再题绝句四首，兼赠岩泉先生即正，云楣赘笔。（云楣　云眉）

眉公胜朝高士也。博览群书，精通史学，天下名闻，不慕荣利，竹篱茅舍，优游自乐。书画，公之余事也。每于风雨篷窗，焚香煮茗，聊作一二幅，以消岑寂。此为友人写暗香疏影，自然一种古淡清冷、尘俗不染之气，有此笔墨方许与梅花传神耳。庚午夏日，五湖渔人董文谟题。

黄端木寻亲图册
（纸本，十帧失一帧存九帧，高七寸六分，阔五寸九分）

鹤庆道中陡岸千寻，其峭壁悬泉数道，如练如贯珠，尤胜匡山之瀑。驻足移时，几忘行路之难。向坚。

由罗甸复道历诸峰之巅，恶瘴如泼墨。下瞰万松深处，浓云如浪涌，恍恍迷途，欹歔自危尤甚。黄向坚。

歇乌村石屋猡猡家，其地畜牧种植颇称乐土。且见树头青梨、黄柑、赤柿，离离可爱，丘壑之美，恍然别有洞天。向坚。

清浪卫城，峙险一江。其江水奔腾甚于天堑，舟楫不易施，两崖以篾缁贯桅，榜人凭此以渡，真危险也。向坚。

关索岭，当年汉寿亭侯子驻兵处也，羊肠一线，鬼国千峰，险不易登。往返时几回颠踬，黔中之最要害地。向坚。

金沙江口，波涛汹涌，巉崖陡壁。两岸如排闼，土人架松槎以济，过此不减雁宕石梁，泚笔神悚。向坚。

晓过三度关，胧胧于烟瘴中，见危峰岞崿，苍翠欲滴，惜佳山佳水多于惶惧中过去。向坚。

诸葛岭乍遇雨，步步跷云而下。二亲襟袖淋漓，不为怅怏。予深喜焉，然山长水远又不无惧云。向坚。

马龙州道次下峻岭，从石窟中出，遇溪水泛溢。予凛凛舆下，彷徨彳亍，幸抵彼岸。此归途水之初也，援笔神悚。向坚。

孝著丹青　金侃敬题（云海阁　江南金侃　亦陶）

右滇黔画册十幅，孝子黄端木先生所绘也。孝子间关万里，逾越险阻，奉两尊人以归。其所历处，览其峰峦岸崿、河流澎溯之状，有触于中，辄形之于笔墨。亦犹张旭善草书，见天地事物之变，可喜可愕，必于草书焉发之。故其所绘图皆有真气磅礴郁积于其间，与世之专以丹青名家者不同也。孝子之尊人含美先生为先忠介门下士，余故与黄氏有孔、李之谊，将谋为孝子建坊并附志于此。桐溪周旦龄敬书。（蘧庐　臣龄　汉绍氏）

丁丑初夏，余偶过研樵先生斋中，遍览名家书画，方自幸翰墨有缘矣。已而出其所藏端木先生遗迹，后有周君跋语，令人肃然起敬。忠孝之迹萃于是册，岂仅供艺林之清玩哉？研樵曰："此言良是。惜失去一帧，中心耿耿。"噫！何君之用意真恳若是也！夫忠孝之迹，一鳞片甲，士人每争重之。是册之缺，安知非有志之士无力收藏，留此一帧奉为拱璧乎？人得其一，君得其九，亦可谓无遗憾矣，即以此为完璧也可。余且谓君进一解曰："君勿吝而不以视人，天下之珍当与天下共珍之。"览斯画也，诵斯跋也，愿以告天下之为忠为孝者，设异日珠还合浦，区区得失，意固在此而不在彼。若其画理之精妙，书法之古茂，出于至性至情之手，非寻常人所能望见。研樵先生工书善画，独具只眼。余不复赘云。后学汪国琛谨志。（献东）

文文水苏台十景图册

（纸本，设色，高八寸，阔八寸一分。十帧，对题王百谷十诗，高阔同画。）

漕湖（文嘉印　文休承印）

湖头春水绿，帆影乱轻鸥。

脱粟千艘集，何人为国谋。

——右漕湖，王穉登。（王穉登印　广长阇主）

青霞坞（文水）

山深寂无人，群峰互相亚。

红尘不可到，中有餐霞者。

——右青霞坞，王穉登。（王穉登印　广长阇主）

苑桥（文水）

桥边人语乱，桥下流水浅。

有客过桥问，何处长洲苑。

——右苑桥，王穉登。（王穉登印　广长阇主）

百丈泉（休承）

泉声落云际，来自青天上。

散作四时雨，何论几百丈。

——右百丈泉，王穉登。（王穉登印　广长阇主）

读书台（文水）

一编不去手，空山最高处。

月落钟声动，吾伊不肯住。

——右读书台，王穉登。（王穉登印　广长阇主）

碧玉沼（文嘉印　文休承印）

方池流水清，荡空如碧玉。

树下濯缨人，孤吟坐幽独。

——右碧玉沼，王穉登。（王穉登印　广长阉主）

茶磨屿（休承）
石湖烟渚上，孤屿野僧家。
雨过泉声落，携铛来试茶。

——右茶磨屿，王穉登。（王穉登印　广长阉主）

白阳山（文水）
朝看云气浮，夕看云气没。
不是秦余杭，此山名小白。

——右白阳山，王穉登。（王穉登印　广长阉主）

顾野王坟（文嘉）
桥跨晴波上，风来水似云。
杜鹃啼落日，谁上野王坟。

——右顾野王坟，王穉登。（王穉登印　广长阉主）

浒墅（文嘉）　隆庆四年九月，文嘉。（文水　文嘉）
南北水纷纷，千帆自来去。
贾客恐鸡鸣，夜行问关吏。

——右浒墅，王穉登。（王穉登印　广长阉主）

编后记

明代著名书画收藏家张丑有言："书画卷轴之事，解者亿不得一耳。"中国的书画艺术历史悠久，自唐宋以来佳作如林，鉴定、品赏、研究是一大课题。至明清两代，书画创作愈加繁荣，收藏、鉴赏者大量涌现，题咏蔚然成风，汇录名家题跋成一时之需。

今次出版之《过云楼书画录再笔》为过云楼初代主人顾文彬之子顾承辑录，全书共收录书画作品115件，其中有米芾、王蒙等宋元名家之作品，而以明清书画为主，其中明四家（沈周、文徵明、唐寅、仇英）、清初四王（王时敏、王鉴、王翚、王原祁）、董其昌、恽寿平等人的作品收藏尤多。顾承详细记录了每件作品的用材、尺幅与表现形式，以及不同时期各人的题跋与印鉴。其中题跋或追述书画家之生平事迹与写作背景，或聚焦其师承与风格；或鉴别作品之年代与真伪，或品赏作者之功力与笔法；或探讨书画流派之演变，或抒发个人写作之感悟。本书的出版对于后人了解和研究过云楼藏品的流转、自古以来书画一道的变迁、不同时代名家作品的特点乃至古代文人的仕宦与交游情况均大有裨益。

原稿本为繁体字，无句读，竖排版，此次出版的点校本将繁体化简体（其中人名不予简化），竖排变横排，并添加标点符号，以适应当代人的阅读习惯。书画标题和诗跋以黑体标识，正文中书名、画名等统一使用书名号，偶见人名、书名、地名、专有名词误写或前后不一致处，均做出修正并统一，如将"仇实夫""仇实父"统一为"仇实父"，"湖山草堂图""吴山草堂图"统一为"吴山草堂图"等。偶有字迹不清、无法辨识处以"□"代替，缺漏字处用"×"表示。稿本原有批注，为使阅读顺畅，今直接在正文中进行增删修改，原批注形式不予保留。另根据正文内容重置目录并添加页码，以便检索与阅读。为便于读者对照阅读，本书采取点校稿在前、原稿影印件在后的呈现方式。

《过云楼书画录再笔》于2015年由苏大学生任媛媛录入，倪嘉琪点校整理，苏州市档案馆征集编研处进行校对等编务工作，李军、章新明、章添云等人亦参与了书稿的校对工作，在此一并表示感谢。

囿于时间与才识，书中尚有不足之处，祈请方家不吝指正！

编者

二〇一九年十月

南北水紛二千帆自来去賈客恐雞鳴夜行問關吏石許墅王穉登

茶磨嶼

石湖烟渚上孤嶼野僧家雨過泉聲落攜鐺來試茶右茶磨嶼王穉登

白陽山

朝看雲氣浮夕看雲氣沒不是秦餘杭此山名小白右白陽山王穉登

顧野王壇

橋跨晴波上風來水似雲杜鵑啼落日誰上野王壇右顧野王壇王

衡墅

隆慶四年九月文嘉

百丈泉 休承

泉聲落雲際來自青天上散作四時雨何論幾百丈泉百丈泉王穉

讀書臺 文水

登

一編不去手空山最高處月落鐘聲動吾伊不肯住右讀書臺王穉

碧玉沼

登

方池流水清蕩空如碧玉樹下濯纓人孤吟坐幽獨右碧玉沼王穉

隻眼余不渡贅云後學汪國琛謹誌

文文水蘇臺十景圖冊 紙本設色高八寸濶八寸一分十幀對題王百
谷十詩高濶仝畫

漕湖

文文水蘇臺十景圖冊

湖頭春水綠帆影亂輕鷗脫粟千艘集何人為國謀右漕湖王穉登

青霞塢

山深窈無人厓峰互相亞紅塵不可到中有餐霞者右青霞塢王穉登

苑橋

橋邊人語亂橋下流水淺有客過橋問何處長洲苑右苑橋王穉登

丁丑初夏余偶過研樵先生齋中遍覽名家書畫方自幸翰墨有緣矣已而出其所藏端木先生遺蹟後有周君跋語令人肅然起敬忠孝之蹟萃於是冊豈僅供藝林之清玩哉研樵曰此言良是惜失去一幀中心耿耿噫何君之用意真懇若是也夫忠孝之蹟一鱗片甲士人每爭重之是冊之缺安知非有志之士無力收藏留此一幀奉為拱璧乎人得其一亦可謂無遺憾矣即以此為完璧也可余且謂君進一解曰君勿吝而不以貽人天下之珍當而天下共珍之覽斯畫也誦斯跋也願以告天下之為忠為孝者設異日珠還合浦區：得失意固在此而不在彼若其畫理之精妙書法之古茂出於至性至情之手非尋常人所能望見研樵先生工書善畫獨具

馬龍州道次下峻嶺從石窟中出遇溪水泛溢予凛凛興下榜徑予千辛抵彼岸此歸途水之初也援筆神悚向堅

孝著丹青 金倪敬題 [云海閣] [江南] [金倪] [印]

右滇黔畫冊十幅孝子黃端木先生所繪也孝子問關萬里踰越險阻奉兩尊人以歸其所歷處覽其峯巒崖峽河流澎湃之狀有觸于中輒形之於筆墨亦猶張旭善草書見天地事物之變可喜可愕必于草書寫發之故其所繪圖皆有真氣磅礴蘊積於其間與世之專以丹青名家者不同也孝子之尊人舍美先生為忠介門下士余故與黃氏有孔李之誼將謀為孝子建坊并附志于此桐溪周旦齡

敬書 [邊圖] [齡印] [絅民漢]

〔黃端木尋親圖冊〕

絙貫桄榜人憑此以渡真危險也向堅

關索嶺當年漢壽亭侯子駐兵處也羊腸一線鬼國千峰險不易登

逶迤盤旋顛躓黔中之最要害地也向堅

金沙江口波濤洶湧峭崖陡壁兩岸如排闥土人架松槎以濟過此

不減雁宕石梁泚筆神悚向堅

曉過三度關朦朧於烟瘴中見危峰岈嶪蒼翠欲滴惜佳山佳水多

于惶懼中過去向堅

諸葛嶺乍遇雨步步嶠雲而下二親襟袖淋漓不為悵快予深喜焉

然山長水遠又不無懼云向堅

右滇黔畫冊十幅孝子黃端木先生所繪也孝子間關萬里踰越險

幅以消岑寂此為友人寫暗香踈影自然一種古淡清冷塵俗不染之氣有此筆墨方許与梅花傳神耳庚午夏日五湖漁人董文譔題

黃端木尋親圖册紙本十幀失一幀存九幀高七寸六分闊五寸九分

鶴慶衛中陸岸千尋其峭壁懸泉數道如練如貫珠匡山之瀑

跂足移時幾忘行路之難向堅

由羅甸複道歷諸峯之巔惡瘴如潑墨下瞰萬松深處濃雲如浪湧

懽恍迷途欷歔自危兀甚黃向堅

歌烏邨石屋獵三家其地畜牧種植頗稱樂土且見樹頭青梨黃柑

赤柿離三可愛正豁之美恍然別有洞蒦向堅

清浪衛城峙險一江其江水奔騰甚於天塹舟楫不易施兩崖以箴

蘭竹手卷作兩絕句以題其後今復攜陳眉公兩畫梅花冊頁倩題

感其相愛知貽馮婦下車之失亦不顧也 雲楣李良

滿幅橫斜不老春法傳墨暈如無倫眉公洵有生花筆寫出羅浮仙子身兮庚嶺幾枝寒儘許憑圖細細看此月灞橋應少雪何來詩思集毫端展卷行吟興獨長恨無佳句探奚囊心腸誰是能如鐵題到梅花字自香江南江北忽相親陸范當年情共眞借此題梅吟絕句寫來恰贈隴頭人再題絕句四首兼贈岩泉先生即正 雲楣贅筆

眉公勝朝高士也博覽群書精通史學天下名聞不慕榮利竹籬茆舍優游自樂書畫公之餘事也每於風雨蓬牕焚香煮茗聊作一二

山中無事谿閣蕭閒日作此冊以祛睡魔并貽完白詞丈供案頭清玩想几上香風徐來也眉道人陳繼儒又題

眉公筆墨幾與董思翁頡頏矣此冊為孤山處士寫照神采飛揚信乎名士風流非泛常俗工可以擬議題句六有素味岩泉兄何洽而得之耶庚午春中浣属余跋漫書此以博一咲然不免唐突羅浮仙子耳南園素香散人題

玉骨寧容沒骨勾幾枝淡寫表風流波箋留影春蘿老彩筆生花香暗浮驛使轉憑松使寄鳳城竟許管城偷眉公妙手真無匹一定前身是屈頭余素不善書故平日不敢漫為應酬昨蒙岩泉先生示玩

吳江有美人向晚手洗芥茶一盞置之枕旁曰梅花香氣猶有方兩

香至芥茶不可思議 陳繼儒 [眉公][繼儒]

今年冰雪封山開谷偶見一枝橫於水上拈筆寫照恨不擔騾背後

耳眉公 [眉公][繼儒]

月橫紙窓戲寫似有暗香逗出筆端也 繼儒 [眉公][繼儒]

唐張藻寫梅雙手並下一寫枯枝一寫生幹生者榮潤春澤枯者乾

洌秋風余似兼得之矣偶做楊補之筆記此眉公 [眉公][繼儒]

眾香國中來眾香國中去此華嚴經語可作梅花小照 眉公 [眉公][繼儒]

人生不必居深宮廣廈惟清然一室膽瓶一枝梅磁爐一炷香日與

二三友人譚論過午餉而退自勝腥羶萬伏 陳繼儒書於者是庵中

陳麋公梅花書畫冊 高門紙本共二十一幀梅計十一幀書九幀題跋

畫雪中傲骨山外佳人眉公 [印] 一幀畫十幀無欵有眉公印一幀有欵具水墨

夜啟山庸靜而無風月直松際雞鳴雪中此余山居實境也今春王

八日友人轟飲晚香堂忽報雪花如掌大醉不能登曉起入高齋草

木別已更胎獨梅花如美人眠綿被絮中尚未醒耳眉公 [印]

花中結一亭主人日坐亭上看花開花謝何異天地古今興亡之轍

靜觀物化不必檢勘諸書即此園便是一部花史日題畫梅并及之

陳繼儒 [印]

寫梅花要帶篆籀古法文湖州之竹溫日觀之蒲萄皆然馬遠補

之極得此意王元章瞠乎後矣眉道人繼儒 [印]

陳眉公梅花書畫冊　　　　五

一為此冊皆余家藏舊物寶愛過於頭目者其一則大書酒德頌曾
一見於金陵友人家欲以三十千易之不得今不知落誰何手矣偶
一念及輒為神往然昔人有言知足不辱余得此一種已有厚幸設
更有奢願恐反為達人所訶且安知不犯造物者之忌耶菊農狄信

題於花南水北草堂

吳漁山琵琶行圖卷 絹本高六寸六分長二尺九寸六分設色

壬子端午前三日漁山吳歷過梁溪華子蟄葊屬寫

江州詩蹟 篆 研樵先生屬書江沱

白太傅琵琶行 文不錄 朱絲格

道光癸巳秋七月既望張培敦補書於畫後

者寄遺此硯殆亦非絕品蓋寒士無力致之耶然亦發墨滑潤此外當復何求物既以拔羣為貴則論者不得較精粗於流品之外不然則歐陽公所謂吏人磨甎瓦片寂快便也此墨予所製蓋用高麗煤契丹膠也元祐四年十二月廿四日東坡居士書木落沙明秋浦雲收煙溟瀟湘魯學扁舟范蠡五湖深處鳴榔向子只應見畫此中我獨知津寫到水窮天杪定非塵土間人蘇過臨東坡䢷黨父子書董其昌〔董其昌〕〔漂陽狄億審書〕〔海棠船〕〔漂陽狄億審定〕

古人書當知具用何筆墨如思翁此帖是用金毫筆魚油墨臨倣者坡能獨得蘇家三昧樊桐狄億題〔漂陽狄億審定〕〔硯〕

余所見文敏真蹟不下數十百種寂心賞者有三一為行書雪賦卷

董臨東坡䢷黨父子書冊

借觀其烟光雲靄令人咀味不盡藝林祖述所由來也此卷為董華
亭藏珍紙素完好自有神物呵護乃能流傳無恙其神采飛動變幻
恍惚不可名狀較諸半幅圖尤覺精沙金沙于太學持以示予乃知
向所摹臨工夫對此益愧粗疎惜未獲歸於敝篋僅留連嘆羨巳也
雖然鑒賞之真何分物我于其善寶之乙丑四月八日林村居士
謝泚洲手跋 [印][印]

董文敏臨東坡姊黨父子書冊 高麗紙本高七寸二分長七尺五分截
斷作冊頁得十三開

軾啟別來晷月企仰增劇比日履茲清和起居佳勝向因還人上問
必達軾來日渡江愈遠左右伏冀順時為國自重不宣軾再拜中玉
提刑奉議執事四月四日蘇鈞秀才取歛民女為妻宜得歛石之佳

者家香光宗伯好古深思不使奇寶橫棄道左而猶謙退不遑自謂
欲成吾畫宜乎收藏之真耳董嗣成
先待詔僅見半幅乃秋山行旅圖也是卷歸董宗伯可謂得其遇矣
戊午孟春雁門文震亨跋
林端烟靄香公半是蒼巖半是雲流水遠灘漁樵出平坡深處鹿
為摩墨兩霏微硯北寒甜香新試鷓鴣斑曉窗靜展名圖看千里烟
巒尺幅間錫山鄒迪光謹題
予自早歲喜涉繪事破費水墨將成河矣唐宋元明諸家靡不旁搜
遠紹追尋遺緒雖刀有兩不逮而性靈躭嗜恒於此理三折其肱凡
諸子百家咸以北苑為宗所謂江南半幅藏於吾郡繆太史家暇即
方士庶臨北苑夏山烟靄卷

惟青綠筆用雙鉤似于另出機杼其間氣魄高超神明規矩無不以董公為師承至如許道甯之高古張志和之瀟灑固其行所無事也其在元季之王叔明吳梅盦乃入室弟子精力克赴筆有餘妍極盡續林之能事後之作者如宋仲溫劉完庵杜東原姚侍御極力排奡總不離乎矩矱然而真蹟在人間已如日星河漢所謂江南半幅父衡山太史曾一見之而收藏好古得先民之新傳吾郡獨推董思翁宗伯凡三得名寶非遇合之奇且足徵敏求之切其於珍重為何如世暇日過從請觀因跋緣起并誌拜展之幸云丁丑六月朔後學莫是龍并書

[印：莫印]　[印：是龍卿雲]

謹按夏山煙靄夏口待渡龍宿郊民等圖皆北苑名蹟人鮮有見之

尔然又自悔間斷其功不能熟習有負奇觀也 癸酉收董源畫三幅一為溪山行旅圖巨軸樹木作風雨狀枝葉離披一人騎馬返顧家園有家叠著厭出視行者不堪蕭索下有蒙衝穩泊崖腳一人手把書冊似無風波之惡此圖皴法非復李范所能彷彿真神品也又一小幅當是巨然都作點樹吳仲圭所宗并此卷而三余自壬申出山三載宦遊往返八千里所得賞心清曠之樂唯此最勝丙子六月廿七日閱卷識思翁老人

續林墨寶 陳繼儒 [印] [印]

畫家以北苑為宗猶書學之以右軍為祖其餘派分支別各有源流畫家以北苑為宗猶書學之以右軍為祖其餘派分支別各有源流而撥厥由來要歸曹溪滴水唐宋諸家如王摩詰楊昇二李二趙色

方士庶臨北苑夏山烟靄圖卷 至

其髓黃得其骨倪得其韻吳得其勢余自學畫為元四大家所宗自趙承旨高尚書後五十年當寤寐求吳中相傳沈石田文衡山僅見半幅為溪山行旅圖歲癸巳入京得之吳用卿又于金吾邸鄲張氏得巨軸一至丁酉同年林撿討傳言長安李納言家有瀟湘圖卷余屬其和會復得之而上海潘光祿有董源龍宿郊民圖其婦翁莫雲卿所遺并以售余二之意滿矣比壬戌再入春明於東昌相朱閣學家所見夏口待渡兗州朱公珎之不輕示人予始妄意別有良購迨壬申應宮詹之名居苑西邸舍是時收藏家寥落寶侶惟偏頭關萬金吾好古時：以名畫求鑒余因耗收三種此卷與巨軸單條各一皆希世之寶不勝自幸豈天欲成吾畫道為北苑傳衣故觸著磕著乃

鱗渾融無跡董源一片江南斯語確然不誣南宗首推第一人宜矣

卷首尾有賈秋壑長字印黃美之袁樞具有收藏印記卷後唯董文

敏三跋生平見源真蹟止此一卷憶其畫法臨奉學莊老世叔大人

清鑑方士庶 [印]

余在長安三見董源畫丁酉得藏瀟湘圖甲子見夏口待渡圖壬申

得此卷乃賈似道物有長字印三卷絹素高下相等而瀟湘圖最勝

待渡圖有柯敬仲題元文宗御寶今為東昌相所藏昔米元章去董

源時不遠自謂見源畫真者五本予何幸收得二本直追溯黃子久

畫所自出頗覺元人一味薄耳 董北苑畫為元四大家所宗自趙承

旨高尚書黃子久倪元鎮吳仲圭各同其法自成半滿最勝者趙得

方士庶臨北苑夏山烟靄圖卷

唐六如復生圖卷

然自有萬變而不離乎宗者在撫棠先生精鑒定泰此中元著至真

翻身海岳庵中果當青色於藍否則吾不知也嘉慶元年二月五日

成親王識 詒晉齋印

唐六如復生圖卷 紙本高九寸一分長二尺八寸六分設色無欵左下角有南京解元唐寅私印二章詩另紙高同長尺七寸

楊君抱奇疾三載違動履賢即為精禱俟愈如脫屣至誠可通神勿

藥而有喜從今斑衣堂百歲延嘉祉酒盞對花樹曰：春風裏晉昌

唐寅既為君祐先生作復生圖仍為賦此 賣解元 六如居士 趙吳

方士庶憶臨董北苑夏山烟靄圖卷紙本高一尺八分長五尺一寸引首及題跋均洵逮手錄并鎸各家印章蓋之董文敏繡書在畫幀本身上

董北苑爽山烟靄圖卷絹本長丈六七尺闊可一尺二三寸點簇如

香光無上逸品乾隆庚戌秋日觀於端研齋文治題

香光臨米書往:出藍此卷尤爲超妙蓋米老靈慧之處直逼晉人

所不及者精光太露耳昔人謂聖人如玉孟子如水晶米老之於右

軍未復如是香光此書是商周法物土花血暈斑駁陸離不止溫

潤縝栗而已余嘗謂香光書法乃顏魯國以後一人觀此種書當信

余言非妄乾隆辛亥二月朔日文治記

諦觀此書全用瘞鶴銘筆意大家臨古必衆用古人所自出此爭上

流法禪門所謂智過於師方堪傳授也

思翁此書真蹟中用意之作而觀者不能無疑以具非尋常徑路也

半夜衣狐裘男子懷數百錢乞流丐異之倚土牆間掖護畢合掌誦懺悔而退後事白啟視之面目如生狐裘容為誰則悟軒戴君南有祖也梧軒太學生薄宦江夏主簿不為上官所知容死有孝子秀才閩禺與其喪歸生平禮雲棲為導師素無厚貲悉以償父債餘則襯施古剎戒僧無病削髮跏趺端坐而逝躰長明則南有學道多泉石之姿沈子屬贈以此卷不妄矣棠禎乙亥三月眉道人陳繼儒七十有八題於頑仙廬昌蒲盆側 〔陳印繼儒〕〔公眉〕

董文敏臨米書 高麗紙本高八寸長七尺五寸三分

金山 石赤表雄名三辰出濁清負海中行瑞殊香下玉泉神靈禮

金碧梵力厭幽明揭榜訛浮玉莊嚴是化城臨米南宮詩帖其昌

水墨摹柯丹丘古木竹石其昌 圖

水墨董玄宰畫丙子秋日 圖

董宗伯見人索書畫如邀淵明入社不無攢眉之苦獨此冊為予蓴
鱸古精妙入神題識備至是稱平生合作袁成攜過虞山示予以予
頗能鑒定遂索筆誌之牧齋老人錢謙益

沈子居山水卷 絹本高七寸長一丈二尺餘三接設色

戊辰長夏寫於紅蕉館沈士充 厨

此戴南有所藏沈子居之筆卷中山水清蔚崦岣多曲着不得馬背
上人惟南有詩畫超：塵外而又多學道之氣乃不愧此中數榻隱
居身苔達觀師橫遭妖書之禍坐化園中尸棄郭外莫敢收視者有

董思翁山水冊沈子居山水卷   罘

董思翁山水冊 絹本高八寸九分闊六寸七分

熙庚午長夏觀於毘陵舟次謹題 原祁

設色江南春色倪元鎮有江南春詞一時和者如林陳惟允曾為寫圖余藏之畫禪室因捉筆倣之 其昌

水墨倣吾家北苑法 玄宰

水墨擬燕文貴小景 其昌

設色泖溪清泛仲秋廿又七日歸自青溪獨汎于泖河之許大似趙令穰日暮拒家遂為寫此 玄宰

水墨倣倪元鎮溪山圖 玄宰

沒骨擬張僧繇筆 思翁

王麓臺倣古山水冊 絹本高六寸一分闊七寸七分

靈心自悟 隸書西廬八十七老人題 〔農慶堂〕〔西廬老人〕

水墨倣大癡 〔淺深〕

水墨倣黃鶴山樵 〔麓臺〕

青綠倣趙承旨 〔戩〕

水墨倣梅道人 〔原祁〕〔芝京〕

設色倣高尚書 〔蒼潤〕〔戩〕〔別號松嵒堂〕

水墨倣雲林 〔麓臺〕

此余丁巳春間淮雲間筆也先奉常見之謂余為可教題識四字今閱十五年矣於古人筆墨終未夢見殊愧先大父指授為之法然康

王石谷江山卧遊卷又江山勝覽卷

王石谷江山卧遊卷　紙本設色高一尺長二丈一尺八寸四接騎縫有過眼天香閣韻齋珍賞王掞之印韻菴六印西田腰圓印前後下角有金傳聲秀水金氏蘭坡

江山卧游

昔宗少文每圖山水揭於四壁偃仰其間謂之卧遊丙子夏五旅窓岑寂無以寄懷用董巨法寫此爲卧遊具恭呈顥翁老先生清鑒婢不能揣摹古人遺旨也海虞王翬

王石谷江山勝覽卷　本水墨高八寸五分長一丈五尺九寸三接前後下角有荷汀鑒定蓮樵成勳鑑賞書畫之章印

一峯老人為雲林畫江山勝覽數年而後成以癡翁墨妙爲雲林撐圖其意布置又非富春一種真墨苑千古風流余此卷用其法正未敢以凡馬步驟妄希天驥聊志鑽仰苦心南耕炯老人王翬

王石谷山水冊

設色 湖莊清夏臨婁東王奉常所藏大年本 [子谷][王翬之印]

水墨 巨然風雨歸舟 [子谷][王翬之印]

淺色 巖畔垂綸李息齋有紈扇本背臨大緊 [石谷][王翬之印]

水墨 唐解元學晞古法作絕壁奔流有出藍之妙近在余家因擬之 [子谷][王翬之印]

淡色 蕉園用王右丞白描法 [石谷][王翬之印]

水墨 曹知白竹窩圖 [石谷][王翬之印]

水墨 龍眠居士幽澗寒松 [子谷][王翬之印]

水墨 谿林无欵 [子谷][王翬之印]

萬壑千山獨閉門倣李成 [石谷][子翬之印]

時而自窓蘭橈兮桂槳金約兮玉腕寧木末兮相憐望錦城兮長歎
托清響於山樹貌芳叢於帷幔親之或屏於坐隅禮之或加於首冠
出泥而潔意偶符於愛蓮之濂溪乘風而歸興不減於思蓴之張翰
乃為之歌曰秋江兮逴逴秋風兮蕭蕭有美人兮江之上蘭為旗兮
桂為槳往泝之兮湘水廣忽青山兮落吾掌嘉靖六年歲次丁亥九
月二十三日五川居士楊儀撰

王石谷山水冊 紙本高七寸七分闊五寸七分

水墨寫子久富春山一角 [印：王翬之印]

淡綠 王晉卿蕭寺圖 [印：王翬之印]

水墨閉戶著書多歲月種松皆作老龍鱗倣馬和之 [印：王翬]

視吾優游晚節不厭而有常果孰多少哉涼飈颺衣玉露隕卉百卉
荒落而吾蓉爛然獨秀信乎物各有時也而何必區區爭衡於碧桃
丹杏為哉嘉靖五年歲在丙戌六月十日翰林院待詔將仕佐郎兼
脩國史同郡文徵明著

蓉江賦

雲山之麓有美一人古貌修髯玉佩儒紳逍摇於八極之
表容與於四海之濱与時觀化隨物澄神感逝水之浩浩悵流火而
歌幽爾乃景物蕭索天地將藏蟋蟀在壁鴻鴈南翔草穠襫而委露
木偃蹇而脫霜愛芙蓉之鮮潔出秋浦兮孤芳若夫晨光熹微朝陽
帶岸則簇萬寶於枝頭暎明霞而有爛暮景慘澹陰霾如繢則歛殷
錦於小苞隨飄風而流絮二簇輝霍五章明矣不先春而爭妍豈

也不知其中固有不皆以命者貴能修其身也是故天下莫不有當然之理亦莫不有當為之事所謂性也貴賤富壽夭福禍所謂命也君子盡其性而後可以言命故有鶉衣帶索窮年以形神自全者斯已達矣而君子或不以為命其脩於此者或未至也脩於此者未至則得於彼者不可謂不幸也是以君子貴自脩焉君以明達之資躬孝友之行在宴不懟於養而處變必執其恒履謙蹈和不失道我聞迓雍睦協於鄉人此固君所為取榮之道而理有所必至者君雖無所傲而事將不我違也吾見老而彌康久而弗之既遠而益芳將有不勝其榮者矣不然建廡結駟馳逐市朝足以揮霍一世誉首乾沒足以徼富一時曾不旋踵而煙銷歇求其名字已不可得

文衡山蓉江卷 成化戊馬七寸八分長四尺五寸三分水墨無欵有

傳云文印徵明徵仲三印

引蓉江 隸書碧箋 徵明

蓉江記 琴川王氏自德美公以倰儻精進摩造歐家風流文雅隱

然一鄉之望而其子廷恩階直激昂以脩正承之至於今百年宗尚

甫藉弇世之嫩愿謹好修思自振植屬時多故蘬苦百罹仕則怦時

虞復顛頓年及艾衷廉所就緒人不堪其憂而君不以為恨也每詠

芙蓉秋江之句以自況曰是殆有時也天不吾靳吾其晚榮乎既久

而家日溫裕諸子駿三有成伯氏起高科仕為司冦属顯榮光大門

戶煜熈於是宗尚君日益老而志日益遂優游餘年融然自適人咸

異之謂君之言如投券取物不爽毫忽信哉無乃庸心而能篌乎命

文衡山蓉江卷

備五舉以見昇乃識數語而藏之時則閏四月四日也采菽堂叔子

祚明 [陳印祚明]

友石先生人品才華超越庸流故其胸次不凡此卷雄奇古怪筆如游龍非神乎其技者安得有此膽力自明及今畫松者咸宗法先生習其皮毛遂流為俗品曆諸蘭亭自古臨摹誰識右軍真際要不當以臨摹之不善遂詆及蘭亭也丁卯夏四月安山記 [謝印赤曾][□□]

思翁題友石畫卷云王中秘畫皮畫骨兼畫神一展卷而寒烟噴霧拔石迸天颯〻然真不啻較龍起而風雲集也是卷神趣頗合特為拈出畫之畫後文公跋雖失思翁此語足為之生色矣庚午季秋希

曾書 [謝印赤曾]

隃為重輕矣乾隆戊午秋七月小玲瓏山館主人馬曰璐識

頃于齋中撿閱式古堂書畫彙考知是卷曾為卞氏所藏細視卷首與騎縫皆有卞氏印章足徵名跡流傳有緒可為席珍捷卞氏書內兩載尚有康里百花王汝玉二題惜俱失去果不出予前跋所料也是歲十月之望半查又記

王孟端松石圖卷紙本高八寸七分長一丈五尺三寸十三樓鈐縫有友石圖印前後有秀川唐氏錄嚻山莊玫藏之印唐作梅北枝生員有三之印員墉蓮林曾觀程楨義觀等印

洪武二年春三月既望山人王紱為幼霞高士作

王孟端松石圖卷如猛獸奇鬼森然欲搏人雖未泯怒張之迹然拔山神力可使千夫辟易矣父徵仲題跋書尒蒼勁有法丁未初夏王子

一夏禹玉煙江疊嶂圖卷王孟端松石圖卷四

煙江疊嶂圖 夏珪寫

宋開禧嘉定間畫院待詔夏珪與馬遠齊名珪山水師李唐潑墨縱橫元氣淋漓此蓋別有天授非學力所能到今觀煙江疊嶂圖筆情高古墨彩紛披而雨雪晦明之景萃於豪端真奇筆也昔米元章嘗石見輒再拜予生平愛畫入骨髓癖亦頗相似壬子春日與二三知己作天台雁宕之遊舟過梁谿得書畫數種以此卷為最竊自幸心得所好不虞此行至名跡流傳于世往々失去跋尾殊屬恨事若此卷者豈無鑒賞家為之品題或疑為庸人割棄無乃竊取真跋而別裝贋本以澳利乎然似此卓然巨構有目共賞又何必藉區々評

水墨倣徐幼文壬寅清和仿古十二幀煙客

吾年來為賦役所困塵坌滿眼愁欝填胸於筆硯諸緣久復落々此冊為兒子掞蒼以氣畫者日置案頭每當煩懑交併無可柰何輒一弄筆以自遣而境違神滯心手相乖如古井無瀾老蠶抽繭了無佳思以發奇趣諸幀雖借古人之名漫為題倣實未能少窺其藩籬筆不禁顏汗然坡公有言論畫以形似見與兒童鄰則略摹古蹟尺寸々而求其肖者要非得畫之真吾畫固不足以語此而略曉其大意固以知文章之道亦然山谷詩云文章寔忌隨人後自成一家始逼真正當與坡公語並奉也壬寅余月晦日西廬老人識

帋本高七寸七分長一丈六尺二寸四接鈐縫有令之氏印前後有令之鑒定漱玉齋

宋夏禹玉烟江疊嶂圖卷

王奉常山水册夏禹玉烟江疊嶂圖卷 三

水墨倣北苑（烟客）

水墨倣陸天游（之孫）

青綠倣趙承旨（烟客）

水墨倣黃鶴山樵（之遜）

水墨倣倪高士（之遜）

設色倣黃子久（烟客）

水墨倣梅華道人（之遜）

水墨倣張子政（烟客）

設色倣大癡秋山圖（真蹟）（烟客）

水墨倣子久（野老）

修竹有佳色幽蘭汎遠香美人隔湘浦欲贈不能將徵明

綠葉轉光風紫英汎清馥不受當門鉏託根在空谷酉室王穀祥

春霄網縕露半濡瓦盆香吐數千株可憐空谷根難託不為當門也

秋鉏太原王穉登

露下芳苞折紫英風前清馥引幽情援琴欲鼓不成調一片楚江空

月明張鳳翼

光風泛泛轉春陽碧葉紅英吐國香不是玉階無地植美人空谷久

相忘師道 陸卿師道 陸子傳

王奉常倣古山水冊 紙本高七寸五分濶五寸四分

設色江村月夜倣趙令穰 之孫

文衡山蘭竹軸 王奉常山水冊

笪江上煙林叢寺卷

思歸吟篋脫中挂壁且松陰照見蕭心髮却恐驚回睡蝶有孤芳此
時共折雲膽霧閣象筆蠻牋東坡西抹集張玉田句石調燭影搖紅
題兒子承之所藏藥草山房圖壬戌初冬過雲樓主人記
笪江上煙林蕭寺圖卷 紙本高六寸一分長三尺六寸三分龔蘅題本身

林蕭寺一幀以博子鶴道兄大笑時在庚申仲冬笪重光畫
〔笪〕〔戒鴉池閣〕〔玉瓏山閣紅函茗潮社〕〔汪外史筐重光在辛亥〕
余曩藏有方壺外史蘭亭圖墨瀧蒼茫如不善畫者戲倣其意作煙
剩水殘山破墨遲竹枝唱罷唱楊枝綠情紅態埽都盡箇是米顛得
意時翔麟〔翔麟〕〔衡鑑賞〕〔龔衡畫秘笈印〕

文衡山蘭竹軸 紙本水墨高二尺四寸一分闊八寸四分有清森閣
畫印花步劉氏家藏蓉峰審定三印

二四

宗法聯句雖適興而成不甚經意然朋酒之歡翰墨之契美盡東南
良足致羨竹嬾跋啵乎言之固極痛快而眉公題末後數語尤感予
懷年時頎君駭州曾攜示於玉峯旅舍今來郡中復假觀數日夕心
賞不置巫書於後時豐戊午九月望日嘉定程庭鷺

舊雨常來門前有容休迎肅瓊瑰先夢滿吾懷竹裡藏冰玉壓架牙
鐵萬軸愛扶疎平泉草木十分好月千丈晴虹詩壇高築錦字偷栽
直須爛熳燒銀燭堆盤更覺紫芝香誰勸杯中綠白酒林頭初熟撥
新醅吹香隔屋丹青畫圖醉墨休題浩歌誰續集辛稼軒句采藥雲
深滿枝風露和香摘小樓昨夜雨聲渾閒見誰家月寒木猶懸故葉
傍新晴清游未歇穿花喚酒近竹敲茶醉魂飛越東燭更闌引將芳

假習茲行假道義假名節假經濟學問以至假面貌假肝腸其在用世諸君或自有妙用乃尋常里巷徒步故人之交亦往往以假相塗其不假者徐潤卿先生一人而已先生唯為真人故得有此真物匪徒仗有真眼亦是感得真果也先生試於展此卷時令朋儕并味余說亦未必非一種真藥草白苧李日華識

韞真閣中心賞之物 縕真閣圖書記

明賢合作藥草山房一卷 天籟永保 張玨嵐 華日甫君寶印

題爺八接鈐縫有縕真閣圖書記鍊雪儀周鑑賞鍊雪鑑定張玨嵐心賞安氏儀周書畫之章等印又有姓嵐居士人生一樂清河張若靄珪嵐甐之章春輝堂蔡氏珍藏於山氏禹書太原李子夢華霽珪嵐氏珍甐之章蔡氏珍藏等印

是卷出一時名手筆墨相和泯其合作之踪深得古靜趣純是停雲

夜色迴虛幌春生竹裡齋指尋群彥集圖詠一時偕甘菊分香細胡
麻入飯佳杯深月出早相擬罄高懷疎醉中探韻閣得齋字漫然秉
翰辭不及修書成讀之甚愧再尾諸君賦此時漏下又二十刻矣

藥草山房圖視竹林七賢少一視竹谿六逸少二皆吳中絕代人此
中著半个屠沽兒不得展卷披玩想見肅廟時太平風物之盛雖与
西園雅集並傳可也陳繼儒題

此卷余凡三見贗本美面目位置非不一二都似而神不偕耒也觀
此正如漢元見王嬙於遣賜呼韓時悔前按籍之誤耳余嘗嘆今世

在玉壺中爛醉吟名藥天台憶阮公沈大譟浔中字第五成

蓑篁開石逕百藥敬山齋待月宜文酒臨風動好懷韓康高節並梅

福素心偕茂陵予病渴朗爾卧蒼崕第六詠予得齋字囏不可和聊

識此周天球

文酒酬佳宴為歡思欲迷青囊訣秘訣白石長靈芝種杏開畦日跣

泉洗藥時偶來留竹逕把籤夕陽進第七成石岳

新冬扬候催佳宴艸堂開共飽青精飰同傾黃菊杯輕烟橫竹逕素

月上松臺藥圃渾不醉隔路獨徘徊錢穀第八成

此夜遊仙島何如訪葛洪月窜松逕白花倚藥欄紅秉燭難為別題

詩惜未工揮毫謝諸彥潦倒一樽同朱朗殿成

世悲泥醉誰人得馬歸可憐脩竹裡白日聽鶯啼偶余詩先成遂書

卷端非敢先人也彭記

西山落日暮雲無藥草經冬雨未枯酒廢碁枰閒負局燭籠簾幕代

懸壺致身欲比三年艾折臂能醫九節蒲座上列仙非瘵倒海天雲

嶠性情孤陸芝第二成

幼霞真隱士藥草有精廬窓閣詩人筆門停長者車籠内物無棄樽

中酒不虛雲山吾欲社采掇近何如休承文嘉第三成

蔡經冥舉後儻蹟百靈降長壺裡長房宅巇前玉女揔菜苗分五嶽

茅脊貢三江愧我沉酣容忘躩倒玉缸彭年第四成

高居隱脩竹芳墅引香風菊種南山近杯深北海同月臨宣囿外人

文文水錢舟寶朱子朗石民望合作藥草山房圖卷紙本設色高八寸

文水錢舟寶朱子朗石民望合作藥草山房圖卷長三尺三寸圖無

欵印有雲鶴閣攷藏圖書到此故應山作主隨方還有月為朋安儀

周家珍藏鍊雪鑑定姓嵐珎藏序伯心藏六印

嘉靖庚子十月十九日周公瑕過余齋中適久晴得微雨且昨辱蔡

舟品邀為藥草山房之會遂與家兄壽承朱君子朗冒雨同往比至

雨霽月出於是錢子舟寶彭子孔加偕沈禹文亦至諸公高興逸發

見几上素卷嘉與舟寶子朗合作橫軸孔加忽吟二句畫史爭圖藥

圃花山人倒寫巖間樹八人者欲為之聯句不成因各分韻賦詩是

日胡紹之期不至石民望已先在座補水㾗石傍陸紫芝將為之記

因書此先驅云休承識

彭得齋字曰對酒檢緗頭煙雲過眼迷朝暾名葩艷夜雨藥苗齋舉

發白眼向襄楙如少陵踞床睨嚴武狀襄楙了不為意乃知豪傑張

下名士以語今齦齶小兒可發一哂弘光首元季春朏如園暘題於

鳩兹公署

此卷及王中翰九龍萬竹秋深卷為余兩最嗜客夏避地南山並攜

之往兩被賊擄如魯靈光巋然獨存秋聲卷失去今得展玩頗覺悵

戀然安知異日不為延津合也丙戌四月望後岳峙堂題如翁

花草自白陽山人一變絕無端倪可使學者入手聖耶神耶至矣極

矣至青藤道士以離奇之筆寫出胷中懊惱非不知畫實不欲隨人

腳跟隨入野狐胎裏故作狂態豈得已哉癸亥上巳吳趨後學王武

書於南山堂 趨吳 國

徐天池花卉卷

潤州放帆風日清美江山映發竟晝抵石頭城下便於兒子案上見此卷洵為年來一大暢適也已卯清和月望後一日鷗天別館識

題句不丐唐人流涎書字大欲於米虎兒爭座矣即名書家如祝京兆亦恐當讓一頭第是日又題

文長与余友徐丹竹善丹竹蓋其小友也且係通譜故所藏至多昔余在都下丹竹子夢庚從余學贈此翁手墨頗愜意最暢目者為墨雨霞殘斗大署書攜歸珍之竟不知落何兩每一念及殊為憫悵今日兩窗展此增我悵惜并識辛巳八月廿有七日岳崎堂書

徐文長奇士也胡襄楙開府東南延之幕中聽出入無拘忌酒後狂

山茶聞道晶朤池水東四嘗都賞寶珠紅世味長穢不長久所貴鶴

頭紅雪中【穢子】

梅花曾聞餓倒王元章米換梅花照絹量花墨雖低貧過爾絹量今

到老文長【穢子】

水仙臘月八日涉筆神水仙旁夾竹巉峋正如月下騎鸞女何處堪

容啖肉人【獨子】

竹 雪鋒霜陣誰能殿故寫此君花後業昨搶青蛇三百萬勝寢蛇

腦放蜈蚣【獨子】【鵬飛人】【華暗】【雲房】【捫虱】【天池山人】【神裏】【青蛇】【青藤道士】

坡公云作畫必此畫見與兒童鄰具是識者方可語文長二二狂襟

逸抱偶意之所到信腕揮灑神氣弁二超動今觀者駭心洞目昨佳

萱花庭前自種忘憂草真覺憂來咲輒緣今日貌儂歡喜相煩儂陪

我一嫣然 【孺子】

菊花人如餉酒用花酬每掃菊花付酒樓昨日重陽風雨惡酒中又

過一年秋 【孺子】

玉簪一江秋水碧漪漪波上夫人淡掃眉匹遇琴高歸月下送將赤

鯉與儂騎 【孺子】

海棠昨圖鐵幹與木瓜不盡餘紅染碎霞都賞垂絲春酒盡不知秋

有海棠花 【孺子】

芙容老子從來不遇春未因得失苦生嗔此中滋味難全說只寫芙

容贈與人 【孺子】

蘭花 蘭亭舊種越王蘭碧浪紅香天下傳近日埜香成把束一籃不直五文錢 孺子

杏花 搏泥作并飴兒童腹裏飢雷轉更攻我畫杏花都未了流涎忽 孺子

憶海東紅 孺子

荷花 羅敷不更嫁兒夫使君黃金空滿車獨自年年秋浦立只疑何 孺子

故不沉魚 孺子

石榴 暑用胭脂染一堆皎潭錦蚌掛人眉山深秋老無人摘自迸明 孺子

珠打雀兒 孺子

秋葵 丹墨毫釐有是非莫言叶木便輕微中間一寸靈砂紫隨著金

烏到處飛 孺子

彥可作圖并為之記遂自號曰米庵今不意圖卷竟落余手余觀文生畫甚多當以此卷為第一全學摩詰輞川鴻乙州堂等圖融化而成筆有盡而意有餘令人神遊而不能出真一奇蹟也庚子秋七月望日白齋陸紹曾又識 [白齋]

徐天池花卉卷 紙本高九寸六分長一丈五尺四接有湘管齋鈐縫印前有宋其武書畫記沈雨公印空山無人水流華開尾有其武宋之繩印賜貂樓圖書記宋震隆子邁子凱宋崎之印蔭讀軒書畫記虞山祝即秋雪堂書畫印沈印春澤十四印

牡丹 墨中游戲老婆禪長被奈人打一拳沖下胭脂不解染真無學

畫牡丹緣 [渭厷長][獨子]

繡毬辮姨騎馬去朝天淡掃蛾眉真可憐不識馬頭毬兩串也如枝

上粉團二 [印会][獨子]

寶章宛在手髯張又得白齋逢白齋卻似米菴身文余有銅印朱讀畫論書也入神手錄骸抄三十載此中堪許葛天民清甫所述有清河書畫舫十二卷真跡目錄三帙此圖亦在其中余所述有續鐵網珊瑚吉光片羽古玉文字紀刻碑姓名錄寶鑑錄飛白錄戊辰遊杭書画紀續古刻叢抄名扇錄共五十餘帙孜清甫名丑余生癸丑小字阿丑故云卻似白齋
孜米海岳翁小楷寶章待訪錄真蹟是蜀帝烏絲闌寫本全學歐顏褚李筆法是米翁第一名帖張青甫傾賞力購得于水邨陸家寧後人處有趙氏子昂收藏圖書凡四千餘字青甫題小詞于後云髯張學淺愧無能論書要與南宮並同時董香光以米顏其菴又屬文生

父彥可米菴圖卷

松風吹急雨快滿眼新涼如洗居士羨安樂窩中丹青手裡集辛稼

軒句 雲深別有深庭宇通幽徑眼底煙霞無數認得米家舩任燕留

鷗任門掩新陰孤館靜便覺道雪巢堪賦休賦悶結廬人遠更無題

處誰見靜裡閒心有茟牀茶竈席猶今古石磴埽松陰日沙成佳趣

說與山童休放鶴怕驀地避風歸去同去又欵竹誰家穿花省路集

張玉田句石調珎珠簾題文彥可米庵圖為彥可極作同治元

年壬戌閏秋顧文彬識於過雲樓

題米菴圖卷 米菴題署出思翁畫仿王維造化工點綴樹株三十

六雲嵐縹緲望晴空脩竹蕭蕭鶴唳疎開敲清磬掩蓬蘆牙籤插架

芸窻展水繞城南可卜居小橋曲曲水溶溶極目雲山不計重待訪

以孝以聞幽斯彝斯旨愚見未曆之伯夷雖隘惠不恭一種清和萬
古貴江陰赤岸徙南村李如一

奉贈米庵長句 草菴如笠擬藏真向襄陽寶晉人秘篋墨皇平
復古壁懸蓋華乙僧神浣花舊兩勤豐定典午遺文恣討論五十濟
脩心自歉千秋業就豈長貧寒山趙願光 凡夫先生授贈舅氏長
句原係篆文立軸近因米庵圖卷裝成爰命楷書附後丙寅夏五甥
文枏謹識

銀鉤未見心先醉千金散盡黃金身世借我榜吾廬喜草堂經歲
千丈陰崖塵不到但咫尺玉簪螺髻頂記更茂林脩竹小橋流水天
上絳闕清都待十分佳處算來何異有鶴止庭隅鳥倦知還矣屋上

文彥可米菴圖卷 三

此相字為舊雨近傳米庵圖臙臙識者竟呼米庵主過客不識求吾吐茲事匠心蓋有祖前朝曾有虞邨庵契其擊壤樂且湛英光秘集張君貺抱膝長吟日與參克棟之中悅旨甘廣採外集歡奇男皇虞混沌憃憃與世推移迹渾涵臨與不恭坐而函氣類胗合髯非慚久要尚友求合簪四載瀾別夢不堪辱儜袞老賣村南請宣厭旨顧同龕青南先生下言詮所蓄不敢漫自顏眉山豫章筆娟娟未若米氏尤蹁躚吾家先翁愛老頗謂為風氣懸玄玄墨寶不得一近前生平失瞖竟游仙小子收購傾囊錢寶章待訪穀斑斑頡頏鶩摹五千字端嚴雅正絕嫵媚麻姑仙壇難比粹北海復生安敢議蘭亭有一此無二珍藏十襲毋輕示米公留此在人間訝之以顛皆過例張君

米菴圖　米南宮楷書寶章待訪錄凡四千餘字相傳為勝國趙文敏公物有趙氏子昂印在我明為陸家宰所藏外舅張茂寶先生屢宮之見石從陸氏後人蹤跡二十年餘始傾貲購歸非弟適所好政物色之不可得為生平欠事內兄青甫氏最好米蹟見輒下拜猶南以述先志也遂自號米菴余為作圖識其始末適士父從簡書於城

南野築　[印：文卯從簡]

米菴　為青甫文書董其昌　[印：陸][印：其昌]

青甫力購海嶽翁寶章待訪錄真蹟得之樂甚董玄宰太史以米顏

其菴余為作圖因以自號焉文從簡識

米菴詩　蘇郡婁關張青甫家世玉峰文苑廕廿年酬酢誼逼古彼

文彥可米菴圖卷　三

李成雪村歸樵圖戊午閏月既望為蒼竹老親翁王肇

此地有崇山峻領茂林脩竹又有清流激湍暎帶左右引以為流觴
曲水列坐其次雖無絲竹管弦之盛一觴一詠亦足以暢叙幽情是
日也天朗氣清惠風和暢仰觀宇宙之大俯察品類之盛蒼竹老年
翁匠字昌祚

西溪竹木為巘菴老先生寫吳歷

嬉左倚采旄右蔭桂旗攘皓腕於神滸兮採湍瀨之玄芝余情悅其
淑美兮心振蕩而不怡無良媒以接歡兮託微波以通辭願誠素之
先達兮解玉珮以要之為巘翁先生書姜宸英時寓玉峰憺園

文彥可米庵圖卷 紙本高八寸六分長四尺五寸八分

呵凍筆影入畫圖難賦得寒月書似蒼竹表妹丈正之吳歷

湘江秋思畫成微雨覺秋氣蕭瑟漁山吳歷

春池百子非芳樹萬年餘洞有仙人籙山藏太史書春水滿四澤夏

雲多奇峯秋月揚明輝冬嶺秀孤松蒼竹年翁易農驥書

江鄉清夏寫大年意

漁庄秋霽

豈曰無知已青山訂石交睫速眾香國鶴護老松巢獸往申吾道孤

懷任古嘲夜深烋水漲殘月浸林梢竟日無它課閒情間水涯留芸

聊謢籯汲澗自煎茶觸石濤飛雪藥鳳浪吐花范江天束影穀點朱

踶鴉眎陵唐宇肩若營氏于一竹齋書

唐匡廬看瀑圖軸

唐子畏匡廬看瀑圖 絹本高四尺三寸七分闊八寸一分

道人長住匡廬峰幅巾掩耳頭鬖鬆世間萬事不解了坐看瀑布飛

銀龍唐寅 [唐寅私印] [唐白虎]

王吳碎景冊

紙本高五寸三分闊六寸二分漁山石谷各四幀贈顧蒼竹者陸時化復將漁山石谷兩小幀合裝成數載吳越西見書畫錄六卷內後歸吳門張氏兵亂散失僅存六幀

袖珍 蒼竹大易農題 [易園]

予學道山中久不作兩淋墻頭畫法梅雨新晴為蒼竹表妹丈寫此

辛酉五月吳歷 [墨井] [漁山澳]

冬月仍堪賞詩人柰尓寒清輝有條鑒歲晚不多看冷透荒三白明

翻樹三殘未斜隨雪棹先滿逐吟鞍相望懷秋別無眠耿夜闌此時

董文敏琵琶行圖卷 紙本水墨高八寸七分長四尺一寸餘三接圖末有董氏玄宰白文鈐縫印寸半詩另紙高全長一丈二尺三

琵琶行圖董玄宰書

琵琶行 文不錄

因畫琵琶行圖并書此香山無心道人有情語其昌

壬申寒食過栖水余友張岭老出所收藏墨蹟畫卷縱觀之而華亭真本寂多此卷畫與字皆思翁得意筆也尚有楷書心經及閑閑桑者傳手卷皆是神品余賞翫良久笑謂岭老曰子何收藏之富也余不禁生妒心矣曰識數語而歸之龍山同學弟查昇

設色 千山連彩翠半壁障空冥〔清湘老人〕

設色 樹こ穿雲寶峯こ拂水波〔前有龍眠濟〕

設色 天遺一老在人以八朝蜀〔前有龍眠濟〕

設色 地削芙蓉瓣天懸瀑布瓴〔清湘老人〕

設色 道隨春艸長人與白雲深〔長阿〕

淺絳 一水二三里沿洞上紫霞〔阿長〕

設色 竹深偏有月松小已多風〔瞎尊者〕

設色 翁山屈子詩如畫枝下陳人畫取之奇句不將奇字脫原筆寫枯奇

腸迈令俗腸醫江山粉本情雖舊生而全非意所思十二魚寶

癡且醉後時朋輩若誰持冬日坐青蓮艸閣微雪初飛索紙筆

惲南田叢菊圖軸 帛本高二尺五寸二分濶八寸五分

誰送金風筆底來不須籬下問蒼苔于今白帝全無力叢菊還從研
北開曾見唐解元菊圖筆趣清逸深得造化之理此本戲用其法正
聲三兄工寫生自種菊百本以資畫趣花葉奇態研索深矣聊用相
證苕博拊手丁巳達子月南田草衣壽平 [印] [印]

石濤僧寫屈子詩意冊 紙本十二幀高七寸八分濶五寸一分

設色蕭槭長無事天留老布衣 [印]
設色淡青瀑布條匕好風吹總不斜 [印]
設色波中湧山岳知是海鰍廻 [印] [印]
設色江山才子國花艸美人秋 [印] [印]

惲叢菊圖軸 石濤寫翁屈子詩意冊 卅

仇十州試茗圖卷

思翁見人索畫如邀淵明入社不無攢眉之苦而其閒暇信筆又自有出神入化之妙而以能事不受相促逼此眉公

仇實父試茗圖卷 紙本高八寸長一尺六寸五分

仇英實父製

腥甌膩鼎原非器曲几蒲團迥不塵排過蜂衙窗日午洗心閒試酪

奴春吳門唐寅

嗜茶平日無如我着意煎茶喜到君七碗從教啜不得个中風味許

誰分都穆

端居寓塵慮庭樹影交加吉汲崖端水來烹竹裡茶烟藤掛紫葉蘚

砌委紅花一笑風簷下從渠白幀斜文彭

寥。犬吠屋頭雲舛。鸎啼谷口春莫道人間閑處少人間自是少

閒人葵丘謝縉 [印] [印]

隱居婁水曲心跡与山便疊石為丘壑開渠作澗泉飲當倚竹坐醉

藉白雲眠茹得芝苗慣何勞負郭田吳郡張收 [琴書自娛]

錢舜舉山居圖勝國時題詠甚眾考其歲月已是龍戰于野時也諸

君子安得從容翰墨風流之事盡勝國征徭甚薄文法甚寬其俊民

韻士又多不樂纓弁而逃於書畫耳其昌題 [賣堂] [知制誥日講官] [眉昌]

董文敏綠天菴圖軸 帋本水墨高二尺八寸闊一尺一寸五分

赤日無閒人綠天有傲士種樹不幾株清涼摠相似此綠天菴詩也

余暇日北慾把腹展玩是圖兼為臨之頗得清涼滋味玄宰并識

一、錢舜舉山居圖卷 董文敏綠天菴圖軸 芄

窓扉昕夕入烟霞雞鳴犬吠似仙家教兒堂上編汗竹迎客門前掃落花盈瓻釀秫喜初熟頭戴烏巾還解漉醉呼棋隱下遙岑卧聽樵歌出幽谷求志優游徒隱淪人圭不析愁絆身太平天子新登極豈並起賣經綸時來不出何猶豫閒居苦賦樂閒趣鶴書早晩赴隴來只恐白雲留不住長沙蕭規

春雲零亂滿荊扉獨對妻江坐翠微笑曲小橋芳草遍數聲啼鳥落

花稀鉤衣石角懸崖隨挂瀑山泉捲幔飛六欲相徙謝簪綬却慚未

製芰荷衣文江周岐鳳

何地堪容膝蕭然万莖閒身隨猿鶴伴心與水雲閒綠樹高低屋青

峰遠近山長年無容至時事豈相關錢紳

我愛山居好況二白晝閒蘿窓明月破苔逕落花斑簾暗和雲捲詩

豪帶酒刪石邊扉響處知是采芝還吳門陸宗美 陸氏宗美 隱門

隱居今任百花洲艸徑柴門事二幽繞屋琅玕颯思足一川雲錦異

香浮臨谿齋室書盈架負郭良田歲有秋會待趙家入山谷之應攜

酒作春游翠屏庋次韻

山人舊業枕長洲門巷蕭條石徑幽獷鳥有情從去任利名無意任

沈浮酒香綠蟻將鹽月稻熟紅蓮未菊秋長日之應樵牧罷白雲閒

為結同游吳門沈潛次韻

愛山成癖樂山居買山不顧錢囊虛偶得吳興著色畫按圖崖脇安

屋廬屋上有青山屋下有流水翠磵聲喧雕檻前白雲影落畫屏裏

錢舜舉山居圖卷

常以白頭如斯不能遂所志也若伯起之年末父有奉敬之子賢良之婿他日再移家入山以怡暮景蓋未晚也尚當拭目以俟重為作

山居記洪武三十年春上巳立菴獨叟俞貞木書于端居方丈

端居 立菴 飽山逸

築家同住白鷗洲 地接妻東境倍幽 開逕自憐芳草合 卷簾常對白雲浮 百年世業寒氈舊 十畝湖田晚稻秋 未得移居向山郭 披圖空憶舊曾遊 吳郡周傅

奉次前韻 年來應厭碧沙洲 卻愛山林地更幽 涼氣早生清澗遠 曙光遲發翠嵐浮 英英雲映神芝秀 策策風鳴老樹秋 擬欲相從徙隣曲 住岩巒奇慶共遨遊 賢生

賈伯起居蘇城之東北清溪環舍與妻江通農人野容溪舟估舶晨夕之所見也乃扁其室曰山居且曰吾家先世居城西之山塘与虎丘相密邇兵後故廬不存而未嘗不往來于懷也近得錢舜舉兩畫山居圖遂裝褾成卷來需余文以記吁伯起可謂好事者乎居水村而慕山林處新居而思故宅念念不忘乎先世則其所謂山居者非止於燕遊寄傲而已也雖然山中之樂非惟不能知之抑且不能得之欲得之者惟甘澹泊而忘紛𡫏者爲能也夫長松之下深竹之間聽風泉於永晝瞻花卉於芳晨酌酒賦詩觀雲待月其樂可勝言哉非習靜愛閑者其能得此樂乎余居一鄽雖遠鄰屋市聲之雜有林居幽宋之閒猶欲更移家以入山顧力有不足者

錢舜舉山居圖卷

書眠止安生[軒]

亂山迴合翠模糊中有高人舊隱居藥徑雨殘苗短短竹關烟淡葉
珠珠鳴泉汲響歸茶鼎老樹移陰上酒壺塵世已知仁者樂漫將幽

趣繪成圖南沙朱新[軒]

舊家山塘上別業吳城東西地厭塵紛永懷居山中山居信可樂桂
樹多成叢巘泉明素練松風韻蕉桐門當蘿遂開谿與桃源通臨軒
面翠屏嘯傲輕英雄酬來卧白雲此樂真無窮嗟余在城市驅馳泪
塵踪長年無芝居轉徙如飄蓬何當共卜徃相期作鄰翁吳淞周立

山居記 居水村而慕山林者徃徃厭塵喧而樂幽僻豈以山林為
深靜而喧嚣之所不到乎此古之幽人清士每依山以結廬也友人

高人棲泊處塵世儼相違小逕穿苔石疎花映竹扉投閒多賦詠

出懶衣冠不是忘機者誰能向此依永嘉陳弓

結廬南山下自覺塵俗非重茅蔽棟短棘環周圍林深鳥聲樂地

遠人跡稀紅塵隔前境白雲長自飛種秫釀美酒熟盈樽罍栽桑

滿東陌柔咸蠶足衣幽哉山中趣怳然世相違愧吾江海客東西久

驅馳何當別名利早向山中歸蘭亭後人

性僻平生厭市廛茅居投老白雲邊菩封鳥道車無跡門掩松關日

似年種藥每分華底露烹茶長引竹間泉醉來高臥南窓下始信山

中別有天會稽山人

數椽茅屋構雲邊麇鹿爲鄰樂澹然長夏自知無客到一壺酒盡枕

門對玉山岑青溪度碧林鏡空霞散綺天淨月流金興在有詩處道

存無事心惟因聽幽鳥應悟白雲深松石道人題

窈窕遠塵紛衡門稱隱淪溪山便久任猿鶴旋相親雲卧長非病霞

飡豈為貧終當捐世慮來此共為隣彭城鎦敏

山居絕世紛泉石豈沈淪夜月吟時共晴雲卧處親草荒寧為拙

熟未全貧早晚投簪隱尋君顧卜隣嘉言和前韻

結廬巖石畔真与世相違地靜居隣少山深過客稀煑茶斟碧澗沽

酒典春衣我亦嫌紛擾移居欲近依吳郡傅伯生 有餘軒 傅𤩽 金沙漁隱

築室青霞塢幽深與世違樵人知姓字木客識巖扉夜煮茯苓粥秋

級薜荔衣披圖懷舊隱回首思依依 吳郡徐範

動翠漪抛書當日遠盆池悠然莫道奧非我此樂江湖我自知己卯

五月既望孟陽 [圖陽]

錢舜舉山居圖卷 帋本高七寸六分長三尺二寸三分畫後用烏絲闌欵四行書在烏絲闌外起首上角有帋世有印

山居惟愛靜日午掩柴門豪合人多忌無求道自尊鵷鵬俱有志

艾不同根安得蒙莊叟相逢與細論 吳興錢選舜舉畫并題

山居[篆書南陽滕用亨書] [隨時 眠中] [舜舉 印章] [錢選 之印]

題山居圖 平生酷愛山居好幾度驅馳洛陽道如今白首觀畫圖
心愧奔波不知老畫中風景是仙都不是仙翁孰可居安得烟霞容
少許便營茅屋伴樵漁芝山老人朱逢吉 [朱印] [松樣]

程松圓觀魚圖軸錢舜舉山居圖卷

年少今陳列京華事壯遊道从三語合價重一衡收溪月傳杯夕江雲掛席秋功名在人作男子肯甲休長洲沈周

白石翁此卷無欵識亦無年月玩後幅詩意當是送行投贈之作然此詩集兩未載按石田集為萬厯中陳明卿所刊襄輯於散佚湯德之餘錢功父序稱其十不得三四盖去翁殁已百餘年兩遺者影矣雲泉刲史既得翁仿梅道人卷後又得此卷取詩中語定為江雲溪月圖與前卷奉為合璧屬予題識如此心青孫原湘

程松圓觀魚䓤軸昂本髙二尺二寸濶九寸

叔度惠余金鯽數頭畜之盆池悠然自適喜作二詩曰照盆池碧藻新自酙斗水畜金鱗相看亦有江湖樂莫問髙懸玉帶人喜見金鱗

予嘗與客看山戲謂客山一耳而人具一觀能詩者取其峭舊青蔥
以資筆舌能繪者得其岡巒迴伏以供位置堪輿則細察來龍過峽
富賈常欲覓肥衍處向縣官陳牒佃作樹塲以此廣推業境坌出如
余並不作他想弟思向絶勝處攜家就之耳今觀孔彰拈隱篇併詩
睁目道好讀董宗伯陳徵君李符公三先生題不復能下轉語為謝
孔彰儻域中有此等佳㕋勝走急足報我君一日買手逍遙閒忽有
挈藥囊擔琴劍牽夫抱猫至非宅人也崇禎改元三月晦前二日年
家友弟俞彥識

沈石田江雲溪月圖卷 帋本水墨高七寸五分長一丈三尺四寸六分
三接畫無欵尾下角有啓南朱文石田白文二
印詩另紙髙仝畫長一尺九寸二分

沈周江雲溪月圖卷

背面動以元格自掩曰我存逸氣耳相師成風不復可挽吾友項孔
彰以妙年名齋讀書之餘篤意此道一日出示此卷精工美麗雄渾
岢崢山態水情叚:轉換長幾三四丈其筆法一本鴻乙草堂摩詰
輞口關同雪棧營丘寒林諸蹟無一毫入南渡蹊徑而生動之趣末
當不在此繪林正脈也孔彰大父子京先生博雅精鑒所蓄古今名
蹟甲天下余嘗見先生所作郭五遊焦山煉丹萄鄔佐卿桃花放棹
圖皆盈二尺有奇而此卷巨麗實三倍之信涯之多龍種也當此
畫道凋落魔誕灑地布網粘綴無一得脫之時而英思神悟超然獨
得如孔彰可不謂崛起之豪歟余忝同里世交其嘆服稱快又倍於
陳董二先生也天啓丁卯季冬朔日白苧友人李日華識

傷韻似未以輞川為竟有他時如帚蘇州李晞古之大年詩畫更當何若以此少年之筆為券可也董其昌題
孔彰招隱詩圖宋紙四幅遂成長卷路入迂詰勢轉嶔歛絢節穴土鮮潔無塵浪谷茹芝清淡有味一展卷間名利之心泱除盡矣子京先生家藏盧鴻草堂圖為名畫第一孔彰落筆極得其奇險位置處不顧與勝國諸賢摩壘相角也陳繼儒題
勝國諸公繪事得董巨心印縱橫塗抹皆有神韻獨於作圖不輕自任唯黃王有之亦不多見蓋繪之有圖猶父之有賦非冑次淹宏芭茹山海吐吞日月而又出以天孫七襄組麗之手未易為也今天下畫習日繆率多荒穢空踈佐幻慌惚乃至作樹無復行次寫石不分

嘻哉其必有先我而隱之者矣曰招我隱可也曰自我招隱可也即
曰自招亦無不可也我將隱朝市而不得隱陵藪而不得將隱于詩
畫而詩畫已散落人間又不得收拾姓字矣亟懷此而善藏以俟夫
同志者天啓丙寅六月旣望蓮塘居士項聖謨幷記
王摩詰十九賦桃源行潘安仁三十一作閒居賦孔彰今年三十為
招隱詩志在林泉聲出金石其詩則取材於選格於唐淹有摩詰
安仁之長而若置身於輞川莊河陽別業以終老無朝市慕者雖年
三十而摩詰安仁晩歲畸嶇涉世賦白首同所歸安得舍塵網之句
蚤分迷悟矣惟是詞客之品雖懸畫師之習猶在其山水長卷不免
乞靈於右丞然又出入荊關規模董巨細密而不傷骨奔放而不傷

會玄宰先生于吳江急謂余曰前觀此卷之後又開得幾層丘壑耕得幾頃烟雲余曰未得尋山侶志未竟也今將借硯田以隱焉抒懷適志亦足了生平蓋世人于出處之際不能割裂以世念未銷耳先生聞之解頤蓋亦有心人也言畢謝退歸事筆墨若忘歲月此卷計成雖九易朔晦病愁相半及病起展卷曰未免為塵鞅所妨兼應鼎徵索者命煩亂不敢草乙每至落日滌硯挑燈絕不飲酒所食者松花餅茗葉湯命侍兒焚香研墨神將倦遂閣筆或秉燭看花或捲簾對月爽則援豪越子丑而方寢寫累其功不二月也曰自展閱林巒映發草木欣向氣藥神怡流風絕俗遂題曰招隱圖并賦五言二十韻書于卷末我固知世人皆非隱者也皆思隱而未能隱者也隱

項孔彰招急圖卷

一七五

滄浪水曾歌自取言 六結廬危壁下連嶂列為屏對嶺交明翠迴溪

夾遠青稻果餘歲食蘭蕙拂衣馨復道原通世有橋還有亭 九畫說

桑麻地桃谿學辟秦繼云矯物性聊自率吾真巖穴多增色漁樵得

此隣巢居非亂世況是太平人 余畫此卷自乙丑穠涉吳江舟次

無事檢得此紙計共六幅接爲長軸始落墨也自吳放流遠至松江

將亞月矣未及盈尺有好事者已聞之董玄宰先生及見先生索觀

甚急乃退而辟舟泊白龍潭先了前一紙袖見先生點頭不語久許

而問之曰山高谿秀林翠撲衣人不回顧甚有超逸之風此何圖也

曰曰讀陸機左思招隱詩有興于懷將補是圖簿莫暗酌豪飲劇談

曰論及先王大父所藏法書名畫夜半方起索之而歸是歲十月復

人呼不早禱蹉跎及能逃磬折無山中多樂事狼虎況殊途 十二 人間無

達士難破眼前迷既傲為閒吏哭愁少送妻種瓜朝灌水點易夜然

藜稚子教耕讀何嘗事不齊 十三 原在乾坤裏誰言世外逢索居非得

已遠害誰相從未養如愚度難為若拙容入青山知不拒我欲老疏慵

古林攀躋上盤旋入翠微白雲間犬吠落日見僧歸鶯和如求韻

龍潛豈息機自知難合世慮與俗情違 十五 託志樓遲久齎堂雨後開

優游逃物外長揖謝誰來積葉童開掃幽匏石細栽過橋尋晚興殘

齒染莓苔 十六 自來磯上住車馬不聞喧峯外紅塵遠洲前綠藻繁翻

嫌鷗有夢未信客無言白日西馳促天荒容易寄 十七 白沙走急瀨何

事若忙奔晝夜分千派濁清同一源潔曰無混潔渾以合流渾不記

出把臂覓閒吟選石敲棋子臨谿枕素琴瀑聲含雨色雲影補松陰
新菓供清話自然澹世心 六 獨處非無伴圖書恰半牀陽谿千畒竹
盡日一爐香卯酒原堪醉園蔬得早嘗清風來枕簟忘卻甚炎涼 七
曉來窻日滿猶是黑甜時纔起看雲出重眠憶雨吹雲多涵海氣
正倩山姿細細溪花發殊香蝶化遲 八 采藥衣沾露尋歸氣欲仙松
花和麥飯茗葉釀山泉夜去呼猿嘯朝來引鶴眠許多清絕事何
不延年 九 況是幽樓地從來知己疏且乘無病日耶讀未焚書物累
何由染襟期稍自舒并忘松隱地直記臥游初 十 谷口無人跡清輝
揚素流巖花占歲月洞草辨春秋陰壑臨丹穴陽林被翠裘由他軒
冕客顏膝事王侯 十二 自入衣冠列贖眉一丈夫縱酬男子志亦受世

招隱詩詠 孔彰以所作招隱詩繪為山水長卷遂成雙美書此幷之董其昌

入山非辟世端為遠浮名泉石多緣分烟霞縱性情潛鱗自無餌林鳥不曾驚應有銷塵夢從茲罷請纓

誰謂幽居僻蓽門稀往還但疎迎送禮而絕笑啼頷不是高眠穩只因結想開利名能勘破榮辱

總無關二歲古藤陰直溪深木影寒終難容俗駕儘許老漁竿小閣雲來窄遙山天放寬其中有隱者夢不到長安

一日心不死誰甘着釣簑到頭悔恨晚回首羨雲多綠雨肥芳樹青烟斷碧蘿好山始有意招我欲如何山不招人隱何年得隱君芳魂空載史俠骨浪成墳出岳饒佳境歸田有逸羣石苔雨秀巘樹襯雲殷五有時扶杖

仇實父臨貫休羅漢卷 唐子畏春山伴侶軸

只在間架結搆中各柯不遠非謂即能通之或不至下士聞道耳曰

雲外史題於玉峯舟次時戊辰之秋 空谷寥寥物外心膽忘閒對

白雲深梧桐無聲萬壑靜惟有松風流水音叅宗伯臨一峯小幀

仇實父臨貫休羅漢卷 紙本高一尺長一丈廿尺三分白描

貫休羅漢仇英實父臨

唐子畏春山伴侶圖軸 帋本高二尺三寸五分闊一尺二寸七分水墨

春山伴侶兩三人擔酒尋花不厭頻好是泉頭池上石軟莎堪坐靜

無塵唐寅 唐寅圖書

項孔彰松隱圖卷 白宋帋本五接高七寸六分長二丈一尺四寸七分

松隱圖 篆書項聖謨畫 水墨倣宋元 項氏

江曲鷓鴣何必啼鸞鳳自來宿既足調玉琴亦可敲棊局良時聚朋傳談諧飲釃釀或持一編書起就蒼陰讀雅趣有如此逍遙乃云足

子猷安在我君應繼高躅古歉程賜

惲南田水墨小景四幀 紙本高七寸五分闊一尺三分

氣霽地表雲飲天末洞庭始波木葉微脫白雲外史

臥雪高風有遠孫石苔蒼翠削雲根春藤古木南窗下琴醑娛情自

掩門偶得倪元鎮小景題句戲臨

趙文敏水邨圖在吳門客館背臨一角不能似也 壽平 松雪翁畫

卷曾見其三寰著稱者為水邨圖今已入長安不可得見矣

書畫一理具用筆正同不能求異坎一點一畫能盡具趣千巖萬壑

惲南田水四幀

仇實父方竹圖卷

吾師衡山先生之門闌語筆意輒稱枝山書爲不可及則吾輩其何能望其什一也春日陳淳重識

雍正四年歲次丙午春二月花朝良常後學王澍觀於京師之蝸牛廬

仇實父方竹圖卷 絹本高六寸四分長二尺一寸九分設色

仇英實父爲方竹先生製

方竹書衛復書（篆書）

若人樂恬素臨軒植脩竹哉來眄軒前森森萬竿玉撲簾春霧寒匝地秋雲綠赤日自行空何曾見炎燠天風忽來過琳瑯韻相觸夜月轉階除金波晃人目對此懷抱清超然遠塵俗初疑渭川湄復訝湘

人以徐浩書比僧虔甚失當浩大小一倫猶更楷也僧虔蕭子雲傳

鍾法與王子敬無異大小各有分不一倫徐浩為顏真卿辟客書韵

自張顛血脈來教顏真卿大字促令小小字促令大非古法也作書

述已後有餘楮復書此以備一覽允明

吳中稱京兆書為當今海嶽此卷尤為精絕漫漫與鍾索杭衡靖舛

得此可為狐腋之粹白幾欲以他物相易慮為人搜作枕林公案迺

題此歸之王寵識

京兆草書純倣孫過庭而時作李懷琳筆意真書刻意大令而間有

褚虞腕法蓋其于書無所不學故也 三橋文彭

余嘗觀諸家書法知古人用心於字學者甚多矣余雖不敏受教於

祝京兆真草合璧卷

字如小字則未見也書至隸與大篆古法大壞矣篆橢各隨字形大小故如百物之狀活動完備各自足隸乃始有展足之勢而□□□云矣少習若天性習慣如自然兹古語也吾夢古衣冠人授以擖紙書書法自此差進寫與他人都不曉蔡元長見而驚曰法何遽太異耶此公亦具眼人章子厚以真自名獨稱吾行草欲吾書如排筭子然真字須有體勢乃佳耳智永硯成臼乃能到右軍若穿透始到鍾索也一日不書便覺思澁想古人未嘗片時廢書也曰思蘇之才桷公至洛帖字明意殊有工為天下法書第一字之八面惟尚真楷見之大小各自有分智永有八面已少鍾法丁道護歐虞筆始勻而古法亡矣柳公權師歐不及遠甚為醜怪惡札之祖世始為俗書唐

古及今余不敏實得之榜字固已論也字要骨格肉須裏筋筋須藏肉帖乃秀潤在布置穩穩不俗險不怪老不枯潤不肥變態貴形不貴苦苦生怒怒生貴形不貴作作入俗皆是病也石刻不可學但自書使人刻之已非己書也故必須真蹟觀之乃得趣如顏真卿每使家僮刻字故會主人意修改波撇致大失真惟廬山題名訖而去後人刻之故皆得其真無做作之乃知顏出於褚此夫真蹟皆無矮頭燕尾之筆舋郚知運筆坐位帖有篆籀氣柳與歐口醜怪惡體但其弟公綽乃不俗於兄筋骨之說出於柳世人但以弩張為筋骨不知不弩張自有筋骨焉凡大字要如小字小字要如大字褚遂良小字如大字其後經生祖述閒有造妙者大

日得相尋武唐江吉

官軺東西兩鬢秋浩然歸興遠滄洲素琴橫月茅堂小蠟屐穿雲竹

遯幽自信利名成塞馬盡將心事付沙鷗鳳毛霄漢飛騰遠從此紅

塵夢亦休古梧潘辰

明王孟端幽居圖順治辛丑七月得於陽羨容旅北平孫承澤記

祝京兆真草合璧卷 紙本高六寸六分長五尺一寸二分烏絲闌草書六十九行行約十四字真書廿行行約廿字

書述 文不錄

丙寅十月望日書枝山樵人祝允明

海嶽名言 世人多寫大字時用力捉筆字愈無筋骨神氣作圓筆

頭如蒸餅大可鄙笑要須如小字鋒勢備全都無刻意做作乃佳目

王紱

園趣 余璿題

林溪新築草堂幽致政歸來得自由天上已無章甫夢鏡中堪惜歲華流膽裁黃菊同陶令肥遁青門學故侯回首紅塵多少事幾人垂

白鮮知休郡人包鼎

謝事東歸兩鬢星考槃林下一身輕功名老去渾無念詩酒年來自有情逸少高風堪並駕淵明隱趣欲同盟賢孫喜折天香蚕還見襃

封荷寵恩武川王琳 榮觀

浮雲富貴總無心林下樓遲歲月深綠野堂前來舊約香山社裏校

新吟良宵不入青雲夢華鬢從教白雪侵老我久為公府繫杖藜何

水墨倣米敷文筆意

水墨倣巨然

淺絳倣一峯老人

水墨倣梅道人

青綠倣趙文敏

水墨倣北苑 吾郡王文恪公家藏有宋元諸大家合冊雲間董文敏亟稱其為希世之寶適從毘陵返棹舟中清暇追憶臨摹然豈能言而筆不隨曾未得其腳汗氣正米老所謂慚惶殺人也煙客當年七十有三

王孟端幽居圖卷 紙本高七寸五分長二尺七寸六分

此或其晚年游戲則然非專詣也吾郡董文敏朱太常兩家所藏真
蹟溫潤妍秀氣厚而神遠余猶及見之廉州工於摹古是幅深得浮
嵐暖翠三昧損公攜過離垢園靜對展閱巖桂弄香秋日澄霽何減
少文撫琴動操時耶庚戌秋八月廿有五日雲間沈白賁圉氏書於
水木清華之室

王西廬倣古山水冊 紙本十幀高八寸八分潤七寸三分

水墨倣吳仲圭

淺絳倣子久

水墨倣倪高士溪亭山色

淺絳倣黃大癡

水墨擬馬文璧

淺絳倣李營丘

歲在戊申春王正月庭前綠萼初華暗香入簾篆頭筆硯精良頗覺清適偶得宋元畫冊遂染成此十幀雖不能彷彿古人萬一但余衷慕尚爾懇習較之好博奕者聊勝一籌耳婁東王鑑

廉州馬出仲圭神髮筆山林造化真我向武塘曾吊古塚三石塔句

中人梅道人石塔在嘉善梅花菴中過之者咸以為高僧必致敬禮

夫出格道人迥無凡相与高僧何殊廉州王公又為之重開生面仲圭在馬呼之或出美古吳汪琬

世之仿一峰道人者稍加勾勒不事皴染徃徃以蒼硬老辣為能事

福跋

王廉州仿古山水册 宋本十幀高一尺一寸一分濶八寸一分

青綠倣趙文敏

水墨倣江貫道

淺色倣燕文貴

淺絳擬子久

水墨倣朱明

水墨倣梅道人

水墨倣倪高士

淺色倣陳惟允

詩曰孝子不匱永錫爾類文昇有焉正統十年秋八月既望奉議大夫廣西等處提刑按察司僉事毘陵鄭觀跋

吾鄉王文靖公傅鄒孝子題其後者若王文安公而下數人暴其孝行可謂至矣予不識孝子而其孫永章持以相示得盡觀之歎孝子之為人如此而未獲旌襃之典此有司之失也然永章能保其業嗣其德有聞于搢紳間天之報孝子其澤長矣嘉議大夫吏部右侍郎前史官長洲吳寬跋

詩云孝子不匱永錫爾類錫類雖何永錫祚胤鄒孝子之懿至其孫永章而益彰斯言其有徵夫永章子世顯業進士有聞將舉其祖父之隆典于朝未必有司之終失也其尚有所待耶翰林脩撰華亭錢

士出身翰林修撰承務郎姑蘇張益識

余惟人子孝其親本乎天經地義人事之當然也世有不孝其親者是則違天悖禮而國之正法有在焉至於孝行卓異者朝廷例旌其門以躅徭役或錫以榮爵以示勸懲垂鑒戒也錫峯卯文昇氏為宋名臣忠公華胄克繼先業富厚甲於郡邑而能愛物尚義宅心純孝當刲股以愈母疾鄉邦稱頌之縉紳大夫為文章以誇美之然猶憾夫為有司不能鳴于朝以旌異之噫文昇當侍母疾劇刲股作糜之時哀痛迫切之情發於惻怛其於人知不知旌不旌何暇計歟使當時有欲求見知於人之心則其心不足以感天地動鬼神又何以致母疾之愈耶今也宜斯人之福壽考終子孫榮盛以享其報於悠久

父母惟其疾之憂疾殆而為子者憂之至無所不用其力迺割肝割股
少盡其心幸而親安非其心之誠有以感通乎天地鬼神也歟觀鄒
暐可見矣暐居毘陵宋忠公十三世之裔讀書達禮義志在顯揚而
於父母之疾為得不盡其誠心乎暐亦豈非孝子也哉讀其傳為題
其後正統四季冬十一月長至日禮部左侍郎兼翰林侍講學士經
筵官太原王英書

孝子奉親無所不至當疾危殆時苟可以生之者豈暇顧支體割股
肉非愈疾之劑然而人子割之以療其親疾者古今率致良愈茲蓋
本於一念孝誠之所感即於鄒暐之事烏得無傳乎傳之蓋足勵夫
世也載誦王太史之言而謹書於左方正統七年壬戌正月既望進

傳於內外當時太史氏既為之識述而薦紳大夫士又從而誌跋之
雄文鉅筆非特褒揚於一時抑足以取信於不朽也竊惟孝子刲股
同母之疾危急出於中情迫切未嘗有意於求名也而人稱道之
遠近無間且書於太史公之筆見譽於文苑詞林之彥蓋亦天理民
彝之不能自已者也孝子雖欲掩其名其可得乎彼紆金綰紫祿秩
萬鍾積賞聚貨富侔陶頓顧乃薄於奉養其視親之疾患曾不一戚
頷者豈不為孝子之罪人也耶宣德九年孟春初吉前監察御史三
衢方端識
古人謂之孝者在顯親揚名在繼父母之志在不虧其體不辱其親
後世有剖腹割肝刲股肉以愈親疾者亦謂之孝古人或未取焉然

者數日忽盡唉之少頃乃甦然病源終莫能去藥既罔功如是而獲
其効者八九矣暐今思欲盡剖其身以奉我母何可復得言既涕泗
汍然流余為愴然者久之夫剖股事典帙皆不載豈不慮夫毀傷其
身而重以戚于親且不欲以難行之事責倫人子也然不謂之非孝
不然栓門之異近玆皆同我聖朝復製而為書其所以為教者至矣
諸縉紳有見乎是特於暐之事咸皆嘆賞示其子孫以興起其孝弟
之心鄒氏文獻之懿久而益昌者其在是乎栓異之典蓋可覩也暐
再拜而去時永樂廿一年上元節承德郎刑部主事永嘉陳元宗書
孝子姓鄒名暐世為毗陵官族母氏嘗遘疾醫藥弗能瘳乃籲天請
禱求以身代復割股作糜以進母食之疾遂以愈由是孝子之名聞

鄒暐孝行詩卷記余來錫峯主南禪環菴上人室間語及邑故家亟稱鄒氏為鄉閒望詩禮簪纓炳耀前代子孫至今彬彬可慕有子名暐者數刲股療母疾鄉里驚異欲上其事未果一日環菴以暐見余持翰林王先生所述刲股事實卷繽紳前輩亦皆有說矣暐拜且泣曰暐不幸先人蚤喪賴母慈育以至今日甫自對而我母復棄背終天之痛沒齒餘悲暐兄弟三人暐最鍾愛稍遠出我母即蹢躅壺觴裂楮錢禱於神以為常蓋恐暐之有他虞也我母釜羞不幸得疾伏枕不能起者十餘歲氣息奄奄屢至危殆遍求良鑒莫之或愈誨以刲股雜米為麋以食之方暐遂齋沐叩天如其法以食之時食

於神明信哉永樂己亥蜡月既望浚儀張冑識

元潭州萬戶移剌瓊子李家奴九歲母病醫言不可治李家奴刲股肉煮糜以進病乃瘥撫州路捴管如林潭州民朱天祥並以母疾刲股旌其家以暐刲股事觀之又奚媿焉惜未有工具事于朝而致旌典也然王君既述其事縉紳君子復為之歌詠金鳴石應傳播四方則暐之名豈不足以垂之永久乎暐方富於春秋勇扵為善子孫滿前咸敦詩禮書義之教卓然有故家遺風豈詩所謂孝子不匱永錫尒類者耶嘉議大夫禮部左侍郎羊城陳璉書

予觀王太史汝玉述卲暐孝行事暐刲股肉愈母疾噫股肉豈能愈疾耶蓋暐惟欲愈母之疾矣悼其已之傷意其執刃時天已監其誠孝不食其肉而疾亦愈矧食之宜母之疾即愈也經云孝弟之至通

母與華為姊妹其傳蓋信而有徵云永樂八年長至日左春坊左贊善兼翰林編修吳人王汝玉書于玉堂之東署

孝行跋天下之是非必待公論而後定昔逆旅婦人斷臂事人猶謂其過慘歐陽子以之列於馮道傳論蓋春秋屬辭比事之教於是孝行跋信矣余觀太史王公推見孝子之情至隱此君子勵人為善之道也夫不察其情而議其事世之孝子豈不反為訾語者所誚乎余故表而出之以示公論之有在也前資善大夫禮部尚書兼左春坊大學士天台李志剛跋

余近得前史官王君汝玉述錫山鄒暉孝行事觀之言婉事核蓋足徵焉則知古今人能篤於孝者蓋誠於愛親非好名而為之也有若

王孟端孝行圖卷

自習俗移人民鮮興行蓋有借穫鋤而形於德色取箕帚而裝為許語涼薄之風一至於此是以泣竹而得筍臥冰而獲魚世遂以為異聞割股之事雖不著於經訓亦人子情至迫切無所庸其智力而為是不得已之舉也推其心始有可憫焉余以非才忝秉史筆嘗觀國家禮制有旌揚之典或褒之以壽秩或優復其徭役所以勸勵天下為人子孝事其親者恩至隆也若暐之心其亦可稱哉余又嘗閱職方氏無錫志書滂晉孝子華寶事為之噴々稱歎曰世甯復有斯人也今獲聞暐自幼迨長孝行豈其有浮於心寶者欤抑由秉彝之性根於心有不待人而興起欤後之續邑志文者采錄民間孝必能為暐書而表之暐事余得之猶子餘餘聞諸其妻之母華氏鄧暐之祖

終日無故不暫離左右有故而出必親所之及還必問親安否親亦甚鍾愛之兄弟凡三人同居怡怡如也一日母氏忽邁疾求名醫視之藥餌雜進不少瘳舉家驚悸無攸措瞶自惟曰昔庚黔婁父疾稽顙北辰求以身代父遂獲安乃焚香致恭夜禱焉母不稍差則又曰天道幽微而難測恐不易上達聞世有割股可愈疾者復仰空拜泣誠切哀懇封肉作糜食母母食之覺味香美食已體漸舒奉氣血和暢越三日餘疾恙除復初宗族鄉黨奇之奔走相告曰斯孝誠所召也余惟天雖高高在上匹夫匹婦能盡一念之誠無不獲報於陰黙之中者故漢獄零霜飛於炎夏東海甘棠沛於久旱孝諸載籍昭然可見也知乎一氣之生軀體攸託念慮所至其有不動感通之機乎

王孟端孝行圖卷

余酷嗜米海岳書凡賞鑒家所收毋論遠近寒暑風雨晦明必求一
見而後巳用是亦能辨別其真偽妍媸也此卷為王氏世藏物予屢
食巳久今得展閱深慰夙懷至于書法之精莊太史巳識之矣余復
何言江上笪重光

王孟端孝行圖卷 紙本高八寸長二尺二寸五分水墨

孟端為文昇寫

孝行書 錫山鄒文昇以孝行聞于鄉予作隸古以著之東海居士
述鄒瞱孝行事鄒瞱常郡無錫人故道鄉先生十三世孫也父近仁
母錢氏生瞱少與常兒異懷抱時即知愛其親雨能言遇隆冬盛暑
輒解俟親寒燠指侍者為更裘葛既長及冠親有命唯〃聽從惟謹

来何所物色相猜更問語大蛇中斷衷前羣馬南渡開新主聽終辭

絕共悽然自說經今六百年當時萬事皆眼見不知幾許猶流傳爭

持牛酒來相贐禮數不同樽俎異月明伴宿玉堂空骨冷魂清無夢

寐半夜金雞喝喇鳴火輪飛出客心驚人間有累不可住依然離別

難爲情舡開棹進一回顧萬里蒼茫煙水暮世俗當知攜與真至今

傳者武陵人襄陽南宮米芾書

金沙玉宇泰先生收藏極富賞鑒亦精此卷尤所珍惜不輕以示人

兵燹之後淪失殆盡天士以重價購得此卷出以質余此真南宮得

意筆天士其珍惜之亦毋輕以示人也順治壬辰午節前二日莊問

生題

米元章行書卷

作錄寄王履約伯仲於湖上前後合而觀之地因人顯世有攸萃真

可与湖山增氣也嗣後先君官翰林脩國史履約則為御史中丞履

吉之名至今不朽其視勝國諸公雖一時遊玩而避兵富春則又不

知春誰其時可慨也仲男嘉拜書

米元章行書真蹟卷帋本高七寸長七尺九寸四接

神儁有無何渺茫桃源之說誠荒唐流水盤迴山百轉生綃數幅垂

中堂武陵太守好事者題封遠寄南宮下南宮先生忻得之波濤入

筆驅文字工畫妙各臻極異境恍惚移於斯架巖鑿谷開宮室接

屋連墻千萬日贏顛𨂸蹶了不聲地折天分非所恤種𤩹處處惟開
辭

花川原遠近蒸紅霞初來猶自念鄉邑歲久此地還成家漁舟之子

余玉磬山房復申前請為寫此以歸之自甲戌扺今凡七年矣日就勤勞筆意蕪略聊用遣興以塞白耳若以為不工則非區區之所計也正德庚辰九月既望徵明識

此卷乃先君追和鐵老花游曲也當時王履約履吉讀書石湖伯仲俱有詩文名先君因為錄之以寄後復為之圖且曰亦足為湖山增氣也斯言不亦壯哉古人謂名德攸存山川增重今觀前後諸名公倡和怳然置身於春風沂水間矣後之視今誠猶今之視昔不能不為之感嘉請丙寅冬十二月十又一日長男彭拜書

楊鐵崖遊石湖花游曲而玉山諸公和之此至正戊子三月扺今二百年來其流風餘韻猶可想見也此卷乃正德甲戌先待詔追和之

痕朧污石榴裙遺踪無復芳塵步湖上空餘昔人墓昔人既去今人
來千載風流付一杯雪藕縈絲薦氷椀蛺蝶穿花逐歌板夕陽副在
畫橋西一段春光屬品題傷心不見催花使只有黃鸝啼再四無限
春愁誰與箋仙人會唱紫霞篇鐵崖諸公花游倡和亦石湖一時勝
事也此歲莫氏修石湖志曰為穢跡而棄之不誠寃哉余每嘆息其
事因履約讀書湖上輒追和其詩并錄諸作奉寄履約風流文采不
減昔人能與子重履仁和而傳之不足為湖山增氣也是歲大明正
德九年歲在甲戌六月廿又五日上距諸公游湖之歲百六十有七
年矣徵明記

比歲書花游倡和以寄履約履約欲余補具圖偶疾作而不果玆過

濺金鵝裙游雲膩雨踏歌步青春喚愁花下墓流光去去不復來
酒且進芙蓉杯鸝珠串落碧瑛椀鳳槽聲催紅玉板宴游未終山日
西柔纖捧研索新題風流文采璚林使肯數玉人裴十四宮中分膽
衍波牋更試一曲曉山蔦匡盧于立和媛雲著柳春濛錦飄兩旗楊
柳風美人娟娟錦舩裡的皪瞳人蕉秋水阿環養花花滿門洗花染
作真朱鷺窈窕行煙踏烟步野棠亂落麒麟墓東風撲天驅夢來露
香翠泣死央杯玉筯丁東鳴碧椀鸞簫三尺猩紅板璚花起舞歌竹
鐵厓酬春寫春題幽緒不憑蜂蝶使怨絕冰絲紈弟四便裁雌霓作
雲牋寫入花游弟篆扁衡山文徵明追和石湖雨歇山空濛美人卻
扇歌迴風歌聲宛轉菱花裡死央飛來天拍天當時儂伯醉雲門酒

文衡山補陽羨崖花拆圖詠卷

曲帛館娃宮裡潘妃步贏得一丘紅粉墓探花仙子何處來乳酒百
罰行深杯夜闌酒倒揮玉椀遮莫城頭催漏板人生一身東復西花
游日日須苗題尚記題詩連宮使字落驪珠三十四金花重賜五雲
戔製作清平樂府篇河南陸仁和金烏流春春氣濛濛花雲燕紅爛承
風星船蕩向銀河裏手浣銀波天在水水光花色照湖門美人鬭倩
夫容晨松陰冶游馳小步踏徧湖頭青艸墓泉臺蔦目那起來長生
且進麈脯杯仰天笑擊玉唾椀美人暗度羗胡板黃鸝東來燕子西
喃喃交語如雕題不是神仙西母使漢殿雙迴青翼四儼人手杞五
雲戔美人奪得瓊花薦淮海秦約和館娃宮殿春迷濛襟花芳菲嬌
亞風油壁香車度花裏笑觧珠纓䘱春水水邊小艇忽到門濺濺綠

娃愁絕行春步青狐泣冷鴛鴦鑾鐵蛟噴頷風雨來花宮香送瓊英

杯玉粒松膏粉雲椀小扇桃歌縈霞牙板苧蘿烟斷東海西雙瑠縅

札近新題青鳥不來無信使玉鷗啼十四真珠字密愁滿牋為

君重賦花游篇汝昜袁華和烟雲撲霧搖濛游絲弱絮縈桑風木

蘭載春石湖裹手弄瓊英搯穗水鍊笛仙人挹羨門鸞旌小隊青霓

裙淩波雙飛連微步冶情湯憶妃鴛鑾踏春摅鼓能幾來便須一飲

三千杯五色蒲萄凝水椀鬱輪袍催紫檀板雲旗縹緲青鳥西口啣

紅巾緘舊題瓊林燕中探春便骰子逸賜緋四醉攜翠袖寫銀箋

不數公子花游篇妻東馬麝和綺樓十二浮空濛濛寶衣翠絡熏麝風

宮粧窅窕銀屏裹鸚鵡呼名隔江水荔枝木瓜花覆門珠珮丁東搖

文斷山蒲陽鐵崖花粧圖詠卷

空蹋飛步步上山頭小真墓華陽老仙海上來五湖吐納掌中杯寶

山枯禪開茗椀木鯨吼罷催花板老僊醉筆石闌西一片飛花落粉

題蓬萊宮花報使花信明朝二十四老僊更試蜀麻牋寫盡春愁子

夜篇玉山顧阿瑛和真娘墓下花溪濛碧門鳥啼春風蘭舟搖搖

落花裏唱徹吳歌美吳水十三女子楊柳梢小絲結鬱金壘折花

賣眼一回步映蝶雙飛上春墓老仙醉弄鐵笛來瓊花趁作迴風杯

興酣鯨吸瑪瑙椀立按鳴箏促牙板午光小落行春西碧桃花下試

新題西家忽遣青鳥使致書殷勤招再四當筵奪得鳳頭牋大寫仙

人蹋篇崑山鄒翼和石池天地花溪濛夫容暖紅旗颭風錦艢兩

飄出雲裡玉䜩搖溶卷寶水龍坊壁堂入山門瓊琚襟珮飄輕裙館

弘治丁巳七夕日長洲沈周

滿船書畫三湘路老去詩名客裡多歸釣五湖 上水吳中新得楚

人歌南坦劉麟

文衡山為王履約補楊鐵崖花遊圖詠卷 紙本詩小楷錄四十九行 約廿九字高七寸二分長一尺一对三分畫工筆設色高七寸五分長一尺二寸欵小楷在左下角跋高同畫長一尺六寸兩接

至正戊子三月十日偕茅山貞居老儁玉山才子烟雨中游石湖諸山老儁為伎者瓊英賦點絳唇詞已而午霽登湖上山歌寶積寺行禪師西軒老儁題名軒之壁瓊英折碧桃花下山余為瓊英賦游曲會稽楊維楨 三月十日春濛濛 滿江花雨濕東風美人盈盈烟雨裏唱徹湖烟與湖水水天虹女忽當門午光穿漏海霞晨美人淩

沈石田山水卷

姑射曉寒清飄零似避芳菲節不為高樓笛裏聲 右梅徵明

沈石田山水卷紙本設色高八寸六分長四尺二寸欵沈周在左尾下角詩另帋畫起處疑有短闕

沈周

老夫裹足人遊事與我讐山川夢中物皓然空白頭之子本吳產結

廬太湖洲山在水中央泛若萬斛舟住此奇觀問汗漫未旦酬浩歌

出門去雲帆遞湘流買酒醉黃鶴倚劍長天秋自云司馬史豈藏壁

與丘肯中有名勝更在身外求江山固有助豪吟動公侯公矣未旦

勤要與造化遊我尚伺子岵燒燈話南樓楚漢洛霏眉亦厭吾生浮

王君原德詩學有聲挾此為楚遊者有年余老矣裹足不能出門莫

与原德倡和山水之間自以為欠事造此拙語聊綴具汗漫之興云

今畫屬君長洲文徵明

文徵明歲寒三友圖卷 紙本高九寸長四尺四寸

甲午冬日徵明戲筆

歲寒佳趣 穀祥

青松千尺翠桓三蒼甲亂鬐勢鬱蟠瑣影半空搖落日涼聲中夜響

風湍美材自合充梁棟高韻還堪托歲寒春雨翻然見頭角只應

作卧龍看 右松

幽姿冉三弄晴烟風骨清姝絕可憐翠帶偎寒秋

薄玉籹暈碧曉肌鮮未論搖月堪為佩若使凌波直欲儚香夢攪人

眠不得為君親賦返竟篇 右水仙林下倦姿縞禱原作袂輕水邊高韻

玉盈三細香撩髻風無賴瘦影涵窗月有情夢斷羅浮春信遠雪消

文衡山西畬草堂圖卷

後則西湖之蘇堤在焉而遊舫亦杭製也其筆法秀潤誠為可寶識者當自得之文彭題

文衡山西畬草堂圖卷 紙本高六寸八分長三尺五寸二分無款

西畬草堂書 徵明

昔年廬墓處 松桂一山深 孺子遺高跡 朱崗蔚故林 壁間琴自挂 花外鳥時吟 何日看碑去 乘驢碧澗潯 前南峰山人題

蕭齋多畬氣 宿草蔽玄丘 返哺林棲鳥 安眠地認牛 嶠間時展祭 栢下趁閒遊 遙想幽居處 窓懸火一篝 蘇臺唐寅

不見雙親空斷魂 草堂則對百年墳 每瞻宰樹悲春雨 時見秋風度

白雲廬有烟霞供 挂笻不教猿鶴動 移文西來畬氣三千丈 見說于

潛生到明宗武無慙繼少陵詩書家學喜真乘前人已往風流在後
筆相通世好增再讀卷詩嗟莫贖尚存微墨倖何勝一端離合今翻
覆萬事范三德未憑丁巳與文定公別因有倡和今重閱於公薨後
不勝感慨復用韻二首一訴別離死生之迹一重會嗣中舍君能愛
存前好西巴正德丁卯七夕沈周題

沈石田湖山草堂圖卷 紙本設色高八寸七分長一丈四尺本身無欵題另紙畫起處似短去一接今共存五接

湖山草堂圖書許初篆

春日偶泛吳山草堂漫寫此卷以記其事弘治辛亥長洲沈周啟南志

右石田先生吳山草堂圖一卷蓋杭之吳山非我石湖之吳山也其

拜

行經錫谷又毗陵豈是山陰興可乘千里綠波隨客去中宵白髮向
人增老年敢祝惟多愛厚祿深慙自不勝杖屨相從須有日臨岐詩
券寂寞堪憑連朝懷抱不能平又記南來宿呂城酒散長亭驚雨至樟
依高岸識潮生麥秋未到猶三月瓜步將臨只一程賴有故人同夜
坐白頭相對燭花明丁巳北上承石田先生送至京口途中和余二
詩并寫圖為贈爽惌遺落裱餙成卷因錄原倡于後弘治甲子閏月
廿七日以病在告書卷前

賢往愚存事未平芙蓉何處是仙城兩詩在世留離別一夢驚心異
死生化鶴歸來待華表齝鳧宿地記郵程夜燈惆悵重披卷清淚潛

過雲樓書畫錄再筆

武陵漁隱承之氏手輯

沈石田送行圖卷　紙本高八寸六分長三尺六寸本身綴一詩

畫鷓鶘：過晉陵布帆追送有風乘重逢日遠知年老戀別情長與

路增德業並高心愈下詩篇深慰我何勝客邊櫻筍猶鄉味一夕清

談酒漫憑厚以妙句見贈慰老念舊誼於至情佩感之餘敬和高韻

請教宛庵少宰先生閣下友生沈周再拜

奉和宿呂城韻錄呈伺教泊舟閘口暮潮平津吏相迎記過城雨腳

稀踈人已靜詩辭淳熟意都生聊從夜坐延深酌六為鄉懷緩去程

明日過江帆影遠不勝翹首眼還明宛庵少宰先生閣下沈周再

王石谷仿古山水冊 研樵藏本　王石谷江山臥游畫卷

王石谷江山勝覽畫卷　王司農仿古山水冊

董文敏山水冊　沈子居山水卷

董文敏臨米書卷　唐子畏復生圖卷

方士庶臨北苑夏山煙靄圖卷　董臨東坡枯黨父子書冊

陳眉公其鶯書畫冊　黃端木滇黔尋親圖冊

文文水蘇臺十景圖冊

項孔彰招隱圖卷
程松圓觀魚圖軸
董文敏綠天卷圖軸
惲南田叢菊畾軸
董文敏琵琶行圖卷
王吳碎景袖珎冊
徐天池花卉卷
笪江上烟林蕭寺畾卷
王西廬山水冊 授兒子枕
王孟端松石圖卷

沈石田江雲溪月圖卷
錢舜舉山居圖卷
仇十州試茗圖卷
石濤僧翁屈子詩意冊
唐子畏匡廬觀瀑畾軸
文彥可米庵畾卷
明賢合作藥草山房圖卷
文衡山蘭竹圖軸
夏禹玉煙江疊嶂圖卷
文衡山蓉江畾卷

過雲樓書畫再筆

目錄

沈石田送行圖卷 　　沈石田吳山草堂圖卷

文衡山西畬草堂圖卷 　文衡山三友圖卷

沈石田山水卷 　　　文衡山補楊鐵崖花遊圖詠卷

米元章行書卷 　　　王孟端孝行圖卷

王廉州仿古冊 　　　王西廬仿古冊

王孟端幽居圖卷 　　祝京兆真艸合璧卷

仇十州方竹圖卷 　　惲南田山水四幀冊

仇十州臨貫休白描羅漢卷　唐子畏春山伴侶軸

事矣康熙丙午夏四月幷識於邗上旅舍查士標

士標
東壑

此畫明州朱郡司馬所藏蓋太宰間公家物朱攜至吾郡常德借摹
余以代米家墨戲不可無一不可有二日日唱渭城則畫家所訶也
其昌題

楊昇載宣和畫譜能寫唐玄宗像乃張萱齊名余嘗見朱定國攜蒲
雪圖玄宰大叫以為奇絕變化此幀今人漫云張僧繇沒骨山猶是
徑中先生嗜畫成癖所藏諸家名蹟甚富吟詠之餘時肆披覽坐嘯
其間以當臥遊差更囑為小卷欲使懷袖出入易於自攜一時漸江
無逸野遺名有所作同人傳觀競稱雅好以視米家舩陶家舫為多

揣聲耳眉公記

查梅壑山水袖卷 紙本水墨高四寸三分長一丈一尺四寸三接

董峒關蒲雪畫軸　　查某壑山水袖卷

王麓臺山水卷 紙本高八寸五分長一丈六尺六寸七分三接設色

王麓臺山水卷

幼苓大弟點中典試回備述瀟湘山水之妙欲余作長卷以紀其勝

余聞洞庭以南峯巒洞壑靈奇萃焉或為峭拔或為幽深或雲樹之

變幻欹歟或沙水之容與瀲灔蕩隨晦明風雨以成變化余且未經歷

其地非筆所能摹寫也昔洪谷子遇異人論畫云用其意不泥其迹

此圖余亦以意為之耳自客秋經營至今意與興輒為點染不間

位置之得似與否固成而歸之以供吾弟一粲也曾康熙辛巳秋

月四日麓臺祁識

董宗伯峒關蒲雪圖軸絹本高四尺四寸四分濶一尺八寸二分過綾

峒關蒲雪為唐楊昇畫董玄宰臨庚申三月

公自識一題并眉公題

萍蓬爲憶居無定梅柳還傷色又新月隱招提雙樹曉燈聯閩闥
元春故侯此地多相識偶和追尋得幾人卜築秦淮已當歸寄家猶
未識荆扉去官張翰羞覊旅結友方于喜嗣徽難尋常留遠客
荷取次製春衣衡門桑拓疑無路星象遙看動少微丁酉春莫再錄
一過請正弟張學曾

倪雲林幽篁小石圖立幀 紙本高一尺五寸闊八寸八分

辛亥三月六日邂逅雲浦先生於吳下留連累日杯酒陳情不能相
舍因戲寫此酬別雲林生瓚

喬木千章高出雲幽篁幾箇石磷砢生平丘壑真成僻莫怪烏藤來
往頻于思緝題

丁酉春朝為南明社翁畫不覺竟帝學曾

不能降志事王庚尚掄惟從古昔遊儒服看來同敝帶生涯著慮心

虛舟藏貝畏壘師莊老把臂山陽狎阮劉似尔高跂攀未得元龍真

卧百層樓扁舟隨處有沙棠路入江楓水亦香寧復簿書抛少暇即

教城市遠無方同人畫日宜三接二老風流自一鄉白首相逢傾蓋

好却從罷郡枉清先次韻奉贈南明老社翁并求卽正張學曾

立春後一日有和贈南明社翁詩復承見謝一篇依韻賦答報章未

易此清新也共枒花頌早春珠玉照人形轉穢瓊瑤投我橐鞞貧體

舍騷雅稱詞伯家在林泉是逸民俗物風塵卽傍得可能初服許同

倫次韻荅南明社翁人日見懷人日懷人欣有作傳來城市已淹旬

九幀 水墨 柳岸無人秋水闊渡頭閒殺釣魚船石谷王翬 天游生為

句曲外史作桃岸圖取境開遠得荒寒浩渺之致

十幀 水墨

十一幀 淺降

十二幀 水墨 蕭散絕墨痕磊落餘神氣已巳冬夜殘菊下把酒自遣得此

十餘種石谷王翬

唐子畏溪橋杖履圖軸 帛本水墨高二尺八寸八分闊八寸二分

驚泉出徑雷奔迅閒道緣山髮繞纏木橋橫水無盈丈隔斷塵區別

有天唐寅

張爾唯詩畫合卷 帛本高七寸三分長三尺九寸八分水墨詩另紙

王石谷冊唐溪橋杖履軸張爾唯畫卷　空

圖目王鞏識

一幀 春郊麥浪燕文貴有紈扇本因倣大意

二幀 水墨

三幀 水墨 疎竹蕭三曲檻中

四幀 水墨

五幀 水墨 昔人有江山爲余倣其意作小景於古亦有入處鑒者當得之畦徑之外也

六幀 水墨

七幀 水墨

八幀 水墨 雲山爲杜工部贈王宰云中有雲氣隨飛龍米家父子於此得三昧者

林院簡討王鏊文授太常少卿兼侍讀學士誥禮部右侍郎東宗道
文授禮部右侍郎誥詹事府諭德羅喻義文授光祿大夫太子太保
禮部尚書兼翰林院學士掌詹事府事誥詹事府事石春坊右庶子許
士柔文

沈石田墨花卷 帋本高一尺三分長二丈一尺七分

老子心無事隨芳學化工滿園紅與白多在墨痕中弘治乙卯春雨
浹旬過客甚稀檢簏中得此帋漫作墨花數種以見閒居多暇不敢
自逸世石田老人周

王石谷山水冊 絹本十二葉高八寸闊一尺五分

一幀
水墨 人家在仙掌雲氣欲生衣右丞詩中畫也信筆塗抹欲為補

昨立遭遇清時非如魯公坎軻安史杞烈之比自庶常入史局十年侍從出為楚臬病免不拜再起視學三湘三起佐轄閩省又復二載移疾長徃光宗登極念青宮舊學有憑几德音奉遺詔召太常少卿尋還翰林學以少詹掌南篆光宗實錄成改禮部石侍郎轉左尋拜南大宗伯履任徃月移疾歸又六年皇帝召掌詹府禮部尚書入春明後以年至請告凡七跪不得俞旨甲戌元日朝下告老始蒙恩特准致仕又以部覆先朝講筵同事四臣之例加一品秩馳贈曾祖祖父母異數煌煌不勝懸懼昭示子孫者惟勇退一念知止之誠而已曰書前後勑諧刻置祠堂之壁以存家訓云崇禎九年歲在丙子三月望臣董其昌書記諧勑作者姓名初授編修勑翰

馬惟君恩先恤臣私況舊勞乎為推齋體之禮予以並貴之榮爾大子太保禮部尚書兼翰林院學士掌詹事府事董其昌妻龔封淑人龔氏婉嬺成性肅穆為儀秉雞鳴儆戒之心勵葛覃澣濯之德御諸媵而樛木能逮下撫犀子而尸鳩必均仁倆其蘋藻薦以釜錡秩然庭屏之間蔚矣河山之度迨爾夫升沈內外之際一付諸風雨晦明之遭蓋惟松有心而竹有筠一德一媲美是以玉為節而金為和八十相莊兹用封爾為一品夫人於戲錫之寵章嘉其偕老永有聞於彤管尚為觀于內家顏魯公嘗為朝士書官告六復自書告身真蹟藏吳門韓宗伯家蔡君謨跋云此魯公自書告身甫陽蔡襄齋戒以觀其忠孝大節不獨書法足傳耳其昌出入四朝父墨議論之外了無

輪翰爾躬執經講席觀德行而審諭萬國以貟譜聖哲而陳謨三善
咸備自邊外臬歷遠形墀冥高蹈於考槃喜遘飛龍在御廣求舊於
宮寀悲聞憑几遺言召復禁林編摩皇史侍先朝之左右稜志以從
罷逆鑒之馮陵見色斯舉朕膺大寶思孝治之弘敷乃賁明綸羙老
成之至止瞻瞻黃髪允稱周鼎商彝烟烟丹心肅捧堯天舜日朕方
資具汝翼爾迺讙以吾襄俯俞綠野之懷特晉青宮之保是用晉爾
階光祿大夫錫之誥命於戲潞公九秩世謂異人衛武百齡身為卿
士玆值杖朝之年奉身而退將僑安車之典加璧以迎榜秀南山杖
履彌章國寵蔡傾北闕期頤母懈朝箴我國家其尚亦有光敎制曰
嚶鳴之好莫如友生簪履之求不遺故舊惟婦德克賛夫夫有友道

隨我開江月隨我起把卷坐江樓高呼曰子美一嘯水雲低圖開幻神髓丁卯春日客真州江上草堂偶得古紙一卷愛此江上新綠寫以活余老牢心目戲為之題此清湘瞎尊者濟阿長

董文敏自書勅誥真蹟 鏡光戕烏絲格行楷十六葉

奉天承運皇帝制曰朕纘述顯謨惜懷明發每瞻服御究存明德之輝既觀耆英夙著啓心之益念言徍告深注遐思眷鸞鳳之可儀喙 徽音而在宇仰星雲之載色昭美報於在躬爾太子太保禮部尚書 兼翰林院學士掌詹事府事董其昌道擷金華德芭玉鉉學海濬璇 源之派與岷峨津梁文峯標翠巚之林暎人繡錦際我皇祖擢置芸臺 咳唾生風秀起瑯玕之色步趨垂範品高瑚璉之宗迨皇考毓德重

石濤江上新綠圖卷 董文敏自書告身 至

大略且無論其工拙而秀逸之氣猶幸与古人不多讓也惟俟賞音

者質之耕煙散人王翬并識

戊午十一月西河毛甡觀于長安即舍 隅水鈴

烏目山人以畫名海内三王而後筆法為之一變盖於宋元諸名家

無不會其神故落紙雲烟縹緲氣韻超逸此卷烟巒淡冶雲氣鬱

蒸陶詩云山氣日夕佳石谷此卷殆深有得於斯言之旨趣歟稼軒

錢維城題

石濤僧江上新綠圖卷 紙本設色高八寸長一丈三尺(七)八寸七分

書畫非小道世人形似耳出筆混沌開入拙聰明死理畫法無畫法

畫理生矣理瀰本無傳古人不得已吾寫此紙時心入春江水江花

上先生攜過相賞請以鄙見質之新安後學汪瀚拜手

董文敏無日不書應人求索之暇坐小樓上童子以片板寘前任意作數千字乃起獨不肯作畫故傳世少真蹟率門下趙文度筆為之文敏自署欵耳此卷深蔚蒼潤合古人法出自親構無疑度之松子閣中足以奄文跨沈與元末諸大家並駈爭先矣攜李曹溶題於廣陵容舍

王耕煙仿巨然漁村夕照圖卷 紙本設色 高七寸六分 長八尺六寸

王耕煙仿巨然師漁村夕照圖卷約長二丈許全余曩在簪岡居士家見所藏釋巨然漁村夕照圖卷以平沙曲折煙樹村庄遠近掩映為之其筆墨之蒼潤丘壑之藏露令人尋繹難盡其妙今值溽暑初收晴窗無事以澄心堂舊紙追其

華亭畫秀潤是其本色晚更蒼率沉鬱直入董巨之室公自稱其畫謂三百年來眼目為之一換信然此卷為中歲用意之作蒼秀兼至必公收藏子久富春山居卷時墨法也時康熙辛亥五月九日江上先生攜過廣陵寓舍得觀因題用方于魯墨試丹陽賀氏舊藏唐文皇九成宮醴泉銘硯同賞者宣城鍾于夔古歙閔影嵐梅墅道人查士標跋

文敏公書畫徧寰宇即余所經見者多矣無如贋跡溷淆亂真者衆非其灼然可捜而無議者百不能二三見也昔米元章謂李營丘畫凡見三百本真者僅三本余于文敏公亦以為能若此卷全師董巨而墨清筆道氣韻生動所謂灼然可捜而無議者此其一也江

董文敏云唐以前無寒林自李營丘郭河陽始畫其法雖虬枝鹿角樛桕紛拏而挈裘振領條理具在 思翁善寫寒林最得靈秀勁逸之致自言得之篆籀飛白妙合神解非時史所知

古木昏鴉荒三昧 得李成老法昔人論營丘畫宗師造化筆盡意在掃千里于咫尺寫萬趣于指下思清筆老古無其人

唐解元看梅圖晴烟春曉采香徑花外湖光望洞庭吹遍好風千樹

雪曉來失卻萬山青 南田壽平戲臨

董文敏水墨山水卷 絹本高七寸三分長四尺四寸七分

輕陰閣小雨深院畫慵開坐看青苔色欲上人衣 余阻風西郊三日寫此散悶聊狀其詩意耳玄宰

惲南田山水冊 董山水卷

陸天游春山欲雨圖

一峯老人萬壑松風

撫惠崇柳汀圖

夏山畣丹臺春曉皆炳明神化之迹此畣欲兼取之惜無勁豪盡其

靈奧南田

小隱空山絕四隣野雲孤鶴自相親誰知一徑深如許猶有敲門看

竹人擬曹雲西大幀

予作畫不欲一筆落紙上直使人游於澹泊蕭散雲眇不可知之境

造化卽筆墨卽南田客

洞泉聲沸石霜林勢參雲撫趙承旨

個翔放肆而山樵始無餘蘊今夏石谷自吳門來余搜行笈得此幀驚嘆欲絕石谷亦沾沾自喜有十五城不易之狀置余案頭摩娑十餘日題數語鼷之蓋以西廬老人之於賞而石谷尚不能割愛知余革安能久假為韞櫝之玩耶庚戌夏五月昆陵南田草衣惲格題於靜嘯閣

偶過徐氏水亭見此幀乃為金沙潘君所得既怏嘆且妒甚不對賞吾年歲不發豈西廬之於賞尚不及潘君哉未頗據娬而呼信是可人韻事真足歎慕也但未知石谷他日見西廬南田何以解嘲

冬十月南田惲格又題

惲南田山水冊 帋本高八寸闊一尺五分十幀

西廬南田題 石谷作山樵軸

盂

石谷此圖雖倣山樵而用筆措思全以右丞為宗故風骨高奇迥出山樵規格之外春晚過妻攜以見眎余初欲留之知其意頗自珍不忍奪每為悵三然余時方苦嗽浮此飽玩累日霍然失病所在始知昔人檄愈頭風良不虛也庚戌穀雨後一日西廬老人王時敏題

烏目山人為余言生平所見王卅明真迹不下廿餘本而真跡中最奇者有三吾從秋山草堂一幀寢其法於毗陵唐氏觀夏山圖會其趣最後見關山蕭寺本一洗凡目煥然神明吾窮其變焉大諦秋山天然秀潤夏山蒼密沉古關山圖則離披零亂飄灑盡致殆不可以轍求之而王即于是乎進矣因知向者之所為山樵猶在雲霧中也石谷沉思既久暇日戲彙三圖筆意于一幀篋盈陳趨發揮新意

弗迷陳則

沈石田水村山塢圖卷 帋本設色高八寸五分長二丈五分

右畫一卷水村山塢人家竹木林溪縈紆映帶若桃源然觀想間便有移家之思風物幽邃似此世未必無豈在筆楮間而為幻迹以娛人之目耶嘗讀子厚柳先生愚溪之文可見世文與畫無二致得此卷者毋直以畫視之長洲沈周

劍与烈士耶弘治庚戌秋日周再題

清晝宴坐枯筆作此適靶菴相公見訪咄咄稱賞輒以相贈敢云寶

王煙客惲南田題王石谷臨山樵軸 帋本設色高三尺二寸七分濶一尺二寸無欵有王筆之印石谷烏目山樵三印烟客題本身上角字不類烟客疑是代筆惲題帋濶全高八寸五分

一、沈石田水村山塢卷王惲題石谷臨山樵軸三

浮天台陶復初

仙翁秉犢曉登途 後是嬌妻前老奴 湛湛露華沾□□□□□照
胡蘆丹□隱約龍奔□紫□□□□驅 今日□圖空想像落□歸

鳥滿蓬壺倪瓚

□□□□留丹砂不可求跨□□□□□□挈栗隱羅浮
□轉□□□□繪素□□□釣雲松陵居仁

稚川行素□勾漏問丹砂雞犬知人意妻□著處家山中牛背穩海
上鶴程賒大候先天藥春風古縣花學仙斬壽考投老荒邈擔事

今何在披裘重欲嗟錢岳

挈栗離羈歸去兮犂牛穩跨壽眉齊陶鎔鉛汞猶餘事利物濟人心

小春望後五日耕煙散人王翬題

黃鶴山樵葛寬移居圖軸 紙本設色高三尺五寸五分闊一尺六寸

稚川移居圖 篆書 本身上七家題

香光居士王蒙畫

避世豈中道長生祇自私能於汙俗間不受塵土緇名聲遂不泯于

載有餘輝稚川逃名者苦就大藥資移家山水間乃以妻子隨潔身

事幽討未使羨倫鹿展圖為題品君子或与而安陽韓性

不慕秉肥與策堅奴僮行李只瀟然移家更近羅浮任牛背清風萬

古傳者婢癡僮百指餘母前光抱二明珠婭態穩坐牛身上葆劍隨

行意自娛蒙城樂遠題

擔簦挈累欲何求恐丹砂負白頭石室金堂應可住庭須葦苦向羅

山雉 稚川移居圖軸

沈石田江程泛舟圖軸 石谷題麓臺軸

家庭間和氣聞遠州之子固愀以芝蘭味相投匪特自儗益尚應重
蒙求春風動花柳塢誦溪堂幽可睇不可即舍情渺渺長州長洲沈周
石谷題麓臺黄王合作圖軸 宣綾本設色高三尺一寸五分闊查於七寸五分
斜風細雨打蓬窻北望揚州隔一江無限雲山離緒寫西圍猶記倒
銀缸余冤歲冬日偕高子查客飲樹存襟谷樹兔出石谷臨子
久夏山圖見示并索拙筆久未應命康辰清和北上風阻江干寫此
奉寧翁腕弱筆癡真米老而云魘惶煞人迎婁東王原祁
麓臺給練筆墨妙天下一掃穠纖刻畫之習盖由家學淵源遂至爐
神入化此圖峰巒樹石渾朴古雅真能集諸家之勝即一峰黄鶴不
得擅美於前禕谷先生研精繕理自應賞識其以余為知言私康辰

巳兼二子余所學則吳興為多也壬寅冬董其昌題

王煙客倣大癡秋山晚霽啚軸 紙本高五尺一寸濶二尺四寸四分設

巳酉秋仲倣黃子久秋山晚霽圖王時敏

王耕煙倣大癡設色山水軸 紙本高六尺六寸五分濶二尺四寸二分

歲巳酉芝翁先生春秋五十肇寄蹟金陵闗躋堂稱祝之禮今年春令嗣茂京先生南宮高捷余方倦遊歸聞報雀躍亟倣此幀為先生壽并以致茂京得雋之賀云庚戌閏月既望虞山石谷子王翬

沈石田江程泛舟圖軸 紙本設色高二尺五寸七分濶七寸

江程何悠悠況況江上舟載彼圖與書言徃海上遊東海有君子孝友天德友好爵不久糜重有屺岵夏歸來從二兄春酒照白頭怡怡

往可尋此禪家所謂早已落七落八者矣安得一絕凡聖路離意識參者與之論畫哉今人畫予最愛若瓜僧其畫也忽起忽住無來無去在目目心思之外卻天地間之所自有者予嘗嘆觀止矣今又見漁山畫亦得此中三昧者漁山愛逃禪日與僧遊往還故與福庵中其所畫最多極得意者雪山圖與此卷也蓋漁山之畫直以天地為粉本精神為筆墨令人不可端倪得畫家無上一乘竟將靈鷲一支分來笑豈人間而有哉己卯十月襄平張景蔚題於南山寒雲草廬

董文敏倣三趙山水軸 絹本青綠高二尺五寸五分闊一尺二寸五分

余家有趙伯駒春山讀書圖趙大年湖鄉清夏圖今年長至項晦甫復以趙子昂鵲華秋色卷見貽余兼採三趙筆意為此圖從趙吳興

之未成也詩以悼之并臍證公漁山 柬去悲漚影經過撫舊遊墨

花空碧沼梵筴自丹樓慧業難忘處閒情足勝流茶煙禪榻畔陸綠

冷抬秋素琴仍挂壁柴几六橫陳入室思前度披圖展後塵還將故

人意為省世間因甚月吟風左三生石上真毘陵繡衣衲子許之漸

何事英靈漢翩成撒脫遊安心方雪夜結願豈曆樓林掃梅檀淨花

殘菌舊秋悽涼烏龕意無復問高流

圖畫存高寄丹青難具陳漁山揮老淚濡衲感哀塵覯內寤歷思前

事蒼茫想後因再來應不隔慧業更清真已卯夏至神駿老人紀陰

次前韻為繹如禪德存感

今之畫家攜摹古人而自梏桎其性靈即偶有可觀俱思議可到蹊

漁山吊默容禪友卷

浪迹有負同心招魂作誄未足持寫生平形於俏素沘筆隕涕無已

郡到曇摩地淚盈難解空雲庭松影左草沼墨痕戲樹春殘碧一

燈門掩紅平生詩畫癖多被誤吟風冤雁猶曾隔賦歸遲悔深自憐

南北窅未盡死生心痴蝶還疑夢飢鳥獨守林雲看無限賣何事即

浮沈甲寅年登高前二日雨霽并書桃溪居士吳子歷

黙容上人為證心大弟子幼習毘尼懇誠嚴淨不苟些笑熱誦之餘

酷嗜翰墨與漁山吳子山民陳子諸高士相友善余每過吳門必過

興福坐對輒竟日絕無矯拂及脂韋之習以是器重之丙秋別去時

方佐證公荆溪閣將瘥癖閣垂成而西逝余與漁山歸橈南渡得

其幻去之信悔䬃久之今壬子夏後岊故閬感其去來之速而顧果

猶屬隔膜未常不嘆息鈍根之為累也近至海澄寓直忽會心眼用

處方知古人落筆不假一毫穿鑿步位恰好所以有平淡天真之妙

由此而以意運機達氣用心不用心間似有一主宰現前非如

從前隨處敷衍如盲者行路不辨阡陌縱有一二犯狀於本原處全

未學見奏頭偶見側理放筆為此呈陳梗概世有高明以金針示我

猶巢桑榆之收耳婁東王原祁畫并題

吳漁山吊默公禪友卷 絹本青綠 高一尺八八分長二尺五寸

吾友筆墨中惟默公交最深予常作客不為話別恐傷折柳庚戌清

和遊于燕薊往三南傳方外書信意甚殷殷辛亥秋冬時欲賦歸意

謂同此歲寒冰雪而未及渡淮聞默公巳挂履峰頭痛可言哭自慚

麓臺己夏峰疊翠卷漁山吊默公禪友卷 罘

元人有此本壽平戲摹

綠樹新篁欹送春古泉亭畔不逢人誰將

一片雲林石遮斷千秋俗士塵王翬

六月八日予與石谷同過遠

公先生齋爐香茗椀伊蒲清供是日山雨洒窗新涼襲人展雲林大

幀房山老幀論冨春殘本商訂古今筆墨源流誒讔極驩秉興隨筆

頃吏盧氏石谷復為點綴以史先生研精六法能教昔所不逮也惲

壽平記

王麓臺夏峯疊翠圖卷 絹本高二尺一寸二分長九尺二寸自題跋為

夏峯疊翠己丑小春倣大癡麓臺

余弱冠學畫惟稟家承少時於所藏子久諸稿乗閒研求雖不慣摹

摹而專以神遇廿年知其間架又廿年知其筆墨今老矣此中三昧

王肇 昔人有子久今人無子久子久不在茲誰能知子久石谷畫

一峰与雲間婁東迥異蓋真浮一峯神髓矣

學子久須得其荒率處始有逸致若以光潤藻密為宗則栲

乾沒作門庭誤徑去癡翁愈遠矣石谷子

巨㶚謬稱余蓋正权自道也然學癡翁者觀正㶚數語則能

破甜邪之習願与史先生商之王肇又書

南山西溪畫于斯畜壽

癸丑六月度園客臨北苑瀟湘畜卷中一片石

萬古常驚匹練飛一條界破青山色 癸丑六月十四日王肇 懸崖

瀑㵎擬李睎古絶不似睎古而睎古之神傳快哉

惲王小品冊

四

衣欲禦難懽得富春巘上叟羊裘披著不知寒 雪淩檞柮夜爐殘

添白鬚眉畫不難一任黨姬誇酒美草頭香露更敖寒

花飛六出識年殘欲檢麻頭借已難畫裏得魚買得酒懸知裘馬尚

衝寒

惲南田王石谷山水合冊 紙本高五寸六分闊四寸四分水墨八幀

作子久閒靜之筆脫去子久畦徑矣園客

石谷補飛鴻遠岫南田草衣畫柳

營丘李夫子天下山水師放筆寫寒林千金難易之戲學董宗伯古

木齒芽錄其題語時癸丑六月初九夜雨後碧梧涼月水亭寂然剪

燭書此壽平

音扣舷繫舫歡相得 曾似當年楚客吟 月輪搖漾印波心 一曲黃

答

昏獨賞音莫咲權歌無韵調有時驚起臥龍吟 無弦太古得知心

秋水瀺梁至樂音 晚舣容魚竊聽 難調頎怦楚驄吟

朗月澄江照此心 百年誰復有知音投綸且自歌新調誤學隆中抱

滕吟

夜雪 雪壓孤帆山水殘 酒旗雖近咲賒難 西風吹透蘆花被瘦骨

由來耐得寒和韵 莫言水剩与山殘片 三同雲獨釣難欲訪酒家行

未得諫鐘何處荅江寒 六花紛鬪五花殘 遠棹歸遲入夢難喜得

細鱗堪換酒醉鄉深處不知寒 一竿溪畔值冬殘凍斷河魚貰酒

難贏浮若蓬深睡稳滿天風雪不知寒 朔風颭三夜將殘雪淵薨

惲王范三家漁隠圖冊

夜寒收釣早碧天遙際水雲深 霜飛月白兩無心短笛微吟夜色

沈柳岸蔡汀秋正好梅花吹笛一枝深 蓬窓高揭出江心月白霜

清蔫籟沈鐵笛一聲吹夜半不知何處搗梅深 蓬窓霜氣聽天心

三管淒清韻未沈可但君山催浪起也曾偷曲上陽深

橫玉空江自有心霜飛罷釣夜沈沈從今不吹閩山曲恐聽征人思

獨深

晚唱 晚晴雲盡見天心欸乃猶存正始音覺度隨風吹蕙草千年

澤畔起行吟 和韵 欸乃聲中似有心月沈雲暗歌知音蘆中或有窮

來箬聊倚風悦細三吟 一竿未考百年心隔岸輕風送好音倡女

和予江月冷却憐澤畔有孤吟 日薄天空淨遠心歸悦江上發清

欲晚蘆花洲畔薄言歸 直釣久已息心機 一任盟鷗貼水飛小艇

隨君同泛二 知機盍待侬知歸 忘筌本自有天機獨與沙鷗相向

飛風靜浮沉隨棹至 月明遠近趁怡歸 萬緣消盡樂天機閒逸輕

鷗欵二 飛空把漁竿持在手滿舡明月竟忘歸 漢陰生怕事多機

盟與沙鷗泛二 飛不學海翁頻易慮輕波依戀每同歸

清沙宿鳥二 知機時伴輕蓑遠近飛一目煙沈紅日飲危橋侬驚送

將歸

霜笛 滿舡明月照冰心鍊笛橫吹振夜沈水底魚龍都喚醒獨憐

人世睡方深和韻武陵一曲果何心隔浦聽殘韻半沈悵孤峰霜

欲下惹人幽夢夜來深 娟二 霜月印波心清韻凝秋半欲沈曲罷

悼玉池三家漁隱畫冊

漁鐙作客星 和韵 回風度雨夜冥冥 數點漁燈隔遠汀望裏不知誰

是客但疑天際有飛星 波光蕩漾日初冥移得輕舟傍晚汀忽爾

遠村來暮色江楓幾點伴疎星 濛濛夜氣望中冥撿亂漁燈映遠

汀只恐魚龍驚倒影卻疑天上斗珠星 空江入夜通青冥點點澄潭網集漸青冥

光照曉汀滿地蘆花難結網一天寒色落疎星

燈逗蒲汀亂柳汀滿地江湖光漠漠芒寒忽自擬繁星 北斗闌干

北斗闌干夜巳冥一絲猶爾傍莎汀疎燈掩映綠波裏彷彿明河第

四星

狎鷗 葦風泛泛自忘機鷗鳥無猜稱意飛每到夕陽斜遠渚一摩

齊伴野航歸 和韵 雲邊孤艇久忘機日與犀鷗上下飛況是秋深天

兩泊 驟雲驟雨沒沙洲結網家ニ向急流自是老翁生計拙風波

未至把帆收 和韵 頻年嘯傲在滄洲忽值翻空水亂流不肯隨流輕

進艇風風雨雨一帆收 漾ニ 柳色覆汀洲舟自纜維水自流咲向

隔蓬呼伴飲綠綸暫借雨風收 烟雨迷茫瞻遠洲平堤沙岸水橫

流江湖少小生涯慣無數風波一纜收 黑雲陣ニ 暗滄洲小艇全

家傍細流猶有一竿橫岸畔耐風耐雨不曾收 笠簑衝濕隱芳洲

避向安流為急流還待開明天眼碧綠綸在手粲曾收

長年結網向江洲容与隨波上下流偶值狂瀾吹雨過一時斂手布

帆收

漁火 夜氣潤虛望渺冥熒ニ一火照寒汀明河倒浸空江裏錯認

惲王范三家漁隱畫冊

山幽

濯足 岸草無過春已闌午風新沐懶彈冠人生何必窮途歲萬頃

滄波放足寬和韵 釣罷黃昏興未闌飄䬃篛笠傲衣冠放來兩足烟

波裏始信乾坤眼界寬 鼓枻長歌興未闌桃源誰識晉衣冠咲他

日曳朱門屨不信滄浪展足寬 釣罷停橈清興闌生平從不耐衣

冠更來潭上舒雙足始覺人間約束寬 獨坐磯頭事三闌生身從

不辦衣冠崎嶇世路難投足濯向滄浪天地寬 歌取滄浪意未闌

笑他寬步尚栽冠天高地逈河清日腳刀何緣放不寬

人世紛華興已闌無心更問舊衣冠不知胼足風塵裏曾似收綸濯

跣寬

得失依然把釣間箇中誰識是投閒年來放棹清流上不復尋溪再

卜山

樵話 心事經年付水流買薪人歌喚漁舟相逢細話溪山膝最愛

桃源洞裏幽 和韻 日落空江帶水流沙汀淺處不勝舟偶逢樵侶輕

相訊一擔青 嶺外幽 樵歸晚徑緣溪流一束荊薪傍釣舟話到

江湖情更適 逃名何必入林幽 已過磯頭綱急流移來谷口佳扁

舟閒尋隔岸樵夫誇不是山幽即水幽 畏逐風波萬里流松陰深

處好藏舟何來山上樵蘇子卸擔商量洞壑幽 卯須樵者或名流

談久空潭日繫舟我已忘筌君審爨桐材看取出沈幽

半生歲月已東流剩得長竿上小舟窊竇恰逢樵夫似共聞水闊與

惲王范三家漁隱圖冊

八九

城官舍

橫天露色遠江平一艇猶夷耳目清咲對漁竿成懶拙此心原不為

逃名蘭渚偉藻

故港 一編舒卷水雲間閒畫浮沈心自閒別港魚肥招不去綠蓑

惟戀舊溪山 和韻 一絲時拂水雲間春草秋花入望間懶著簑衣尋

別港巨魚肥酒總他山 卜得生涯烟水間半竿風月自閒二 人生

適意休他假鱸膽花羹仍故山 萬壑烟霞一水間放舟容易繫舟

閒頻年自咲舊蓑笠不肯隨人去故山 烟波風月有無閒生計由

來只等閒是處豈貪鱸鱖美不輕移棹繫他山 老妻稚子水雲間

畫紙敲鍼動廢閒有堅藏舟還舊業未須重訪武陵山

惲南田王石谷范藝圃漁隱畫冊 紙本十幀高七寸餘濶一尺一寸餘設色末署欵僅有三家印章對題詩

十幀烏絲闌

晴釣原唱 秋江如練貼天平漁父鬢眉映水清風靜蒹葭孤艇穩

竿不釣世間名 和韻 碧空無際海天平鼓枻滄浪野思清釣得魚歸

惟臥月任他渭水古今名 惟度魏憲

一鑑清魚水得遭 隨慶穩桐江煙兩亦沾名雲津施霖

如掌平釣舡獨繫水天清篇中若識垂綸意博得魚來豈為名近五

嚴雲 深山大澤度生平最喜天空氣象清閒把絲綸垂水上不知

人世有垂名漁山孫起宗 裙腰岸草蔚煙平永晝垂竿一鏡清從

有世人供作餌閒心莫羨釣鼇名次乘鄭祥麟 士友德會錄於金

惲王范三家漁隱冊

吳漁山山水冊

己亥春日銜復作于金閶舟中時酒既醉不知妍醜也

吳漁山做古山水冊 紙本 八幀 高九寸二分 闊七寸六分

水墨 寫黃子久浮嵐暖翠 吳歷

水墨 師黃鶴山樵遠帆春水 吳歷

設色 趙大年湖鄉清夏 六月廿四日吳歷寫

設色 亂雲古寺橅米友仁 七月十八日小雨晚涼吳子歷

水墨 漁莊晚靜寫巨然意

水墨 擬柯丹丘舍北羣鷗 吳歷

淺絳 柳塘歸鴈園倣北苑 吳歷 八月三日

設色 旭日晴嵐摹范中立 己未八月虞山吳歷

設色　氣霽地表雲斂天末洞庭始波木葉微脫

水墨　富春大嶺圖

水墨　高尚書雨中山王幢

陳白陽淡墨寫生卷　紙本高七寸半長一丈一尺四寸六分

花發憐多態豪華許競誇一枝山館裡猶足醉琵琶

春莫辛夷謾未嫌花事遲園林成綠遍薔薇纔

眾草栖白露已早識秋期蕙生紅竹根香風朝夕吹

秋田欣有秋白酒釀應熟西風解人意吹從離根菊

玉面嬋娟小檀心馥郁多何須論色相端欲吉凌波

百卉未萌藥山葩破臘時何須論色相濃淡揔相宜

　王晫烟山水冊白陽墨華引

侵尋爾相逢極鼓舞稍坐頃刻邊言別燹山北道歸云切雲時聚散

否如驚使我躊躇那能決送君為作還京圖銀鐙抽怱心力孤白雲

黃葉控天表予懷渺渺何時與玉堂學士標清賆 雨中贈送圖月

坡還金門兼懷阿雲舉學士巳卯冬復書此存稿清湘大滌子

王畊煙倣古山水冊 爺本高六寸六分闊四寸三分八幀

水墨絕壁飛流倣天游生

淡色 倣大癡

水墨 倣大年水村圖

淺絳 夏木垂陰

水墨 倣黃鶴山人夏日山居圖

石濤僧雨中贈送圖軸　絹本高三尺四寸三分闊一尺一寸七分設色

大山崒嵂摩青天小山平遠通雲煙高侯胸中有丘壑信手落筆分
清妍閶闔玄圃元不遠粲爛金碧設𣹢溪參差澗谷樓觀起縈紆石
路朱橋連松風颼颼響虛閣棋聲剝啄來羣仙漁歌樵唱渺何許綸
巾羽扇清談過高情自有泉石趣涼意不受塵埃纒世間書畫豈
少誰能真賞如公賢華堂風日不到處絕勝繡幰空高懸槃礴酌酒
為公壽眼明對此三千年趙松雪題也先帖木兒開府壁畫山水歌
秋雨翻堦注如雪秋空不見冰清月虛堂老樹意何憑乾鵠不噪雲
滑 忽聞黠頭展齒新雨中客至神先親況乃千里萬里渡江米司
寇之子稱故人一言一笑重師腑藍水秦山如忽觀吾老重經二壑

石濤僧雨中贈送齒軸　　四

陵豈必皆神仙江山清空我塵土雖有去路尋無緣還君此畫三歎
息山中故人應有招我歸來篇
右東坡先生題王晉卿畫晉卿亦有和歌語特奇麗東坡為再和之
意當時晉卿必自畫二三本不獨為王定國藏也今皆不傳亡無復
梅本在人間雖王元美所自題家藏煙江圖亦目以為与詩意無取
知非真矣余從嘉禾項氏見晉卿瀛山畜筆法似李營丘而設色似
李思訓脫去畫史習氣惜項氏本不戒於火已歸天上晉卿蹤遂同
廣陵散矣今為想像其意作煙江疊嶂當於時秋也輒從秋景於兩
謂春風搖江天漠漠等語存而弗論矣
舊作此卷与坡不曾著歟甲寅臘月重題盖十年事矣其昌

雲林道士倪元鎮老去材名有憾人見畫題詩重相憶恍疑落月照精神知白道人造

董文敏煙江疊嶂圖真蹟卷 絹本高八寸八分長四尺五寸三分

書王定國所藏煙江疊嶂圖

江上愁心千疊山浮空積翠如雲煙

山耶雲耶遠莫知煙空雲散山依然但見兩崖蒼々暗絕谷中有

百道飛來泉縈林絡石隱復見下赴谷口為奔川々平山開林麓斷

小橋野店依山前行人稍度喬木外漁舟一葉江吞天使君何處得

此本點綴豪末分清妍不知人間何處有此境徑欲往置二頃田君

不見武昌樊口幽絕處東坡先生留五年春風搖江天漠々暮雲卷

雨山娟娟丹楓翻雅伴水宿長松落雪驚晝眠桃花流水在人世武

倪元鎮筠石喬柯圖軸 紙本高一尺九寸一分闊一尺六分

蕭蕭風雨麦秋寒把筆臨摹強自寬尚賴此君(原空)相慰藉松肪筍脯勸

加餐四月十七日風雨中茂異攜酒殽相餉於晚節軒中因為寫筠

石喬柯并題絕句雲林子瓉

晚節軒前風雨過興餘吮墨寫喬柯當年人物今何在想像題詩感

慨多陸平

新試羅裳怯薄寒客裏全賴酒盃寬㩦(憐)晚節軒前竹翠色娟娟若

可餐袁華

清閟閣前雲滿林筠石喬柯生畫陰干戈阻絕歸未得寫入畫圖愁

更深趙俞

侶解纜即它鄉遙憶青芝秀空摩翠柳長秋江期可待桂子候歸航

陳洵

竹逕綠雲深華堂別宴陳爾三來彩鳳燦三集祥麟慷慨歌連莚淹

留月半輪羨君孤矢志腰下寶刀新錢穀 [錢氏][縣蔡][敬寶][堂]

沈周牧牛圖卷 帋本談色 高七寸九分 長三尺四寸四分

弘治丙辰春三月長洲沈周寫

右牧牛圖憶是昔年侍其門時而作及今四十餘秋矣不意得見于

酈文家藏不勝感慨先生去世余衰老朽信手年不可待而寫意者

猶存然會偶豈非前定歟先生筆法雖一牧一犢無不師古就中之

妙枝山先生甚詳余何多贅門生文徵明

沈石田牧牛圖卷

輝把佩刀江花正爛發千里送征袍五湖陸師道 陸氏干德 戊戌進士

莅茸三年兩送君風塵岐路思氳氳佩鉤重拂龍盤範別賦還題鵑

薦文潅：烟絛河上柳英：晴絮嶺頭雲多才沈鉤同遊好莫聽驪

駒惜袂兮群玉山攜周天球 舉玉山擬

振策趨南省驅車向北燕若心觸暑月得意佇花天合浦珠光發

城劍氣懸諒懷鵬舉志吐膽鳳樓前文仲義敬賦 文卯仲義拯屏

席闈臨玉座鳳閣應文昌盛世衣冠會千年禮樂揚今君才耀穎先

子業勤王睢渙文章最箕裘繼述減七戎今得駮六服已羅鳳擬就

西都賦難忘河朔觴陽春輝北陸明月泠南塘燕嶠雲騕熱盧溝水

渡涼雄心輕峻版古訓戒垂堂即次休貪涉加飱好自強持杯猶橋

七八

月酒如川拂袖醉招隱思君桂樹前浮玉山人沈大謨

常時避暑集此日愴離襟語咲一筵宴關山千里心吳鈞因醉拂楚

曲共悲吟到日秋方好天香滿上林龍池山樵彭年

癸卯二月重送石屋兄北上三年兩度別又賦送君詩人世離何易

春風花較遲一杯須盡醉千里正相思上苑敷叢桂還期早折枝茂

苑文嘉

中丞樗碩望公子挺琦姿抱策觀王國離筵醉習池柳愁千縷結花

語一枝窺壁水潛靈躍燕山物候熙劍光看焕斗歌調惜分歧愧我

何為贈致君得意歸牽裳一杯盡悲思正無涯武陵顧雲龍

挾策干明主乘時起俊髦客舟三月暮帝里五雲高意氣傾杯酒光

吳之水芳流斯深之子于征歲聿載陰言送于渚悠悠爾心吳之水
既遠于淮緬彼西離鷖振其來鳴斯哀斯寧嗣晉以為懷斯吳之水
二章章六句理山皇甫濂書

離筵陳酒地松桂蔚芳蕤冰盌驅煩暑林堂受晚風贈言誇集鳳
別筵飛蓬明發關河遠舍情落照中眷末湯士偉
丈夫志四海常有離別悲行路非不難去住各以時憶昔送君行徘
徊立路岐帳望不可即千里勞相思此時再送君滿泛白玉巵我有
李子貽君當賈臣期良玉已蘊璞豈無一人知者道傍柳欝欝園
中蔡折柳以贈君烹葵以療飢努力事明主斯言良不欺文彭
中丞開甲第公子啟華筵道合金蘭家名傳扁冑賢南風帆欲駛明

六月客行邁揚舲吳水湄驕陽何炎赫亭午無涼飇遠遊良苦辛徒
御楮汗滋丈夫事六合州里安足羈京師賢豪林王侯轂之馳子行
奮奇策彈冠及明時所嗟蓬萬人戀別徒增悲持觴不能飲何以敘
離思獨采芙蓉華臨裝以相贈平原陸粲 浚明 翰林吉士
壯遊言別吳門道炎暑行消潞水灣歷覽山川千里外瞻依日月五
雲間金臺自古招賢地太學于今養士閭會見天風起鵬運扶搖九
萬軌能攀酉室王穀祥 酉室 穀祥之祿
向年與子賦南歸今日離尊對夕暉依舊舟中看柳色卻堪江上拂
征衣似聞水趁桃花發若說榮還桂露霜愧我驅馳恒殿駿不勝清
夢達王畿 不勝改作溥勞 五峰山人文伯仁 雪軒

文待詔溪堂讌別圖卷

以敎我庶幾獲免於怨耶客遂反觴酢毛子曰君子必策名以振世

智士不背時而滅勳今天子進各異方擧無留良子非沉淪之夫豈

膺台輔之望茲行也觀典禮於辟雍講文德於東觀覩神淵之游龍

聆阿閣之鳴鳳必有采欷英於衆芳拔其尤於羣彥者與子遇矣雖

經時以爲別奚臨風而慘容哉於是整鯢籌於芳洲借光景於返照

敷詞陳蒸奏牘贈篇待清興于月中送征人于水次雲悒悠心輿

俱遠瞻望弗及悵然而歸是爲序江左周天球言

碧山丹堅倚江洲白面青袍上國遊林色靜將歸鳥合潮流高駕躍

龍浮雲中帝闕遙依極海上仙槎欲近秋筵席若逢同與問橋門先

聽答宸旒華陽皇甫冲

中名流座上滿集或譬史以訂數代之譌言或詠詩以追百家之逸響於辭無所假於學無所遺質之鄉評展也國寶即使取高第儋厚壽不過振先人之光烈展素心之靈奇豈於毛子有加哉顧浚之懷瓊抑之以伏櫪嘗奮幟於藝苑復蹶足於康逵年齒既強數奇不偶毛子乃慨楊朱之未值謂詹尹以卜居棺京師而簿游升太學以卒業從見寬之都養就郭泰以定交勉為彙征非其好也歲維辛丑時屬咸夏琴策在束僕夫戒行應六月之天飛快萬里之冥舉復嬰情於故侶開芳讌以言別列席溪堂追騰河朔述乃襟抱叙厥平生飛羽觴而乘酣拂長裹以起舞悲歌慷慨黯為失懽毛子起而觴客曰某也不龍盤以俟奮顧蠖伸以求前謝我良朋遠去上國諸君何

文待詔溪堂讌別圖卷　　　七三

遠上青山千萬重丹崖翠壁杳難通松風送瀑來天際花氣和雲出

洞中漁艇幾時來到此秦人何處定相逢春光易老花易落流水年

三 空向東黃鶴山樵王紱明為原東畫并題舊詩於上

文徵明溪堂讌別圖卷 紙本設色高七寸五分長二尺四寸

嘉靖辛丑夏長洲文徵明製

壯游 隸書 徵明

溪堂讌別詩序 毛仲子石屋先生玉質金相蘭芝芝秀謝絲華於

綺紈順情志於墳典談必玄論問無雜交自受經于嚴父中丞公得

向歆之傳學復媲德于伯兄石峯子咸瑒瑒之龢名郁郁颯颯信乎

王謝之庭運速之徒也用是慕景者顧為之御懷德者欲覽其輝吳

南田倣黃鶴山樵古松疊嶂圖又雙清圖竹林銷暑畨瑤臺甕雪圖蒲塘真趣畧擬滕昌祐折枝箂品諸立軸皆南翁生平傑作為希世之寶惜先侍御已不及見為可恨鄭所南畫蘭花長卷題云純是君子南翁為先侍御繪叢蘭扇署曰君子林自題云不與凡卉伍依然空谷月編花如列陣君子六千人雍正丙午小春十日陸恬康熙丁酉三月三日太原王遵晨觀于幽樓園宋人蘭譜列品外之奇白日魚鮑或名玉韓或名玉鮑是花也妙香殊勝一可當百他種皆蓋罩花而此獨花架葉爾陳明卿註建蘭以玉鮑為第一白幹而花上出者是也閩產為佳乙酉小春時化識

王叔明高逸圖軸 絹本高二尺濶一尺

《悰蕤蘭圖卷 王蒙高逸圖軸

南田時來居停余束髮即與南田同霞小閣中每見黎明即起自煮水洗面手弄鉛丹展紙作畫及眾咸集則鉛丹畫棄未竟之圖藏之篋筍竟日不下一筆惟圍棋吟詠暢飲而已余方事舉業不知愛畫但數請寫箑及余通籍官京師見諸名卿搆南田畫即貧者亦不惜重資自幼服人品之高至此方知其筆墨之妙力追古人從極靜中流出世深悔任年同榻不索一圖南田仙去既久失此機會何可復得也解組歸田益好畫畫從蕉飲太史索得是卷花葉清潤如露猶溼閩中蘭品不一此稱玉魷原作頗乃種之至貴者對此空谷幽香不曾又見南田矣康熙丙申花朝匯羲老人陸毅

張彥遠叨祖父餘蔭每展畫圖不復知人世間事心竊慕之近收得

迷雲魚濂花落開供釣魚諸蔬荒久待耕我是西隣不多遠雞鳴犬
吠或相聞隣人沈周
水南歌市萬塵趨水北還容陋巷居三尺素桐陶靖節百篇華賦馬
相如抛世俗爭為事手錄時賢來見書我欲傳君高士續恐君嫌
我近睢盱枝山書

惲南田叢蘭齋 絹本淺鉤設色高一尺一寸五分長三尺五寸條

春日書齋拈弄丹彩戲寫叢蘭圖贈冀選老道兄笑々 南田抱甕客

誰知花艷鷲心處只有徐熙寫折枝丁卯秋在靜嘯東軒重題雪谷

草衣壽平記

余幼孤讀書岳家岳父叙五顧公風雅任俠樂羣勝流故王石谷惲

沈有竹隣居圖卷 惲蕗蘭圖卷

三五

見其畫如見其人其畫可思其人叟可思也默公重其人兼師其畫默公之既自得師并可賀霑蒼史爾祕題

曩在都中與董文恪論次諸家畫法文恪首舉吳虞山云寓荒率於
沉酣之中欲神奇於細縝之表所以客而不滯踈而不佻南田之秀
骨天成西廬石谷之渾駛高雅實兼有之此冊筆墨精妙氣逸神腴
允平生傑作默公不知何人其能為先生所契重定非尋常鑑流始
与此畫並不朽矣乾隆五十五年六月十日秀水八十三老人錢載
題

沈石田有竹鄰居圖紙本高八寸五分長四尺五寸五分詩另絙高今
長一尺五寸條畫設淺色無欵右下角有居南印
水南水北曾稱隱百里重湖今屬君種樹遶家深蔽日尋門無處從

六法肇開天地氣蓋古今真傑作也覽余二十年來之從事豈費力氣不禁憮然試問之兩王先生當不易吾言也尊咸觀因題

虞山：水之秀真圖畫也造化又以其不盡之秀多生異人使山川靈氣還歸筆端吳子漁山六閒代一奇也漁山之畫入前人之室掃

近代之糜人畫知之然余所推重者則不止是每見人之工畫者無不以其兩工者自詡因以其所工者驕人且又多為贗者以欺世而

射利噴真可鄙也漁山之畫足上人而意每自下技是亂真而志取

無偽其遊宕自然之致蓋有道者流也漁山之畫之人將

不獨以畫傳而漁山之畫始以其人而益傳矣興福默上人常慫慂

以相待以是得漁山筆墨獨多余每過訪輒索其所存畫一再展觀

吳漁山仿古巨冊

益尊其品故其所作必不隨能事家蹊徑然天真爛熳又似矯然畦行以表之標異于人其過吳門必止興福默容精舍閉戶簡出一日之路頗有流傳哩容既逝漁山人琴之痛如過西州門者且徑三載其徒聖予能繼歐師之志恆復致之予之至止輒相同聖予生其所藏欣裝潢成冊以志不朽漁山畫在天壤哩么一點靈光必与此冊並借天光雲影亘古如存聖予其寶之以光常住可乎康熈乙卯嘉平朦日緇衣衲子行之漸識

畫難言也東從事於莊有年矣合之能手執觳觚而建壇坫者余皆得事之即未見其人未嘗不見其所為也大江南北太倉王先生而外則指首屈漁山矣雖未得徧觀其所為即此快體備諸家妙兼

物表能書与詩為陳確菴先生高足性好畫胸中既藏萬卷而交遊皆贍士大夫家多藏古蹟者而漁山一二揣摹每到佳山水處則畫日忘返迺其畫之獨絕也嘗為余畫桃源圖妙極致又為默以寫此冊每一幅倣古一人無不得其神髓使宋元諸名家從紙上躍出夫古人止擅一人之長而漁山則無衆人而有之倘所稱畫之大成者乎默以善畫与漁山有水乳之合故畫妙至此寧諼默乎須寶蔵之勿輕示人也丁未孟秋而菴徐塼識

虞山吳子漁山以筆墨妙天下直入古人堂奥無多讓也每有所得正如山中白雲自怡悅間以持贈二三知己善侯門大家禮幣所集往往吾之如遺不復隨羣趨走高姮聲價以熾日中知者服其義

吳漁山倣古巨冊　三

白陽山人道復

白陽山人作于五湖田舍時既醉不知其州之也

吳敔山倣古巨冊紙本高一尺三寸濶九寸六分五幀水墨三青綠一淺色一欵在末幀題另冊

吾禪友黙容從余繪事有志於詩嘗使具早得三昧當以弘秀名聞不幸挂履焉嚴其命矣夫壬子年來每遇興福輒為隕涕其徒聖予喜其渡修家學一燈耿耿黙容為不亡矣此冊往予為黙容所作寄潤色并及之乙卯年九月十七日延陵吳歷又識

余幼喜藏畫因得文彥可先生之精于賞鑒復得顧雲功之筆墨蒼老由是始知古人意趣之所在近歲得史漢谷畫而悅之漢谷極口吳漁山畫因与定交漁山為虞山人名家子行履高潔超逸

六四

沈石田墨牡丹軸 紙本高一尺九寸濶四尺三寸五分

我昨南遊花半蕊春淺風寒微露腮嫵媚來重看已如許寶盤紅玉生樓臺花能待我渾未落我欲賞花滿開夕陽在樹容稍斂更愛動纈風微來燒燈照影對把酒露香脉脉浮深杯東禪此花不及賞者已六年昨過松陵來尋舊遊時花始蕊今還正爛熳盈目遙夜呼酒秉燭賞之更留此作 三月十八日沈周

陳白陽拼蓮圖軸 紙本水墨高四尺六寸五分濶一尺六寸五分

花葉亭亭渾似采坐間涼思橫秋幾回相盼越嬌羞翠羅仍卷袖紅 粉自低頭前輩風流猶可想丹青片片紙遠留水枯花謝底須愁只消浮大白何必蕩輕舟 石田先生嘗作拼蓮圖上有此詞二調甲辰春

此石田自圖其所居之景而衡山後題應是壬寅歲九日過其故居之作獨以貞伯為鮑翁則一時偶誤其他亦有數字未審轉見興會而至檢點固有所未暇耳

石田此圖真所謂傳物外之形而物形畢具者歟衡山題句神味深崑以道詩云畫寫物外形要物形不改詩傳畫外意貴有畫中態觀石田此圖真所謂傳物外之形而物形畢具者歟衡山題句神味深秀於畫外畫中亦且有著意不著意之妙董文敏嘗稱子久徵仲石田皆以畫為寄非徒剗畫細謹為造物役者所謂宇宙在手眼前無非生機故其人皆大耋旨哉斯言文沈往矣一展卷而墨瀋如新生意盎然蓋非獨其及身之多壽而一筆一墨直欲留此生意以壽千古者耶可寶也乾隆癸貢秋七月後學　泰識

清整雖古人有不可比肩者今先生已仙遊每觀其書思其人不可
得矣因命鴻兒揭以裝潢原作橫成卷自圖小齋之景復綴數語於
其後以傳之子孫使後知予与先生交如梅竹之保歲安也孔治甲
寅沈周

野蔓藤梢竹束離郊原深處有茆茨主人蕭散同元亮勝日登臨继
牧之踏雨不嫌莎逕滑撫時還恨菊花遲欲寫良會須沉醉況有霜
聲送酒卮往歲侍石田先生之門見此梅竹軒圖并後自述事及今
壬寅三十餘年矣先生仙去而遺蹟尚存展卷不勝感慨況此乃先
生與鮑翁交善之實誠足以隼則後人以記前哲也觀者當自得之

門生文徵明識

涯持奉常小幀見示展觀即粹然大兄所藏眉公題之設色大癡也
叩之知嘉孟大姪不愛書畫託渠售去索值十金余因囊空還之玄
歲長夏得奉常摹大癡設色夏山圖長卷乃作於康熙甲寅時奉常
年八十三矣与此卷前後閱五十年而用筆蒼秀渾潤与是卷無异
條奉常晚年得意之作可知奉常畫法乃前生帶來不由學力故中
晚之間皆臻極妙無分老壯耳嘉慶乙亥三月十三日息游生又記

沈石田梅竹軒圖卷 紙本青綠高七寸五分長四尺四寸無欵右下角
有沈氏啟南印

弘治改元戊申秋李應禎書 (某竹軒)

梅竹軒三字昔貞伯李先生与交三十餘年未嘗以己之富貴驕余
之布衣故取意於梅竹以示無替也予嘗愛此篆書旨意節尚筆力

卷僅見乙未十一月十一日聽松山人陸時化題

董北苑山水有二種一種水墨礬頭疎林遠樹平淡幽深山石作麻皮皴一種著色者皴紋甚少用色濃古人物多用青紅而施粉素夏口待渡真蹟雖未得見想是水墨者故煙翁亦以水墨礬頭皴法全用麻皮耳余家藏董思翁仿北苑夏口待渡亦以水墨為之與此卷皴法相似蓋二公皆於真蹟臨摹故能得其神髓而皴紋不雜丁卯

秋七月蘭隱生識

此卷奉常作於天啓甲子乃中年之筆吾家粹然堂大兄屢藏奉常設色大癡立幅小幀作於天啓丁卯亦有眉公題跋較此卷更覺秀潤皆中年得意之筆余於數年前欲与大兄易之而未成今晨顧渭

王奉常仿北苑夏口待渡畫卷

人抗行恨文肅父子不及見此眉公

董文敏自題畫云遜之尚寶以紙索畫經年湯應非由老懶每見近作氣韻冲夷已入倪迂黃癡之室令人氣奪耳文敏與緱山太史為年兄弟於游藝一道推服後輩如此可見先輩虛衷非近人所及是卷八手疎林一叢乃倣倪迂專師黃癡通體得氣韻冲夷之妙自題謂追想北苑夏口待渡圖元人皆從董巨脫胎原其所自出不可作真是專摹北苑善鑒而知畫理者自能意會余向謂生平無得意事無媿人處惟生長婁東得讀瑯琊令山澹園兄弟未刻之文得瞻太原烟客麓臺祖孫秘笈之畫得意勝人咸在於是舍余或不欲見或不得見或見猶未見耳麓臺屢以長卷見長烟客則軸冊多而

云五日一山十日一水由其不易落筆乃盡慘澹經營之鈔是卷為

江貫道法本其結構精湛處有過之無不及靈丹在手瓦礫皆金隨

所點染自成名作豈庸史支三節三者可得此擬萬一耶賞鑒家當

不以余言為何好也至正庚戌秋八月顧安

盧士恒山南觀於陶氏南邨艸堂齋郡張鉷同觀

王奉常倣董北苑夏口待渡圖卷絹本水墨高八寸二分長八尺五寸麋公題本身

甲子仲夏在長安吳太學寓同雲間董宗伯觀北苑夏口待渡董丁

卯雪窻湯興呵凍寫此未能得其萬一正米老所謂憨惶殺人也王

時敏

遜之尚寶既具賀知章之清鑑又具陶弘景之悅湯興寫卷遂興古

王奉常倣止苑夏口待渡畫卷

底寫虬松鐵篴道人

欲友仙坡麋鹿羣繞溪煙樹暮紛三石㮙流水無人渡誰向山中掌

白雲巖叟

絕壁芙蓉秀懸崖薜荔高雲深閒夕賴木落見山坳真賞誰能捲披

圖偶此遺古人不復作悵望渺波濤西磵老樵觀於靜學齋把玩竟

日愛不釋手燈下書此壬子九月十又二日

江貫道是卷藍本向在我家藏有三十餘年矣今復得眉宇所畫可

稱合璧其妙處自有一種出色不畫依樣葫蘆是為擅長老手讀其

自題詩古尤屬清新真堪寶貴也金華宋濂

余与眉宇散人交有年觀其所製筆刀渾厚岡巒起伏巌壑幽邃古

臨江貫道千巖萬壑圖至正乙巳三月望朱澤民

春月幽居塵事寞故人訪我衡門下出示千巖萬壑圖云是江侯之
所寫江侯畫筆我所師苦心毫素醫成然山川楚越曾徧覽令將髮
矣吳以為覩此名圖氣蕭奕木落雲高溜泉響翠壁巍巍薜荔懸青
林積雨莓苔長礀谷深巖佛宇宏多羅樹繞梵王宮曲磴飛崖勢陡
絕行人攀躋無由從乃知異境不可得泪沒人間看遺墨慚余老拙
尚好事對客猶能詩涉歷收拾煙霞託素心顧毫剩楮希知音他年
倘許賦招隱青鞋布襪樓山陰睢陽山人為公遠作并賦

小結茆茨背石林溪邊幽迥与雲深濃陰幾日添新綠遮却西窗一

半陰層雲碧嶂聳孤峯珍重江郎好筆蹤得向好山多處畫更從澗

朱澤民臨江貫道千巖萬壑圖卷

王廉州倣莊秋色軸 吳漁山山水小幅

同一樣衰空谷暮騺初送響颯然四大為崩摧三衢周聖恩

王廉州仿倪高士山水軸 紙本長三尺二寸餘闊一尺三寸餘水墨石

丁未長夏倣倪高士澳莊秋色 王鑑

董文敏論雲林畫如天駿騰空白雲出岫無點半塵俗氣洵不誣也

此幅吾師廉州公所臨筆精墨妙逸韻飛翔不獨形似而且神似誠

有出藍之美當與倪高士真本並傳千古海虞受業門人王翬敬題

吳墨井水墨山水小幅 紙本高一尺七寸闊一尺五分

長江風便疾孤館雨聲多久客維揚寫此以遣旅懷戊午春三月吳歷

朱澤民臨江貫道千巖萬壑圖卷 紙本高一尺一寸半長九尺八寸半 水墨

見在于今青江楊伊志

葉落空山風寫泉九原人正夜長眠人間孝子終天恨三復餘哀小

旻篇景山錢邦彦

宰木天風號孝子燈前泣幾迴腸裂時定省今不及有懷只自知五

十哀更悒屺岵白雲飛望斷友顧立徐仲楫

有親如瞽瞍廬灰是所宜有身如鼻魚胡自殘親枝不如東洋君展

圖常相思圖繪風木人循陔淚淋漓聞者莫不傷况乃身親之欲養

親不存報之無所施抱圖遍天涯氣言永眙垂我感烏傷情為題烏

情詩衆詩靡不佳我獨心驚疑我親苦不全有母幸康順死者恨難

追生者尚別離捨圖負米歸欣奉百年期展圖堪嘆尔循陔千載情

丘壟淒風振松楸動若呼幽然泉下石猶念袵中珠恩渥終難報心

悲意欲俱無言洒泣慮祇恐枘摧枯史臣紀

枝上玄鳥啞：庭前白草萎。風歸林際野際腸斷日兮敬水

千鍾不及擔糧百里無期九原隔絕難見窮途日暮何之里人吳蕃

寧木長風更有哀循陔孝子恨難開千行不盡皐魚泣月滿空山草

滿臺陳鋆

逛柯葉落泣靈烏腸斷西風淚已枯重爾百季心尚在展圖三復念

生劭燕仲義

百年嘉木正森：遊子佟天不盡心聽到風枝腸欲斷淚流長夜恨

難禁有懷脈：燈搖壁不寐悽：月過林憶昔仲由能孝念展圖重

虞恨未酬將詩君莫展祇恐淚長流吳郡皇甫汸

木落思悠悠何堪對暮秋荒烟封馬鬣斜日照狐丘萬死身難贖深

情一未酬就中知獨感莫怪淚頻流茂苑文嘉次

高堂花木閟丹丘子養親恩總未酬一片青山千古月照人愁處倍

人愁天上雲容不可期人間雨面只空垂傷心撥盡蘼蕪草惟有秋

風鹿兔知吳郡章美中次

倚廬青嶂壁宰樹白華丘吊鶴隨賓散慈烏為余留終天不忍訣禪

月幾方周旦夕攀號處枝間清血流舊吳彭年

何處心長折黃山起夜臺落月悲猿鶴寒露滿蘼菜白華時自詠玄

烏怎增哀潛光不能發父有蔡邕栽吳下周天球

雲白感游子風號興孝思搖丘壠有淚攀樹獨無枝華表崔晨至松

門鳥夜悲永懷那可寄三復蔡義詩長洲張鳳翼

涕淚知難盡逢人阻獻酬家林是風樹父道有弓裘黃髮期何在青

山事轉悠應須致狐兔誓墓且淹留未是滄洲意聊將鳥鳥情德帷

棲服舍黃絹勒先塋樹慘冬春色泉壤日夜聲何人題孝里不數子

淵名勾吳張獻翼

荒廬落日照高原風木蕭〻斷客魂清淚沾林數行雪悲啼隔嶺一

聲猿紫芝若秀堪名里白兔如馴可表門知爾寸心渾不顧終天難

報是親恩姬吳王穉登

拱木成千古悲風振早秋烏啼惟舊冢鹿守但荒丘仕楚嗟何及擗

淚思衰草履霜千里夢烏啼月落五更時憐君孝念終身在撫卷燈前續恨詩陽湖王遘

宰木號悲風夜無停枝子欲致其養而親不逮時感物動永懷血淚恒垂顧大孝在立身屺岵徒幽思願爾念所生三復小旻詩華亭朱大韶為汝川題

可嘆循陵者其如孝感深展圖風木恨廢卷蓼莪吟惣有千行淚

窮一寸心敬身懷不霖曷矣爾當欽壬戌玄月黃姬水題贈汝川

君

日落悲風怨漸多豈堪孤恨向庭柯有懷但灑千行淚便欲送諸麋

蓼莪皇甫濂

飇風澉宵林木鳴條孤兒切怛雨泣魂銷解于以陟屺不見形于以陟岵不聞其聲解徒有庋閣曷致冥漠徒有樽罍曷致泉臺解顒
豈不蒼日豈不昊明發有懷悵蕢以老解云水陳有守
由也昔思親託喻於風木欲定風不寧欲養親不祿千載孝子心君
今繼芳躅固極念劬勞不寐懷鞠育哀二蔡羲篇流涕時三復寘室

王毅祥

天風四山號膓斷氣欲噎木聲悚餘音點二淚成血師道

蕭二商颷厲蕭二宰木森有懷激感切岡極結恩深邈矣陳人臨傷

我孝子心邪堪雍門路抱木寄哀唫吳門表尊尼

第三長林風撼枝孤兒聽到不勝悲有懷難寫拼墨恥無語空舍淂

室間董玄宰畫并題

山中雨後黃鳥綠陰拂拭此卷覺清福難消玄宰嘆曰僕方脂車就

北以怔銷閒何如余無以難也眉公

唐子畏風木圖卷 紙本高八寸二分長一尺九寸八分詩另為高全長一尺零七分水墨

唐寅為希謨寫贈

西風吹葉滿庭寒孽子無言鼻自酸心在九泉燈在壁一襟清血淚

闌干唐寅

風木餘恨 吳人許初書

颯颯悲風撼莫林空山獨夜送餘音淋漓鐙下千行淚不盡人間孝

子心京口都穆

董山水卷 唐子畏風木圖

於筆墨之外山樵秘藏已一二拋撒無遺孤父得此心慕手追行見
黃鶴一燈近在虞山相續無盡詎非藝林快事手書以志喜甲寅長
夏西廬老人王時敏題告年八十有三

吳中畫家自文沈而後垂二百年而婁水王氏兩先生出聲噪一時
又數十年而有石谷王子于唐宋以來諸名家無不窮幽極奧大為
兩先生所擊節欣賞一燈之續幸不乏人今復得顧子符文徙
石谷遊盡傳其秘余老矣筆墨荒謬以對諸賢徒有積薪之歎而已
邗上旅弟查士標頓首題

董文敏山水卷絹本水墨高七寸三分長七尺五寸八分眉公題本身
山出雲時雲出山化為霖雨遍人寰端知帝所旌幢會不在金堂玉

卅明畫草木茂密皴法繁細雖從董巨中來而自成一家余曾見虞山牧齋宗伯所藏其九峯讀書王文恪公家關山蕭寺絕無本色有空靈澹遠之致今石谷獨稱其丹臺春曉蓋石谷筆力遒勁神滿氣足與丹臺圖極相似故擊楫不置此卷為其高足符文所作開卷便有烟雲飄渺淫紅上吐出真丹青寶筏也想欲以心法傳授乃盡露其所秘耳癸丑小春望日婁水王鑑題

元四大家畫皆宗董巨其不為法縛意超象外處非時流所可企及而山樵九脫化無垠元氣磅礴使學者莫能窺其涯淡故求肖似良難惟石谷深得其神髓尺幅巨幛無不亂真此卷為高足符文作凡林壑之開闔家疎煙雲之濃淡減沒寫法度於縱浪之中得真趣

王石谷臨山樵設色卷

卌五

尉學人徐堅識于蘚溪草堂之湘碧齋

玄照先生畫學高海內以其落筆不群出入源董巨將等而上之也就中氣運神化丘壑深遠其妙不可思議昔歐陽率更見名碑坐臥其下者數日不忍遽去若此卷妙境當以歲月計耳傳世名筆端在是矣同里吳偉業題

王石谷臨黃鶴山樵卷 紙本設色高九寸長一丈二尺

黃鶴山樵畫見者不下二十餘本當以婁東王奉常家丹臺春曉毘陵唐孝廉家夏日山居二圖為第一學者窮年研究終屬望洋邶知斷輪鈔手非流俗人所能窺其堂奧也烏目山中人王翬

黃鶴傳燈 題烏目山人畫似蔣父道長兄士標

昂号恣去撫靈景号方殷鰲頁援号蒼三川光騰号范三禪居攝号
閒家草木西号幽香飯胡麻号窮歲集嘉禎号未央鎮静号云渝顏
變態号去復還人斯岡号具壽心斯雲号常開桑門振号作軌砥顧
愚号訂頑佛弟子輅字西之號雲岡小隠石田先生為之寫真枝楮
先生為之作記更索歌詩於余爰賦騷詞三章崇命而耳賀窗夢史
徕 書弘治十年六月也
王圓照倣董巨山水卷 紙本水墨高八寸三分長八尺徐埜題本身
倣巨然筆法于染香菴婁水王鑑
是卷前似北苑後似巨然知爲興到揮灑之作不復拘于一格也乃
公自題云仿巨然九見大熟月成不自知其功力處丁亥閏秋日鄧

王廉州仿董巨山水卷 廿

則公果何人哉西之曰意者即雲乎曰然則雲果何人哉西之不答

遂姑為筆之孔治九年仲秋日枝指居士祝允明記

愛此清致門開不關任埋山脩莫敝天顏無心出沒對景幽閒動靜

混合變化其間沈木

聚散天地間函三抱一放之彌六合卷之藏於密朝暮西岡巔寢

化不可測我欲來相尋無處問蹤跡頋言從六龍九重作雨澤雨我

公私田薄施滿八極嘉定恩鎮古田

山人遁跡不可覓況在山之深復深莫知塵外碌三事自有閒雲伴

此心沈幽

勢突屼兮覆甕氣菀欝兮輪囷繫興軸兮不漬蔭大千兮無垠日容

於井以岡寓雲亦獲此地實成佛道永不退轉是則稱雲岡者猶法雲地以岡爲基勇猛精進作選佛階磴其所造詣實不可量已於彼行藏歛放四絕之間猶左右拳耳居士知耶說罷默然无見居士泠泠而瘖沈思移晷不知何祥俄而比丘軺西之執一卷進曰顧作文諸觀焉即其所稱雲岡小隱者也乃始大悟噫大夫非公也耶雲岡之說具矣而曰隱焉則公今日所立果非定位蓋公之志即進是者亦與其說合抑公以英年妙寶棄世茂族而修於此絕禪之餘游孔氏藝毅爲吟諷書翰圖繪種種出人其進而極於是可覩而識也吾言不越是矣當爲公筆之西之曰諾居士乃復問曰此公之志也而出於我夢然則彼丈夫者果何人哉西之曰意即我乎曰然矣

沈石田雲岡小意卷　　　卅

人祝允明

雲岡小隱記

枝指居士暇日登叢林卧法席瞻浮雲發大勝想體
用圓妙不染不滕我顧若雲顧同雲顧一切人物我若雲同雲作是
念已嗒焉而默存見一丈夫英々祁々蕭索輪囷郁然而合漠然而
々謂居士曰居士知雲乎體不定所成山水土木用不定所趨聚散
行塞或出于崗焉而稱雲岡舉一而貫百也雲不辨專於岡々不辨
獨於雲居士不謂儒邪用曰行舍曰藏歛之密放之瀰而毋意也毋
我也是儒之雲岡也其在於西方聖人以慈心蔭注世界如彼大雲
其修之地至於十等入佛職位普攝世界有如龍王一念頃際无不
露足莊謂法雲居士將執岡求雲壁如指井覓水々覓即得而不專

含素法眼故特贈之真不負此筆墨矣王鑑題

王畊煙仿北苑夏山圖軸 絹本高三尺八寸餘闊一尺八寸餘設色

芙蓉一朵挿天表勢壓天下群山雄北苑夏山嵓林窣崒嶸雄偉卓

絶觀者莫不吐之董文敏定為宋元名迹之冠向奉為圭臬迭復觀

于金閶寓廬規橅一過殊覺心所能知手不隨乃信古人之言良不

誕也乙未清明前二日王鑑

沈石田雲岡小影卷 紙本水墨高八寸長四尺一寸五分無欵右下角

雲岡小隱篆書 有朱文启南印

鄉貢進士祝允明為西之上人題

雲岡小隱頌子為峲上人作藏之深深出之溶溶其藏無倪其出不

窮上下一迹東西絶空都来聚散不離此中甲寅三月八日枝指道

（王畊煙橅北苑夏山圖軸沈石田雲岡小隱手

王廉州九夏松風圖軸 王奉常水墨山水軸

近伯起鳳生葭葵倚菌菭田海蒨二幾度瀾仙家秤局可曾殘他時

五老峯頭去脫屣高眠好益看樂安孫翼鳳題

王廉州倣趙文敏九夏松風圖軸 紙本青綠高二尺四寸餘闊一尺二寸五分無欵右下有王鑑白文印石

谷題本身紙在右上角

吾師廉州王公筆墨妙天下此倣趙文敏九夏松風圖設色幽秀神

韻超逸兼得北宗髙賢三昧余於丙申嘉平過婁欣獲披玩而悅觀

光霽于五十年前矣何幸如之謹識海虞王翬

王奉常山水軸 紙本水墨髙三尺七寸闊一尺六寸餘廉州題本身紙

甲辰九月舍素以佳菊見贈寫此奉荅王時敏

畫得子久三昧前惟董文敏近獨奉常烟翁此幀乃為得意之作以

能辨獨有仙人自在遊十洲三島頻史遍興來偶寄在揪枰下地上
天千萬變先機迅史矢在人間宣似人間爭與戰浪說長安侶奕碁
滄桑人物何非司仙圖繪出仙人手流与枞林供賞鑑好事慕之絶
逼真我欲從之遊汗漫弱水盈那可遊況無羽翼乘風便彼樵雲
者是何夫奇看仙機柯共爛陽峰山人馮時範題
蓬萊仙奕世稀見維冷興張應共宴冷偶作圖持贈張繪其涉歷
空羨世間苦心愛者誰前有句曲華後追臨摹伯仲混真贋衡山枝
山相參差仇翁飄蕭六其傳十洲三島神所遊試爲反覆鐵冠語始
信先知識巳留奇珍流轉四百春何日來歸有道人牙籤玉軸等璆
劈丁三子聲風雨辰舉似孫陽日未覽汰之淘之吾豈敢名字依稀

真玩世蓬萊靈境宜如斯展卷追蹤二十載怳然靈境猶如在碧虬
花齧紫鸞豈與人間爭碔砆便欲馭氣從之游逍遙棲此巖之幽
半局殘碁窺世界笑看蠻觸是蜉蝣忽憶玄機聊黑守夢魂時日飛
星斗誤落塵緣期鼎鍾煙霞未敢頻迴首　長洲文震孟題
昔漢武慕仙遣人求安期羣于海外乃東方曼倩日侍左右而不知
其為仙得無似葉公好龍乎補菴先生愛仙奕卷而臨摹裝潢以為
畫舫重所謂雖無老成尚有典刑也其視誤收贋本者不侔矣先生
故與先尚寶善不肖嘗浮瞻其風度蓋好事而兼賞鑒者其輕贋者本
而重摹本也回宜　吳下陸士仁題
蓬萊仙人不可見圖中對奕如覿面剖破天機一著先營下土誰

蹟不減尚方放官易世之後一時散軼略盡而此圖此題流落人間衰齡老眼幸獲展閱回思啟敬之畫三丰之書如米襄陽所云煥若神明復還舊觀豈不大愉快哉乃如人代之變易圖畫之流傳則蓬瀛清淺與棋局翻覆仙家與世道盡然何必撫卷三歎庚子七月廿又三日枅櫚館秋霽書太原王稺登

蓬萊山高三接天聞在虛無縹緲間青芝遠結千年秀玉液長流百尺泉泉漱對色當窻牖紫烟白雲封洞口秦皇連弩不敢窺吞波吸浪潛蛟吼中有儼翁雙碧瞳紋三白黑鬬雌雄岦間甲子那堪算一著先機萬古空蟠桃初熟侍女進落葉滿空塵自淨誰能貌此神仙居原是神仙冷起敬三丰逸老為題詩云是蓬萊舊等夷我識神仙

書法筆名染度架閒琅函籤軸不啻書畫舫也記其出以索鑑于太史中有冷朝陽仙弈圖為太史所獨賞當其晉跋尚幼駭無識未諦觀也今此弓已不可得見亡三仇實父氏摹本若真見楚大夫于章華之臺不覃佀人之喜而已特為識此若其仙跡顛末與副墨流傳之故巳僃邇邊所述幷伯起跋語竝不復綴云萬曆庚子孟秋十日清飄居士文元發書峕年七十有二

冷啓敬蓬萊仙弈圖余往歲曾觀真蹟於張伯起先生家此卷則仇實父所摹文太史題其首兩博士摹其跋與詩無錫華秋官劍光閣中物也華見冷蹟不勝欣賞遂倩太史父子及仇君共成此卷冷君儒秫諸君人工竝奇絶不羣之稱雙美華氏寔為好事所藏古今名

蓮長芳覆瑤艸蟠桃已實桂女雙桃花落地芝童掃龍陽泠君紫府
卿玉皇香案標奇名偶然興發欲玩世邀遊赤縣投帝廷三丰張老
欣相得傾蓋清都心莫逆為言蓬萊俱舊遊曰之繹思揮彩筆倏忽
變司殊景收分明五城十二樓龍陽隱壁作蟬蛻三丰道老從此逝
白雲黃鶴相後先獨留仙蹟人間世晴窗展玩顏昂湖龍驥不
用攀我將持為長命籙身騎青龍叩天閽前邀泠君一執手後呼張
老哦拍肩錦囊盛之懸肘後何用十萬誇腰纏萬麻壬午五月六日
發少侍先太史過雲樓張先生二三令伯起尊人也好文而俠其行
長洲張鳳翼
誼奇卓與顧玉山相類故以布素獲交當世鉅人長者又多蓄古奚

仇實甫蓬萊儒奕圖卷

慶問仙翁祝允明 款

叢華秋官過予觀仙奕圖愛玩不忍去手曰出澄心堂紙倩仇實父臨之復托二文先生摹其跋與詩裝潢成卷乃請太史公題其端自以為得於優孟面中即于席賁矣去今三十年而遙不知卷已易主閱間不無今昔之感曰為識之并系舊所作長句云蓬萊之山在溟渤方丈瀛洲鼎足立上與蜃氣尔有無下與鮫宮同出沒欲往尋之風引舟由來此山與世隔秦皇空見巨魚來漢帝徒觀大人跡何如狂生得神遊六尺生綃見仙奕仙人對奕誰為傳能傳仙奕人亦仙二本無心爾何苦從橫局上猶矻然卻怪手譚二不歇那知坐隱隱誰過樵客旁觀尔難老爺柯欲爛無昏曉垂楊不凋舞青鸞紅

至正間則百數歲矣其綠鬢童顏如方壯不惑之年時値紅巾之暴
君避於金陵日以濟人利物方藥如神天朝維新君有畫鶴之讖隱
壁仙逝則君之墨本絕臨未嘗見矣此卷乃至元六年五月五日為
子作也吾珍藏若連城之璧未曾輕與人看予將訪冷君於十洲三
島怨後人不知冷君胸中丘壑三昧之妙不識其奇仙異筆混之凡
流故識此特奉遺元老太師淇國丘公覽此卷則神清氣爽飄然意
在蓬瀛之中也幸珍襲之且以為後會云晏永樂壬辰孟春三月三

丰邈老書 [文鑑之印] [文壽承印]

紅塵不與此山通一局千年萬事空知白知黑無象妙為生為死不
言功興匚劉項山河外聚散吕印草木中滿眼羊膓無妙著此機何

仇實甫蓬萊儛奕圖卷

仇實甫臨冷啟敬蓬萊僊奕圖卷 帝本高七寸一分長三尺五寸設色無欵右下角有仇英之印實父二印

蓬萊仙奕書 徵明

蓬萊仙奕畵卷乃龍陽子湖湘冷君所作君武陵人名啟敬龍陽則其号也中統初同邢臺劉秉忠仲晦少従沙門海雲書無不讀无遂於易及邵氏經世書天文地理律麻以至衆伎多通之至元間東忠入拜太保奉預中書省事君乃棄釋業儒從遊於雲川與故宋司戶參軍趙孟順子昂於四明史衛王彌遠府觀唐李思訓將軍之畫項然裝之胃臆而遂效之不月餘其山水人物寀石等無異將軍之筆其筆法傳徠與將軍由加徽細神品幻出由此以丹青鳴於當時隸淮揚遇異人授中黃大丹出示平叔悟真之指穎然而悟如己作之

彩筆條忽變可殊景收分明五城十二樓龍陽隱壁作蟬蛻三半道
老從此逝白雲黃鶴相後先獨留仙蹟人間世晴窗展玩開心顏弱
湖龍騎不用攀我將持為長命籙身騎青龍叩天關前邀冷君一執
手後呼張老咲拍肩錦囊盛之懸肘後何用十萬珍腰纏張鳳翼
此卷即孤樹裏談兩載也正德初從伯祖得之京師嘉靖間始歸先
君時仲父台州公當家食見而愛之請仇實甫臨摹吳中始有贋本
然惟仇本近似仲父命予手摹張跋祝詩於後仍歸程中舍篆書於
前裝潢成卷以為優孟可當井敖也隆慶中則此卷歸廣陵好事家
彼固寶蒸硴而十襲之矣予恐其亂真故既為長篇題之而復識顛
末俾後之覽者知而鏡云萬厯庚寅十月朔鳳翼

冷謙蓬萊仙奕圖卷

在蓬瀛之中也幸珍襲之且以為後會云嘗永樂壬辰孟春三

邀老書

蓬萊之山在渤方丈瀛洲鼎足立上與蜃氣分有無下與鮫宮同
出沒欲往尋之風引舟由來此山與古隔秦皇空見巨魚來漢帝徒
觀大人跡何如狂生得神遊六尺生綃見仙弈仙人對弈誰為傳能
傳仙弈人亦仙：本無心尓何苦從橫局上猶紛然卻惟手談三不
歌那知坐隱：誰邊樵客旁觀忿難老斧柯欲爛無昏曉垂楊不彫
舞青鸞紅蓮長芳覆瑤草蟠桃已實桂女雙桃花落地芝童掃龍陽
洽君紫府卿玉皇考綮標香名偶然興發欲玩世遨遊杰縣投帝庭
三丰張老欣相得傾蓋清都心莫逆為言蓬萊俱舊遊曰之繹思揮

參軍趙孟頫子昂於四明史衛王彌遠府觀唐李思訓將軍之畫傾
然發之胃膽而遂效之不月餘其山水人物窠石等無異將軍之筆
其筆法傳綵与將軍由加纖細神品幻出由此以丹青鳴於當時緣
淮揚遇異人授中黃大丹出示平卅悟真之指穎然而悟如巳作之
至正間則百數歲矣其綠鬢童顏如方吐不惑之年時值紅巾之暴
君避於金陵日以濟人利物方藥如神天朝維新君有畫鶴之誣隱
壁仙逝則君之墨本絕跡未嘗見矣此卷乃至元六年五月五日為
予作也吾珍藏若連城之璧未曾輕与人看予將訪冷君於十洲三
島恐後人不知冷君胃中丘壑三昧之妙不識其奇仙異筆混之凡
流故識此特奉遺元老太師淇國丘公覽此卷則神清氣爽飄然意

〈冷謙蓬萊仙奕圖卷〉

化固非丹青家所知蓋以榮翁畫學精邃羣臺之年沉酣於此茂京日夕講論實有水乳之合故不惜全力寫成此卷以質識者宜其珍愛不忍釋手也余不知畫惡題數語以識歎賞云爾辛未九秋下澣

隨菴王撰書

冷啓敬蓬萊仙奕圖卷 絹本高八寸餘長二尺八寸

龍陽冷啓敬畫

蓬萊仙奕畫卷乃龍陽子湖湘冷君所作君武陵人名啓敬龍陽則其號也中統初同邢臺劉秉忠仲晦少從沙門海雲書無不讀尤邃於易及邵氏經世書天文地理律麻以至眾伎多通之至元間秉忠入拜太保奏預中書省事君乃棄釋業儒從遊於雲川与故宋司戶

筆叅三昧　麓臺能於畫理伐毛洗髓得其神奇至摹倣大癡傳自家學而更加超詣此卷磊落不羣睥睨千古筆墨間又能以蕭散之致相爲變化非得畫家三昧未易臻此妙境也紫崖年翁精於繪事故麓臺作此贈之余展玩再三深爲歎絶因題於首忍菴黄興堅

古人論畫以氣韻爲主氣韻勝者自有一種天趣超乎筆墨之外若徒規摹徃蹟專尚精能雖工力甚深終類作家殊少士氣非善畫者所尚也家姪茂京素工繪事其高逸之致原從神骨中帶來而於宋元諸家冥心默契遂能得其三昧此卷爲紫崖先生作運筆蒼莽淋漓濃淡踈密之間奕奕生動似不拘繩尺而自然合法似不經模擬而意外出奇極空闊處孟見渾厚極稠密處孟見踈朗縱横變

王麓臺畫筆山水卷　三

甲午三月望日倣高尚書筆於雙藤書屋并題王原祁年七十有三

王麓臺水墨山水卷 帋本高九寸二分長八尺五寸題另紙高仝長一尺

麓臺倣古

題詩

余讀書至柳之篇衛武公耄而好學年至期頤人稱屠聖始知學無止境好之者未有不臻絕詣者也紫崖先生年八十矣而好學不厭畫道尤為精深獨於余有嗜痂之癖晨夕過談彌日忘倦至於古人妙境无慮牕羹墻呎云切磋琢磨庶幾有焉以年如此以學如此豈非六法中之衛武耶此卷側理頗佳先生索余筆葳弄篋中三年今值大壽之辰寫此進祝岡陵并引衛武以廣先生之壽先生見之當六帳然一咲乎謹識當康熙巳巳暢月長至後五日王原祁書并題

石谷道兄論連軺水接滄浪圖入語溪十丈長縴蠟畫銷欣賞罷淌庭霜葉月蒼凉弟犖具草 白

王煙客松聲高士圖軸 紙本高二尺三寸闊一尺四寸水墨

松壑高士圖 隸書 辛丑秋日為耿菴社長先生六十初度壽弟王時敏

王麓臺倣高尚書雲山卷畫 紙本水墨高七寸五分長四尺六寸

雲山卷畫倣高尚書

房山筆全學二米筆墨有濃有和中間體裁亦本董巨故與松雪齋名為四家源流先輩松米特為楚游出側理索畫寫此入吳裹中溏湘夜雨與湖南山水恰有悶會出以房山法更見元人佳趣耳康熙

王煙客松壑高士軸麓臺雲山卷畫 十三

耿勿釋故歲一至婁拜兩先生於祠堂退與太原羣子弟游慶皆令出其法書名畫所愛分於奉常者次第摩挲之信宿池館之閒乃去東陂野史曰奉常於余本通門諸父特以投分見引為小友廉州在世講則屬雁行時 過從得竊聞其緒論謂石谷之畫正入神品置之董巨及一峰諸大家間所謂兄事衰益弟畜灌夫恨董宗伯不及見之相與撐眉共賞耳兩公世推翰林永鑑其稱許如此宜乎石谷有知己之感也婁東通家眷弟周韓頓首拜譔并書

南歸詩奉和都門諸老踈鶴高風續□才僊人原合戀蓬萊客過薰

鵬時 滿枕上雲山夜 來秖說中郎能倒屣豈知郭隗僊登臺待

衣幸染緇塵淺捲向煙波逝不回 嘉禾學幕次吳廑菴相公韻贈

爭敦使遮逆以石谷之先後至為榮辱勞苦燕饗疲於奔命或謂石谷侍中相君所鍾愛試一往唶必且得其歡心石谷謝曰山林之人于侍中非有宿昔響者特以名求我爾即徃于古禮弔生哭死之義何居竟不行物論尤高之趣戒師裝朝貴援止之不得相與設供張祖道漢陽虞蒼相國吳門健庵學士賦詩家先成諸公卿皆屬而和緘縢束之牛腰者累百軸觀者謂本朝四十年來年餞送投贈之盛未之有也石谷旣友里居蕭然環堵卻掃杜門應接獨不能遽忘心於婁東念廉州旣如次公泉明雖有後人不復知琴書手澤章奉常燕紹深厚多才子文孫皆工詩能文章且踵接取科第或侍講幄職大諫梅天子貴近臣而黃門麓臺更用王宰能事紹其祖武二王世誼耿

〔吳漁山補王石谷小像卷〕

十一

恒恐誤失之交臂以故寧受欺不悔其為天下所愛重如此石谷儀觀瓌瑋而氣度冲抑與之交藹然如飲醇酎又性狷潔不苟去就然諾風義著於久要往者廉州云亡石谷來赴哭極哀後聞奉常岱游重趼百里解橐金營葬房烝邊豆殽核維旅既奠爵以頭觸棺而慟呼搶知已如不欲生僮客皆泣下沾巾不能仰視咸謂古道至性非近令所易得也咸侍中顯若以相國家君起家甲第雅嗜書畫玩好開邸舍通賓客心慕石谷度不能致則走書幣過江以其意屬大府大府折簡招石谷且檄有司勸駕石谷不得已彊起從兩門生至白下通謁於軍門大府喜立為辦嚴大治裝馬明駝輜重襆以郵騎腰刀帕首者護之而馳比達蘆溝則侍中已前發三事大夫知石谷者

勝冠也歸言之奉常具舟楫飭使命迎諸其家至則下榻授館每遇濡染一破墨輒驚嘆叫絕如廉州曰畫出先後所藏名蹟興觀石谷鑒賞精嚴衝口軒輊悲中肯綮由是益服其能樂與之俱間或辭歸則信使書尺相望於道推重汲引拳。溢於齒輔不啻逢人為說項斯矣先朝至神熹二廟承平幾數十年江左世族風雅相尚同時稱收藏者毘陵則有唐氏而孝廉雲客尤以博古好士聞必因緣奉常交驩石谷益得縱觀唐宋元明諸秘本籍為師承探徵雕縈愈臻神化奉常曾屬編摹昔賢傑作幾盡拔其懺非止亂真也畫中故有狙儈時三覬衒其尺幅持入都市動獲高佑或緩急投諸質庫亦必厭其欲以去雖中郎虎賈有識自能辨之而人情奠遇其真

吳漁山補王石谷小像卷　十一

石谷子傳石谷子姓王氏名翬石谷其字先世居虞山之鄉曰白茆高魯五葉以來皆善繪事大父某游於虞庠徙而城居石谷生於虞山之麓虞山為虞仲採藥地奇峰秀壁甲於吳中從唐宋來以丹青擅名者董巨之後稱元四大家而王振金聲莫若黃公望子久游歷所到特愛虞山常扁舟紲纜坐臥其下自謂平生粉本得之山靈者為多垂三百年而遂發其祥於石谷石谷幼具夙慧初就塾師好弄紙筆隨意點綴便成山水時鉅公善畫海內所卷轎鞾塍望而走者為婁東二王先生一太原奉常烟客一瑯瑯廉州太守元照並世鄉景冑袁楊王謝門蔭高華翰墨品題咸推第一會廉州簿遊拂水適石谷遺有斷素於壞壁間顧見大驚以為異人亞物色得之甫

一八

謹微床夜慎庶悅聽唐典詒謀霸盟勸禍受福遠恥近榮獻齡左右
洞燭直橫荒亡誰奈疑殆熟形妾惡抗唛兄當結睦廷生說趙丙相
才風銀勒南驥的穎西逐累牒布宣桓敵拱屬席綏廣畱扇清輕霄
紫垣杳邈魏開虛寥積仁在熟讀古去糟壹志守國肆正伐遼甲祭
墳卬字育郡邑慮切談深體疲力竭侍奮蓋啁箴尹效戝昆低永寧
火薪難滅連縣後昆煌煒初業 友人不知何處得此大人頃出此
卷命清湘半筒漢書之半筒漢書罷仰首咲云半个何在有書無人
豈不愧歟

吳漁山補王石谷小像卷 帋本高九寸二分長三尺設色徐南村寫照

泉聲鳴淙淙 撫琴山欲響坐愛松風多 彌漫雲初上 吳歷補圖

得楚浮糜每誅敦篤斯取碩是寵命勉茲倫常烹阿封即沛祿發棠

帳染墨蹟帷集書囊廟貌敢翫路骸使藏充於萬廂勸此八口惠貽

農商稅答父母特致羊羔酒造門躬登堂稽首祀能濟漆

贊必抵庸經筵時幸義易最通執綺誡麗器量本洪霜眾於惻聞言

納容嚴性比薑曠晹勿芥叛盜駭惶舊戚歡愛息紛象廊靜事雞塞

藍果烽房墻條青帶尋稅狩夜約阮嗣宗簡牋歷落被服蒙戎川渠

浴垢岡領摩松驢顙李白觴競次公食糠亦肥當菜頗美寒特曦陽

熟解巾履雨露樓陰飄吹戶啟巧筆如九弱羅似紙武功稱甲吉運

始丁徳馨潛達善氣翔蒸竟省機紡殊旱殿楹誠推韓穀合賞絡纓

懸想礁伊黙索嚴傳調拇感欣早晚怨懼甘醎別宜步眺騰豫陪隸

既平禪碣將續束稿飯贏市劍駞犢姑婦任續夫男秉杷輶車遹邁
駕遊遨給助饑困重以劭嘉夕暉催輦哉魄曜沙行養衣主飛軍
琛赤靈禽引仙彩燕感嫡箋察寧官改制音律陛奏表疏堵修論策
羽非增益軍岡枝梧民慶陋宇羌來鉅都貢珠盈寸舍矢五扶散髮
粮援地刻碑載途辭臣詠侈正史讚極月臨謝莊星歌陳實桐岫釋釣
擾竹黠離逸甚慕冠弁弗躭藝稽彼東野孟與歸園陶慮寐而莫謂道
且遙壁沈鑑覆璠委瑰飄投淵潔耳何傷盛朝阜林環丹亭水通翠
魚鱗不驚鳥鵲成對憺藋鞠裳吳持荷蓋長笙短歌忘富薄貴俠賓
躭獸妍女傾盂絃會琴瑟語寓優俳佳兒員附異士方面飽食巨筒
怗窣涼槐承祜獲廉鈞賴英主轉宿移辰廻冬幹暑執要觀煩理絲

絜矩動緣尺衡嘯合鍾呂手植四維目親九府云溫其色曰俊厥嚴
定刑勅政過化存神姿儀豈弟陛黜威明池鯤躍海谷駒鳴庭振頂
流弊矯端仕俗宅洛周詳營田趙獨足踐籍卧情馳冥漠鬱尊黃金
膳枇素木肉捕秦端外斬荼操犛笑自悚毀譽空勞伏龍麼組悲雁
止號嶽伯分佐歲精可招茶已無為敬身有道匹求忠貞務倡慈孝
惟寫及晝閑居雅好草聖張工詩王杜妙涇渭朗若玉石磨烏心光
並映意指吏堅拜皋稷訓習孔軒傅晉賒畫接隨用晦眠物皆宰真
念匝滿假問賊師愿謙孤讓賓始于隱醫辯乃上下老安友信并懷
少者背城克賊西壁圖治禮猶節也樂則和之稼垂霜飫蘭抽露施
華寶等懋根葉交資京多淅卿縣具良牧廉畏見知退思遣辱泰階

周轉韻慶多寡不均平仄不相間此四平四仄無或紊者三也雖然

余寶自愧其一短則以余之七日不敵周之一夜耳野君曰是有二

辨彼以君命臨之其意迫此以遊戲行之其神暇彼作始者苟然而

已此踵其事既欲過之又欲事二易其故位是安可同日而語且夫

七日而千字就興夫十稔而三都乎枚生敏捷司馬淹公遲子之作

周合則雙美余慨然曰淹遲則誠淹遲美碩誰為讀大人賦而嘆凌

雲者曰篇首有大人二字遂名大人頌　詹文德撰

大人御天君子名世立千秋基興諸夏利高文起家建景闕帝二百

餘年我皇陟位河澄寶出鳳舉毛從虞雲兩旦漢日再中群黎作乂

列州攸同徂以故土入生新宮銘鑒學湯設鼓遵禹仰曰瀘規俯欲

琴也德不百年污我詩書逝然不顧披褐幽居非淵明述史語乎詩曰高山仰止景行行止予雖不敢以隱君子自居竊志淵明之志矣而仙非吾所學也蚪峰騎記

千字大人頌 隸書 余嘗道周興嗣千字文不佳當取其原本另翦裂而維綴之徐野君頷予言而去未幾文就沈不傾聞之曰前代有作此想者矣頃撓於人言謂枇杷二字未易離卻竟沈吟而止今野君其謂之何余謂枇之為棘枣枇也杷之為田器也見於莊子甚明兩者飄飄逍遙等字耳雖野君皆未之離余請得而離之于是閉門七日作頌以示野君 野君 擊節稱三長焉蓋周句瀆多牽率此獨自然一也周語意忽彼忽此斷續不成章此一氣呵成萬變而不出吾宗二也

一琴無絃手撫之類蚪峯其首俛而不能盡觀其貌呼之應焉大滌子喜步而入蚪峯下階揖大滌子上茲塵談笑移晷而別蚪峯送出門而大滌子循舊逕行而見悲如初心疑蚪峰艸堂在郭之外數相過從初無山而諗何以狀也且行且訐忽而寤矣侵晨圖之於扇題一絕句其上予贈焉噫異矣憶予生之初有一道人霜髯垂膺突入中堂攀婢逐之忽不知所在越翌日昧爽一幼婢持燭入見道人蹲几下驚呼道人忽又不知所在而予生矣山中艸堂無乃道人舊居而大滌子或此道人山中舊侶耶雖然予亦嘗有夢矣夢入一小園園有堂堂設石榻臥一儒衣冠人其上一童子侍其側指語予曰此先生前身也則予固儒者也即大滌子所見之琴無絃亦淵明之

道濟蚪峯艸堂圖千文大人頒台卷

六

二

石濤僧蚪峰草堂圖千字大人頌合卷 俱紙本畫馬九寸餘長二尺七
二寸烏絲闌小楷書 寸餘設色頌高七寸餘長三尺

大滌子濟

無聲辛巳九月夢訪蚪峯年長兄先生艸堂處繪圖請博笑清湘弟

眼中山色耳邊韻已入夢回昨夜情更覓先生行樂處無絃琴上和

辛巳九月既望大滌子夢游一山青辟斗絕澗水環之尋徑石入林

木葱翠如雨初過肤忽聞琴韻泠泠乍高乍低韻動泉聲心悬悦之

前進數武見一雙鬟童子立於谷口如有所待大滌子問曰仙家耶

隱君子耶童子答曰李蚪峯先生艸堂也方欲再問而童子忽不見

矣復前進已數武茂林叢石間艸堂出焉門啟不閉坐石榻上面横

之恨耳非真為長安故倡作也東坡謫黃州賦定惠海棠亦同此意余觀昔人於歌詞書畫類非無故而作無故而作者必不工則不能傳遠而感動人以是知洪氏之言不証也吳子漁山與青嶼許先生遊最久康熙辛酉秋七月還常熟後畫白傅瀊江圖一幅寄贈先生先生以名進士官御史未竟其用罷歸凡性恬靜放浪詩酒丘壑無纖豪遷謫意漁山去時決不作離別可憐之色而漁山於先生獨有耿耿不能自已於中者寫此以宣其蘊結今七十餘年矣視其圖之煙水蒼茫楓荻蕭瑟悲涼氣象匹不必聽琵琶毅而青衫淚濕也先生曾孫方亨出素帝命錄白傅詩附其後爰識數語左方乾隆歲次辛未夏六月京口張迪拜題

吳漁山瀊江圖卷

嶺橫陂陀絕看山；縹緲隔雲端此中亦有逃名者不向人歌行路

難羨君愛畫得畫髓下筆真能見山水倪迂秀潔大癡豪君兩得之

兼兩美曩時鄉達去吾鄉石田長卷生輝光憨余送別難為贈把君

圖畫情何長山嶙峋兮水滄溴入手江山氣為爽畫意交情兩足珍

風流遺作千秋賞庚午初冬趙貞松一題

道光三十年八月既望海昌許槤觀于南沙糧署之寶事求是齋 書篆

吳漁山白傅潯江圖卷圖左上角綴詩歎逐臣送客本多傷不待琵琶
帝本水墨高守公長交右上角橫書白傅潯江
已斷膓堪歎青衫淚許今人寫得筆凄凉梅
雨初晴寫此并題吳歷偶捻□筍得此圖以
寄青嶼老先生稍慰雲樹之思辛酉七月吳歷

琵琶行文不錄 容齋洪氏謂白傅琵琶行一篇直欲擴寫天涯淪落

作京江送遠圖以贈之延陵世寶至今傳為美談尚美王麓臺給諫
與予為研席交作其入都也自媿拙劣無以贈其行千里追送及清
淮而返聊以盡吾情也麓臺乃為搜篋出二丈箋畫山水長幅以贈
余取古人之意而反之情游厚矣麓臺曰余畫矣子不可以無詩亦
異時之美談也曰賦此而書諸卷後 長江之水清淅淅畫鷁橫飛
渡江水太原給諫玄朝天風飄飄吹向碧霄裡故人追送邘江湄火雲
照路征塵飛欲別未別重攜手為寫青山贈別離麓臺山水妙天下
耳興時人競聲價人徒肖古不肖心靈奇那得標神化唯君染翰見
心裁嬉笑潑墨烟雲開平沙漠漠渺無際千峰劈面如飛來天池石
壁縱奇險石磴盤紆蒼點三下瞰烟蕪失遠村廻巒勢蟄松雲颺長

王麓臺仿黄子久山水卷   四

陰得清涼懷弐高山人千春同相羊戊申夏至祝允明

王麓臺仿黃子久山水卷 綾本水墨高八寸餘長一丈四尺三寸餘凡三接

庚午初秋為松一長兄倣黃子久筆王原祁

古人有云一日相思千里命駕此交道之厚也余與松一趙兄交甚厚於余之入都也渡江涉淮送余及清江浦而邁此示古人千里命駕之意也夫余無以為情舟次作長卷以贈之凡目所見聞胸懷之欝曠皆得之寓之筆也余往矣松一偶念余携此卷而為長安之遊不無後望為是卷始於五月十八日成於七月十七日凡兩閱月麓臺祁再識

題王麓臺畫卷後 昔鄉先生吳遹菴之守叙州也沈石田先生為

名家吾鄉白陽先生妙于寫生此与尤其得意之筆漫題于後以識

景仰杜大中

興慶池頭豔豔沈香亭北粧清平有佳調永夜侍君王杜大綬

春事時正殷庭墀鬪紅紫弄筆寫花香郇爾得形似文從光

綠葉叢中舞豔妝嬋娟佳態不勝裳假令當日明王見未必凝睇問

海棠張夢錫

沈啟南有竹莊圖 帋本高八寸長三尺八寸條

我園我闢畫東其畝地壏氣和草木雜糅既作既息復以事酒為食

乃旨為力敢後生斯樂斯此外美有沈周

君家有芳園乃在家之陽古木湌生色嘉花來天香朝暾益暄妍夕

銜來張鳳翼題

琱檻特藏春瑤臺倚太真香車傾一顧驚動洛陽塵周天球

舍霧含烟態不同洛陽春色玉樓中紫絲行障青絲騎馬首飛塵十

里紅王穉登

雲作衣裳霞作人沈香亭北曉粧新舍風醉日嬌無力酷似微酣楊

太真薛明益題

春深湖石薜蘿房西子盈三匹晚粧不是沈香亭畔色酒酣新讌侍

君王強存仁題

一枝傾國色搖曳洛陽城攜酒臨軒賞香霞照眼明張夢錫

春風萬里到天涯三月江城見洛花一種玉樓真國色不須黃紫論

朝夕假令當時力能致之不徒若心懸念未必契真懷素有言豁焉
心骨頓釋矣滯今日之謂也時戊申十月十有三日舟行朱涇道中

其昌

文敏公臨玉潤帖筆力圓秀深得晉人奧妙其自跋云二十餘年積
想臨此又云不徒若心懸念未必契真前噴成名良不易也高士奇
康熙庚午仲冬九日舟行塘西道中

陳白陽玉樓春色卷 紙本設色高八寸餘長七尺七寸餘前六家詩題
本身花上

衛復三甫作
玉樓春色隷書 王稺登

沈香亭上管絃催一曲清平酒數迴為語司花好遮護莫教山下鹿

觀覽似有會心惜余多病杜門未得浮家泛宅於五湖烟水間尚愧米家書畫船也時霜清氣肅黃葉滿林舟行謝村道中書艤篷翁高士奇

玉潤帖文不錄

此帖在淳熙秘閣續刻米元章所謂絶似蘭亭叙昔年見之南都曾記其筆法於米帖曰字字饕餮勢奇而反正藏鋒裹鐵遒勁蕭遠庶幾為之傳神已聞為海上潘方伯所得又復歸王元美王以貽余坐師新安許文穆公文穆傳之少子冑君一式弁借觀曰轉售之今為吳太學用卿所藏頃於吳門出示余快余二十餘年積想遂臨此本云拊余二十餘年時書此帖乍對真跡黯然有會蓋漸修頓證非一

過雲樓書畫錄再筆

武陵漁隱承之氏手輯

董文敏臨洞庭力命玉潤三帖　玉版帋高五寸餘潤三寸十三頁高江村另題帋與本身帋接裱處有鈐縫印

洞庭力命帖文不錄

晉時王廙專師鍾書及右軍出乃奪其名所謂小兒不愛家雞唯好野鶩者然石軍雖變鍾法不若其將之顀門鍾法中故元時吾衍於閣帖只取四帖謂王世將二表及皇象張芝章草二帖石軍父子不与也昔人精鑒如此　董其昌

董尚書臨鍾太傅二帖與官奴帖俱刻玉烟堂筆法道媚較平時所書尤覺精采康熙庚午十一月余往席林攜此二冊自隨逢窗朝夕

董文敏臨洞庭玉潤三帖　二

沈石田墨花卷　　　　王石谷山水冊
唐子畏溪橋杖履圖軸　張爾唯詩畫合卷
倪元穪幽篁小石圖立軸
董宗伯峒關蒲雪卷軸　　王麓臺山水設色卷

王耕煙仿古山水冊

吳墨井仿古山水冊 良公舊藏　　　　陳白陽墨華卷

惲王小品冊　　　　　　　　　南田石谷藝園合寫漁隱圖冊

吳墨井吊默公禪友卷　　　　王麓臺夏峯宜翠圖卷

王石谷倣大癡秋山晚靄圖軸　董文敏仿三趙山水軸

沈石田江程泛舟圖軸　　　　王石谷設色山水軸

黃鶴山樵葛稚川移居圖軸　　石谷題麓臺黃王合作圖軸

煙客南田題石谷臨山樵軸　　沈石田水村山塢圖卷

董文敏山水卷　　　　　　　惲南田山水冊

石濤僧江上新綠圖卷　　　　王石谷仿巨然漁村夕照圖卷

　　　　　　　　　　　　　董宗伯自書誥身

- 王圓照仿董巨山水卷
- 董文敏水墨山水卷
- 王廉州仿倪漁莊秋色圖軸
- 朱澤民臨江貫道千巖萬壑圖卷
- 沈石田棋竹軒圖卷
- 陳白陽餅蓮圖軸
- 沈石田有竹隣居圖卷
- 王叔明丹厓翠壑高逸圖軸
- 沈石田牧牛圖卷
- 董文敏煙江疊嶂圖卷

- 王石谷仿山樵山水卷
- 唐解元風木圖卷
- 吳墨井水墨山水小幀
- 王煙客仿北苑夏口待渡圖卷
- 沈石田墨牡丹圖軸
- 吳墨井倣古巨冊
- 惲南田蘐蘭圖卷
- 文待詔溪堂識別圖卷
- 倪元稹筠石喬柯圖軸
- 石濤僧雨中贈送圖軸

過雲樓書畫錄再筆

目錄

董文敏臨洞庭刀命玉潤三帖
陳白陽玉樓春色圖卷
沈啓南有竹莊圖卷
王司農仿黃子久山水卷
吳漁山淞江圖卷
石濤僧蚪峰草堂圖大人頌合卷
吳墨井補石谷小像卷
王麓臺倣高尚書雲山罨畫卷
王烟客松壑高士圖軸
冷啓敬蓬萊仙奕圖卷
王麓臺仿古山水卷
王廉州仿趙文敏九夏松風圖軸
仇十洲臨冷謙蓬萊仙奕圖卷
王耕烟仿北苑夏山圖軸
王鑑題王烟客水墨山水軸
沈石田雲岡小隱圖卷

過雲樓書畫錄再筆 上冊

"十三五"国家重点图书
"过眼烟云——过云楼历代主人手书精粹"丛书

过云楼梦——大变革时代江南文脉之一隅（总册）
顾公硕残稿拾影
顾公柔日记
鹤庐画识
鹤庐画趣
读书随笔
顾承信札
过云楼书画录初笔
过云楼书画录再笔
顾文彬日记
宧游鸿雪
顾文彬诗文稿
过云楼题画词
楚游寓目编

過雲樓書畫錄再筆